W0109159

Zu diesem Buch

Tagtäglich wird jeder von uns mit Werbung konfrontiert, in Presse, Rundfunk und Fernsehen, auf Plakaten an Häuserwänden, in der U-Bahn. Nur selten nehmen wir diese Werbung bewußt wahr und entrüsten uns über besonders platte Klischees oder frauenfeindliche Darstellungen.

Dennoch bleibt diese permanente ‹Berieselung› nicht ohne Wirkung: Eine gut florierende Mode- und Kosmetik-Industrie beweist, wie sehr Frauen das von Männern kreierte, künstliche ‹Werbe-Weibchen› verinnerlicht haben.

Zieht man/frau von der Werbung Rückschlüsse auf die Gesellschaft, ist es mit der Emanzipation der Frau noch nicht zum besten bestellt: Das weibliche Geschlecht – reduziert auf einen schlanken jungen Körper und ein hübsches Gesicht – ist nach wie vor Verzierung und Sexualobjekt des Mannes, häuslich, fügsam und naiv.

Das vorliegende Buch will durch eine Sammlung von Texten und Bildmaterial den Blick für frauenfeindliche Werbung schärfen, will sensibel machen für diese subtile Form der Unterdrückung. Darüber hinaus zeigt die Dokumentation Wege und Möglichkeiten auf, sich dagegen zur Wehr zu setzen.

Christiane Schmerl, geboren 1945 in Gera, Dipl.-Psychologin, Lehrtätigkeit in Mainz und Bielefeld, seit 1978 Professur an der Universität Bielefeld, Mitbegründerin des Bielefelder Frauenhauses.

Christiane Schmerl

Frauenfeindliche Werbung

Sexismus als
heimlicher Lehrplan

Rowohlt

Umschlagentwurf Regelindis Westphal,
für die Taschenbuchausgabe eingerichtet
von Werner Rebhuhn

Veröffentlicht im Rowohlt Taschenbuch Verlag GmbH,
Reinbek bei Hamburg, Mai 1983
Copyright © 1980 by Elefanten Press GmbH, Berlin,
und Christiane Schmerl für die Publikationen,
für die Beiträge und Abbildungen
bei den Urheberrechtsinhabern
Alle Nachdrucke sowie die Verwendung in Funk
und Fernsehen sind honorarpflichtig
Alle Rechte vorbehalten
Satz Times (Linotron 404)
Gesamtherstellung Clausen & Bosse, Leck
Printed in Germany
1480-ISBN 3 499 17747 1

Inhalt

Zitate

Teil II:
Meinungen aus der Branche

Teil III:
Sich wehren – Wie?

Einleitung

Die vorliegende Bild- und Textsammlung will auf etwas aufmerksam machen, das jede / jeder jeden Tag sieht: Frauenfeindliche Werbung. Wir zeigen sie hier in einer verdichteten und kommentierten Form, um den Blick auf etwas zu lenken, das selbstverständlich zu sein scheint. Selbstverständlich nicht mehr für alle.
Aktionen, Aktiönchen und Kampagnen gegen den frauenverachtenden Charakter der Werbung haben schon eine kleine Tradition:
Von Tagungen und Arbeitstreffen, über Unterschriftensammlungen und Resolutionen bis zu Eingaben und Beschwerden. Um nur einige Beispiele zu nennen:

1971 «Das Bild der Frau in den Massenmedien» (Tagung der Bundeszentrale für Politische Bildung). In einer Abschlußresolution wird der Deutsche Frauenrat «aufgefordert, gegen den Mißbrauch der Frau in der Werbung vorzugehen».

1972 «Frau in der Werbung» (Theodor-Heuss-Akademie; Werber, Journalisten und Vertreter der Verbraucherverbände diskutieren 3 Tage lang.)

1974 Unterschriftenaktion der Fraueninitiative Berlin gegen die Diskriminierung der Frau in der Werbung, übergeben dem Intendanten des Senders Freies Berlin.

Die Reaktionen auf solche Tagungen und Beschwerden waren in der Mehrzahl oberflächlich bis zynisch und abwimmelnd. Argumente waren zu hören wie:
– Werbung sei so wie die Gesellschaft auch sei.
– Die Werbung richte sich nur nach den Bedürfnissen der Frauen.
– Männer würden von der Werbung auch diskriminiert.
– Die Frauen heute seien noch nicht so weit, eine nur informative und intelligente Werbung tatsächlich zu verarbeiten! (So Gisela Stengel-Güttner 1974 auf einem Seminar der «Gesellschaft Werbeagenturen» [GWA].)
– Der o. a. Intendant meinte sinngemäß, daß der von der Initiative in Anspruch genommene Satzungspunkt der öffentlich-rechtlichen

Anstalten, bestimmte Gruppen nicht zu diskriminieren, sich nur auf *rassische* Diskriminierung beziehe!

Auch der Prozeß gegen die frauendiskriminierenden Titelbilder des Stern (stellvertretend für alle anderen deutschen Illustrierten) ist den meisten Frauen noch in Erinnerung. Der vorsitzende Richter kommentierte das abschlägige Urteil in der mündlichen Urteilsbegründung u. a. damit, daß er sich durchaus vorstellen könne, daß die Klage in etwa zwanzig Jahren Erfolg habe.

Die Frauen, die immer wieder versucht haben, gegen diesen beschämenden und allseits abgesegneten Mißbrauch vorzugehen, wollen keine zwanzig Jahre mehr warten. Es wird immer deutlicher, daß öffentliche diskriminierende Darstellungen von Frauen immer weniger hingenommen werden. Beschwerden erfolgen häufiger und in immer kürzer werdenden Abständen. Die Abwehrversuche der angesprochenen Stellen werden zunehmend als unerträglich empfunden.

Die im vorliegenden Buch wiedergegebenen Bildbeispiele und besonders die in Teil III abgebildete Ausstellung von offen frauenfeindlichen Anzeigen aus illustrierten Zeitschriften der letzten vier bis fünf Jahre wollen – über das mit Frauenthemen schon vertraute Publikum hinaus – Leute ansprechen, die sich bisher noch wenig Gedanken über die öffentliche Darstellung und Vermarktung von Frauen gemacht haben. Deshalb sind vorrangig solche Anzeigenbeispiele zusammengestellt worden, die über das «normale» Maß an Frauenfeindlichkeit hinausgehen (d. h. über die normale Verwendung von Frauen als Lust- und Prestigeobjekt), indem sie in einer quasi «offeneren» Weise Frauen gezielt herabsetzen und diskriminieren. Durch die Herausstellung dieser gar nicht so seltenen Extremfälle sollen die eigenen Sehgewohnheiten bewußt gemacht werden, in die sich die Selbstverständlichkeit der Verwendung von Frauenklischees zu Werbezwecken eingeschlichen hat. Die Spitze des Eisberges soll die Existenz des ganzen Eisberges deutlich machen.

Gleichzeitig soll anschaulich werden, daß eine so geartete, millionenfach gleichgerichtete Beschickung mit negativen Frauenstereotypen Wirkungen haben muß: auf das allgemeine Bild, auf das Selbstbild und auf das Bewußtsein von Frauen. Im Rahmen der Vorbereitungsarbeiten zum vorliegenden Buch und der Ausstellung haben wir eine Beschwerde mit über 260 Unterschriften beim «Deutschen Werberat» – dem Organ der freiwilligen Selbstkontrolle der Werbewirtschaft – eingereicht. Sie bezog sich beispielhaft auf die frauenfeindlichen Witze der angeblich beliebtesten deutschen Reklameserie, der

Jägermeisterreklame (Vgl. hierzu Teil III, Beispiel 4). Wie zu erwarten war, wollte sich der Werberat zu solchen «Geschmacksfragen» und zu Jägermeister insbesondere nicht eindeutig äußern. Immerhin hat er aber, wie schon 1974, eine allgemeine Ermahnung an die Werbewirtschaft gerichtet, Frauen nicht «herabzuwürdigen» – Anzeichen dafür, daß der Unmut der Frauen zumindest registriert wurde. Allein auf Grund von Ermahnungen wird sich jedoch nicht viel ändern. Hierzu bedarf es nicht nur der bestenfalls verständnisvollen Empfehlungen eines Selbstkontrollorgans, das aus 10 Experten der Werbewirtschaft selbst besteht, sondern einer vielschichtigen Willensbekundung auf breitester Ebene von Frauen (und möglichst auch Männern), sich diese menschenverachtende Verwendung der Frau zu Werbezwecken (und damit zur Bewußtseinsproduktion), aber auch andere Werbe«methoden» nicht mehr bieten zu lassen. Dazu soll das vorliegende Buch mit Argumenten und Materialien Hilfe bieten.

Teil I:
Werberezept Sexismus: überwiegend frauenfeindlich

In diesem ersten Teil sind Beiträge zusammengestellt, die sich mit der Machart, den Rezepten und Facetten beschäftigen, in denen *Bilder von Frauen* (Vorbilder, Leitbilder, Vorurteile), und das *heißt Frauen als Bilder* dem Werbepublikum – uns allen also – vorgeführt und vorgemacht werden.

Angesprochen werden die scheinbare Selbstverständlichkeit der uns nahegelegten Gedanken, die Zwangsvorstellungen, die sie erzeugen und ihre Ausbreitung auf unseren Geschmack, unsere Anschauungen, Gefühle und Urteile. Der Zusammenhang mit Massenmedien überhaupt, aber auch mit grundlegenden Mechanismen unserer Wirtschaft wird angesprochen, sowie sozialwissenschaftliche Bemühungen, diese Phänomene zu beschreiben, zu erklären – und zu ändern.

Zu letzterem hat es jedoch noch immer anderer, zusätzlicher Formen der Auseinandersetzung bedurft als nur der Feder der Intellektuellen (vgl. Teil III).

Und selbstverständlich werden die Männer nicht vergessen, wo kämen wir da hin ...

PS: Ich habe das beliebte Argument, Männer würden ja auch von der Werbung diskriminiert («immer den Supermann vor sich haben»), stets nur als *Gegen*argument vernommen, wenn von frauendiskriminierender Werbung die Rede war; ich stieß nie auf Protest, Ärger, Betroffenheit über das dumme, anstrengende oder faschistoide Männerbild als Kritik an *erster* Stelle. Zufall?

Christiane Schmerl

Werbung auf den Trampelpfaden des Patriarchats

Warum ausgerechnet ein Buch zum Thema «frauenfeindliche Werbung»? Gibt es nichts Wichtigeres?

Natürlich gibt es das. Was wir zeigen möchten ist, daß dieses Thema mit vielen Dingen, die wichtig sind, zusammenhängt. Z. B. mit der Fabrikation und Festigung von Bewußtsein, man könnte auch sagen von Ideologie. Und wir möchten zeigen, *wie* es damit zusammenhängt, welche Mechanismen dabei zum Tragen kommen, welche Strategien benutzt werden. Vielleicht lassen sich Überlegungen daraus gewinnen, die unsere Art zu leben und zu denken betreffen, die unsere eingeschliffenen Seh- und Verhaltensgewohnheiten betreffen, und die uns Anstöße liefern können für gewollte, d. h. bewußte Veränderungen – *wenn* wir wollen.

Werbung soll Produkte verkaufen, mehr Produkte verkaufen, schneller Produkte verkaufen, vor allem auch die Idee verkaufen, daß Produkte kaufen gut ist. Werbung soll das verkaufen, was man eigentlich nicht braucht. Denn was man wirklich benötigt, kauft man sich sowieso – das dazu nötige Mindesteinkommen mal vorausgesetzt –, *weil* man es braucht. Von der Werbebranche wird immer wieder versichert, Werbung sei rein informativ, solle über Produkte informieren, und nur dadurch werde eine freie, marktwirtschaftliche Konkurrenz möglich – möge der Beste gewinnen.

Da Massen von Produkten nun aber einerseits gar nicht gebraucht werden, aber andererseits qualitativ fast gleichwertig sind, kommt man mit objektiven Informationen gerade nicht zum gewünschten Ziel, ein bestimmtes Produkt besser oder überhaupt zu verkaufen. Daher verkauft die Werbebranche notwendigerweise statt Informationen etwas ganz anderes, nämlich Emotionen, Gefühle, Vorurteile, Ideale, Leitbilder und andere Märchen (vgl. Abromeit 1971). Denn wenn man etwas nicht braucht, oder man zwischen 5 bis 10 praktisch

13

gleichwertigen Artikeln wählen muß, dann führen nicht mehr rationale und informative Argumente zum Kauf, sondern das gezielte Ansprechen von Gefühlen, das Fabrizieren von Wunschträumen, z. B. der Art, daß man sich mit der Ware nicht nur einen Gebrauchsgegenstand, sondern ein Luxusgut, ein bestimmtes Image, Überlegenheit, Prestige, Lebensstil, Schönheit, Glück etc. erwirbt. Werbung «verkauft» also keinesfalls nur Produkte und Informationen, sondern noch eine ganze Menge mehr. Werbung verkauft Bilder vom idealen Leben, sie verkauft Vorstellungen von gut, richtig und erstrebenswert, kurz, sie verkauft *Wert*vorstellungen. Das alles ist anderswo schon ausführlicher und grundlegender analysiert worden, als es hier möglich ist (vgl. Marcuse 1968; Lindner 1977).

Wichtig für den hier vorliegenden Zusammenhang ist, daß Werbung ein bestimmtes *Bild von Menschen* mitverkauft, die in der Werbung dargestellt werden. Hier interessiert nun besonders, wie *Frauen* – immerhin die Hälfte der Menschen – von der Werbung abgebildet und benutzt werden.

Der bekannte amerikanische Soziologe Erving Goffman (1977) hat in einer Analyse von Zeitschriftenwerbung festgestellt, daß sich auf Reklamebildern bestimmte, immer wiederkehrende stereotype Darstellungsformen für die Interaktionen von Männer und Frauen aufweisen lassen. Er untersuchte auf den von ihm ausgewählten Fotos die Gesten, Haltungen und Ausdrucksbewegungen der abgebildeten weiblichen und männlichen Personen sowie den gesamten Bildaufbau als eine Form nicht-verbaler Kommunikation. Er konnte aufzeigen, daß sich auf den Werbebildern auf seiten der Männer Dominanz, Expertentum, Initiative und körperliche Überlegenheit, auf seiten der Frauen Unterlegenheit, Unwissenheit, Passivität, Schwäche und körperliche Verfügbarkeit aus dem Zueinander der gezeigten Personen deutlich ablesen ließen. Goffmans Ergebnisse sind aufschlußreich und anregend, sowohl hinsichtlich der Rolle der Frau in der Werbung, als auch im Hinblick auf neue, empfindlichere Methoden, Stereotype in sozialen Interaktionen zu erforschen. Goffmans Vorgehensweise ist hier jedoch noch aus einem anderen Grund bemerkenswert:

Goffman beschäftigt sich mit der geschlechtstypischen Interaktion in der Werbung in derselben abgehobenen und distanzierten Weise, in der er auch irgendwelche Kommunikationsformen bei fremden Eingeborenenstämmen untersucht. Seine Beobachtungen sind die eines interessierten, aber persönlich nicht betroffenen Wissenschaftlers, der Kommunikationsrituale untersucht, um bestimmte Hierarchien und Regelmäßigkeiten aufzuzeigen. Er beschreibt interessante Phänomene der visuellen Kommunikation unter rein kulturanthropologischen Gesichtspunkten. Es gelingt ihm zwar so, relativ differenziert nonverbale Kommunikationsmuster zu beschreiben, allerdings bleibt er bei dieser Beschreibung stehen. Die aufgezeigten Phänomene werden in keiner Weise nach ihren gesellschaftlichen Hintergründen befragt. Der Zusammenhang zwischen konservativen Geschlechtsrollenklischees in der Werbung und ihren gesellschaftlichen Entsprechungen wie:

– der geschlechtsspezifischen Arbeitsteilung
– der für das kapitalistische Wirtschaftssystem äußerst günstigen Rollenzuteilung an Männer und Frauen und
– der Funktionalisierung der weiblichen Sexualität zu Profitzwecken

wird nicht angesprochen. Schließlich wird auch die ständige unterschwellig *sozialisierende* Wirkung der Werbeklischees nicht thematisiert, wie z. B. besonders die Förderung eines falschen Bewußtseins bei Frauen durch die millionenfache Dauerberieselung mit veralteten femininen Leitbildern und die Bestätigung der bei Männern ohnehin noch genügend tiefsitzenden Vorstellungen über Daseins- und Verwendungszwecke von Frauen. Wenn Goffman weder auf Ursachen, noch auf Konsequenzen der von ihm beschriebenen Erscheinungen eingeht, bleibt dem Leser/der Leserin nur ein – je nach Standpunkt – amüsiertes oder resigniertes Schulterzucken.

Wir meinen jedoch, daß man diese Regeln und Gesetzmäßigkeiten, die sich für unsere eigene Gesellschaft aufzeigen lassen, weiter zurückverfolgen muß und sich fragen sollte: wieso und wozu bestehen sie eigentlich? Warum gibt es bei uns in den westlichen Industriestaaten eine millionenfach verbreitete Produktwerbung, die Frauen in einer ganz bestimmten, nämlich überwiegend diskriminierenden Weise «benutzt», um Aufmerksamkeit zu erregen und Verkaufsraten zu erhöhen? Warum haben sich – trotz allem Emanzipationsgerede – diese Verwendungsweisen im Lauf der letzten Jahre noch verschärft, i. d. S., daß immer konservativere Klischees von Männern und Frauen verwendet werden? Welche Interessen stehen dahinter und in welcher Form hat das noch ganz andere Auswirkungen, außer daß ein bestimmtes Erzeugnis sich besser verkauft? Hat es nicht viel weiterreichende Auswirkungen auf das Bild, das Selbstbild, die Vorstellungen über Eigenschaften und Lebensrealität von Frauen überhaupt? Sind diese Auswirkungen auf die Dauer nicht wesentlich einflußreicher als die kurzfristig beabsichtigten Verkaufssteigerungen, und hat ihr negativer und schädlicher Charakter nicht Vorrang vor den immer wieder alles rechtfertigenden Profitinteressen der Alkohol-, Parfüm-

15

gramme feindliche Werbung mit + der Universen
der Kapitalismus

oder Tabakhersteller? Wir halten die typische Art und Weise, wie Frauen und Männer in der Werbung dargestellt werden, nicht für ein beliebiges kulturelles Kuriosum, sondern für den speziellen Ausdruck eines Wirtschaftssystems, in dem ein grundlegendes Prinzip in der Anpassung des Verbrauchers an die Produktion besteht. Der Werbung kommt dabei die Rolle zu, künstliche Bedürfnisse nach den jeweils auf den Markt geworfenen Waren zu erzeugen. Eine wichtige Strategie dazu ist nicht die Verbreitung von Information, sondern die Verwendung von Emotionen, Vorurteilen und Stereotypen, so auch der Aufbereitung überholter Geschlechtsrollenklischees.

Solche Vorurteile aufzuwärmen, ist nicht nur direkt im Interesse der Unternehmer, die in Produktion und Reproduktion unter- und unbezahlte Frauenarbeit ausbeuten, sondern auch im Interesse all jener Männer, die als Individuen von der Ausnutzung und Einschüchterung von Frauen profitieren.

Das Bindeglied zwischen den *ökonomischen* Interessen an der Ausbeutbarkeit und Ausnutzbarkeit von Frauen im beruflichen und privaten Bereich und ihren tausendfachen Auswirkungen auf der *individuellen* Ebene (sprich: sich als Frau oder als Mann unwillkürlich diesen Interessen entsprechend zu verhalten), besteht gerade nicht in *direktem* Zwang, in direkter Gewaltanwendung (obwohl es das oft genug noch gibt), sondern in den *indirekten* Zwängen, Einflüssen, Manipulationen und Sozialisationswirkungen (hier also in Vorstellungen vom «richtigen» Verhalten für Frauen und Männer), wie sie auch durch die ständige Propagierung «männlicher» und «weiblicher» Stereotype in der Massenwerbung hergestellt werden.

Unsere These ist nun, daß das Bild, das die Werbung von Frauen zeichnet, daß die Art und Weise, wie Frauen zu Werbezwecken benutzt werden, und die Klischees, die über Frauen durch Werbung verbreitet werden, in der Mehrzahl der Fälle frauenfeindlich sind. Jede Werbung, die Frauen als Köder, als Lockvögel benutzt (immer jung, immer schön, immer attraktiv), um auf beliebige Produkte aufmerksam zu machen, ist frauendiskriminierend:

1. weil sie ein einseitiges und verlogenes Bild von der Realität der Frauen zeichnet (dies gilt teilweise auch für Männer in der Werbung);
2. weil sie Vorstellungen von einer «normalen», «richtigen», «idealen» etc. Frau auf eine zwanghafte Gleichförmigkeit von 4–5 typischen Frauenklischees festlegen (z. B. propere Hausfrau, elegante Dame, Sexgespielin, Dummchen u. ä. – dies gilt für Männer nur in sehr abgeschwächtem Maß); und

16

3. weil es darüber hinaus eine Menge spezifischer frauendiskriminierender Mechanismen gibt, die ganz gezielt die Minderwertigkeit, die Benutzbarkeit und insbesondere die sexuelle Ausbeutbarkeit der Ware Frau propagieren, um sie für Werbezwecke profitabel zu machen.

Offenbar läßt sich geradezu alles, vom Kräuterlikör bis zum Autoreifen, mit Hilfe von Frauen – Frauenkörpern, Frauenlächeln – verkaufen. Um den überwiegend frauenfeindlichen Charakter dieser Werbung allgemein zu verdeutlichen, haben wir in der in Teil III abgebildeten Ausstellung bewußt deutliche, d. h. «offen» frauenfeindliche Beispiele für die Benutzung von Frauen durch die Werbung zusammengestellt. Unserer Meinung nach läßt sich das Wesentliche auf diese Weise gut herausstellen. Erstens, weil man über diese Extreme – noch – stolpert, während man über die «normale» Werbung schon lange nicht mehr stolpert, da man durch jahrelange, allgegenwärtige Berieselung an sie gewöhnt ist. Zweitens merkt man nach kurzer Zeit, daß nicht nur diesen Extremen, sondern auch der ganz «normalen» Werbung, die Frauen benutzt, ein ähnliches Prinzip zugrunde liegt. Schaut man sich zuerst offen frauenfeindliche Werbung an und darauf das, was als «normal» gilt, bekommt man plötzlich Schwierigkeiten, diese offen frauenfeindliche Werbung abzugrenzen von dem Gebrauch von Frauen zu Werbezwecken überhaupt. Mit gutem Grund. Der Übergang zwischen offen frauenfeindlich zu mehr oder weniger «neutral» frauenbenutzend ist nicht klar zu bestimmen, da beiden dieselben Verwendungsprinzipien zugrunde liegen.
Wir halten diesen Zugang über *extreme* Ausprägungsformen eines Phänomens zum besseren Erkennen und Verstehen auch deswegen für günstig, weil er für viele auf Grund eigener Erfahrungen naheliegt: Irgendwann ärgert man sich über ein besonders extremes Beispiel frauenfeindlicher Werbung: so z. B. in meinem Fall, als mir vor ca. 5 Jahren in einem Lokal ein auffallend geschmackloser Aschenbecher auf den Tisch gestellt wurde, verziert mit einem Waldarbeiter, der einer vor ihm flüchtenden Frau das Bikinioberteil herunterreißt – das ganze eine Reklame für Motorsägen! Ich habe mich spontan darüber geärgert, vor allem auch, weil mir seit Jahren – nach dem Motto «steter Tropfen höhlt den Stein» – solche und «mildere» Formen von Frauenaufbereitung zu Werbezwecken aufgefallen waren. Bei mir kam in diesem Moment das Faß zum Überlaufen und ich habe beschlossen, systematischer diese ständig über den Weg laufenden Reklamen zu verfolgen und eine Ausstellung zu machen.

Vermutlich schärft das Stolpern über extreme Beispiele frauenfeindlicher Werbung den Blick für die alltäglichen, allgegenwärtigen frauendiskriminierenden Verwendungsformen. Übrigens, «extrem» im Sinne von selten ist «offen» frauenfeindliche Werbung keineswegs. Ich habe bei meinen Auszählungen von Stern, Spiegel und ähnlichen Illustrierten im Durchschnitt 1–2 «offen» frauenfeindliche Werbeannoncen gefunden, was sich mit den Beobachtungen anderer Autoren deckt (vgl. Martiny 1979).

Was bezeichnen wir nun als im engeren Sinne «offen» frauenfeindlich in der Werbung?

Unter «offen» oder besonders frauenfeindlich verstehen wir solche Anzeigen, in denen Frauen als Geschlecht herabgesetzt, lächerlich gemacht oder in einer anderen Art und Weise als eine nicht für voll zu nehmende menschliche Spezies hingestellt werden. Frauenfeindliche

Werbung ist daher Werbung, die die «normale» Verwendung von Frauen und Frauenklischees zynisch auf die Spitze treibt.

Für diese vorläufige Unterscheidung zwischen «offen» frauenfeindlich und lediglich frauen«benutzend» läßt sich ein relativ handliches und anschauliches Unterscheidungskriterium heranziehen: Man kann besonders schön veranschaulichen, was frauenfeindlich, frauendiskriminierend ist, wenn man die entsprechende Werbeanzeige oder den entsprechenden Werbetext einfach mal umkehrt, nämlich in «männlich» übersetzt. Das sieht dann so aus: die Schmuckindustrie wirbt mit Bildern von goldbehängten Luxusfrauen und mit Sprüchen wie: «Die beste Visitenkarte für einen Mann ist immer noch eine schöne Frau», oder: «Mein Mann sagt, ich sei der angenehmere Teil seiner Karriere und dieses Dankeschön hätte ich verdient» (nämlich den Diamanten). Die Umkehrung müßte so aussehen: ein charmanter, manikürter und ondulierter junger Dressman mit Goldkettchen oder Brillant am Finger, unter dem steht: «Die beste Visitenkarte für eine Dame ist immer noch ein schöner Mann» oder «Meine Frau sagt, ich sei der angenehmere Teil ihrer Karriere und dieses Dankeschön hätte ich verdient». Man merkt sofort: die Umkehrung «klappt» nicht. Ein anderes bekanntes Beispiel, das es noch deutlicher macht: Ein üppiges Dirndl-Dekolleté eines Serviermädchens mit einem Brathendl davor als Werbung für Wienerwald-Brathähnchen. Quer über dem Busen der anzügliche Spruch dazu: «Da ist was dran». Darunter: «450–500 g Frischgewicht». Man braucht schon eine etwas lockere Phantasie, um sich hier noch mögliche «Übersetzungen» vorzustellen. Fazit ist jedoch: die Umkehrung ins Männliche klappt nicht, ist nicht mehr witzig, ist sinnleer. Sie macht aber eins besonders klar: den negativen, herabsetzenden Charakter der Aussage, wenn sie plötzlich für einen Mann gelten soll. Das Spiel mit der Umkehrung des Bildes oder der Aussage macht also die spezielle, aber doch selbstverständliche Abwertung der Frau deutlich. In diesem Fall: Frauen machen keine Karriere; Frauen sind «Visitenkarten», d. h. Renommierstücke für den Mann; weibliche Bedienung «dient» dem männlichen Gast selbstverständlich auch mit ihren sexuellen Reizen; die anzügliche Gleichsetzung von Busen mit knusprigem Hühnchenfleisch zielt auf die Gleichwertigkeit von Frau und Fleisch, von Frau und Genußmittel. Das deckt unsere durch die Produktwerbung geprägten Sehgewohnheiten auf und zeigt, wie lächerlich, aber auch, wie frauenverachtend ihre Mechanismen sind.

Für Frauen als Betroffene, auf deren Kosten diskriminierende Aussagen in der Werbung gemacht werden, ist nun in erster Linie interessant, welche Vorstellungen über sie und ihre angeblich typischen Eigenschaften verbreitet werden. Damit unterscheidet sich ihr Interesse ganz diametral von dem der Werbung. Die Interessen der Frauen sind nicht die der Werbung – und umgekehrt.

Welche Arten von Frauenbildern sind es, die einem als «typisch Frau» täglich begegnen? Eine Durchsicht des gesamten Materials, aus dem auch die Ausstellung in Teil III sich rekrutiert, ergab, daß bestimmte frauenfeindliche Inhalte und Stereotype quasi als «Rezepte» immer wieder verwendet werden. Dabei sollte klar sein, daß die hier genannten lediglich die am meisten benutzten sind, sicher gibt es noch manche andere. Außerdem erscheinen sie sowohl einzeln als auch in beliebiger Kombination pro Anzeige (vgl. hierzu auch die «z. B.»-Tafel der Ausstellung).

Rezept Nr. 1: Sexuelle Anzüglichkeiten auf Kosten der Frau

Hier wird in vielfacher Weise zum Ausdruck gebracht, daß Frauen sexuelles Spielzeug für Männer sind. Diese Masche ist die durchgängigste in der Werbung überhaupt; sie taucht als beliebte Zutat in vielen anderen Rezepten wieder auf. Die sexuelle Attraktivität der Frau wird mit jeder beliebigen Ware kombiniert: Brathendl, Cocktails, Zigarren, Deos, Feuerzeuge etc., etc. Der Effekt ist: die Gleichung Frau = Sex wird besonders gründlich gelernt. Aus der Art, wie diese Gleichung in Szene gesetzt wird, ergibt sich: Frauen an sich sind reduzierbar auf Sexualität. Was an ihnen interessiert und wesentlich ist, ist ihre Verwendbarkeit als sexueller Anreiz, als sexueller Gebrauchsgegenstand. Frauen sind noch weiter reduzierbar bis auf bestimmte Körperteile: Busen, Beine, Bauch und Po. Die Verfügbarkeit von Frauen oder Frauenteilen gleicht der der angepriesenen Waren; Frauen sind vermutlich ebenso zum alsbaldigen (sexuellen) Gebrauch bestimmt. Wie naheliegend ist der Gedanke einer Aufforderung zur entsprechenden «Benutzung» (Vergewaltigung)? «Mann» darf ja voraussetzen, daß eine richtige Frau es auf nichts anderes abgesehen hat ...
Merkregel für Frau, Mann und Kind: das Wesentliche an einer «richtigen» Frau ist ihre sexuelle Attraktivität – für den Mann!

Rezept Nr. 2: Gleichsetzung von Frauen mit Produkten und Konsumartikeln

Produkte werden mit Frauen verglichen; Frauen werden zu Produkten. In diesen Fällen wird das jeweilige Verkaufsprodukt direkt mit den Eigenschaften einer «typischen» Frau gleichgesetzt. Diese Gleichsetzung soll auf vermeintlich originelle Weise die positiven Eigenschaften der jeweiligen Ware veranschaulichen, wobei ein kräftiger Schuß vom Rezept Nr. 1 (Frau = Sex) wieder mit dabei ist. Diese zynische Gleichsetzung weist noch direkter auf die Verwendbarkeit von Frauen zu Konsumzwecken («reinbeißen», «bespielen») oder zu Renommierzwecken (Frau = Schmuckstück) hin.

So werden Kassettengeräte mit nackten Mädchen drapiert und behauptet, beide seien gleich «handlich, immer wieder bespielbar und stets bereit». «Farbige» Produkte werden gerne mit nackten Negerinnen verziert (schokoladenfarbige Badewanne plus halbnackte Schwarze: «Männer lieben den Reiz der farbigen Note.» Knallblauer Likör vor dem nackten Busen einer Schwarzen: «Wenn Ihr Leben mehr Farbe bekommen soll»). Auch die oben schon zitierte Schmuckwerbung macht von dieser Masche reichlich Gebrauch mit Aussagen wie: «Meine Frau ist ein Juwel», «Echt Frau, echt Gold», «18 Karat Frau» u. ä.

Man lernt: Frauen sind Luxuswaren, die «Mann von Welt» sich leisten kann. Man leistet sie sich, um damit zu protzen, sich besser zu amüsieren oder ganz einfach, um sie zu benutzen wie einen Konsumartikel. Ein Werbespruch für das «Herren»magazin Playboy bringt es auf den Punkt: «Was ist das für ein Mann, der den Playboy liest?» Antwort: «Ein junger Mann, für den hübsche Mädchen, Musik und perfekte Technik zu einem harmonischen Akkord verschmelzen, so virtuos weiß er damit zu spielen.»

Die Gleichung Produkt = Frau heißt außerdem: Frauen haben wie andere Konsumartikel auch stets taufrisch und unverbraucht zu sein: aufreißen, reinbeißen, wegwerfen – eine neue Packung bitte! Frauenfeindlich? Menschenverachtend!

Rezept Nr. 3: Frauen haben nur Haushalt im Kopf

Diese Art von Werbung betrifft «naturgemäß» Anzeigen für Haushaltsprodukte. Es wird wie selbstverständlich davon ausgegangen, daß der Haushalt nur und ausschließlich die Angelegenheit von

Frauen ist. Tatsächlich wird bei uns der Haushalt überwiegend von Frauen erledigt. Eine Infas-Umfrage von 1979 ergab, daß sogar von den berufstätigen Ehefrauen 94 % kochen müssen. So ist die auch in der Werbung ständig eingehämmerte Assoziation von Frauen mit Küchen und Haushaltsgeräten schon schlimm genug.

Als frauenfeindlich werden hier jedoch nur solche Anzeigen-Rezepte aufgegriffen, die über diese beschämenden Verhältnisse hinaus zusätzlich glorreiche Lügenmärchen über Frauen und «ihren» Haushalt verbreiten, z. B.:

– der Haushalt als einzige Erfüllung von Hausfrauen und Müttern
– Arbeit im Haushalt als weibliche Luxusbeschäftigung oder als «Hobby»
– Hausfrauen als aufgedonnerte, Cognacschwenker-balancierende Empfangsdamen
– das Anschaffen von Haushaltsgeräten als Zeichen höchster Verwöhnung, als Geschenk der Liebe für die Hausfrau durch ihren spendablen Ehemann.

Rezept Nr. 4: Als «typisch weiblich» bezeichnete Unarten

Diese Art von Werbung bezieht ihren nie ausgehenden Stoff aus dem Bereich jener weiblichen «Schwächen», Laster und Unausstehlichkeiten, unter denen die geplagte Männerwelt offenbar seit Generationen zu leiden hat – wenn man den abgetakelten Witzen darüber glauben darf. Frauen sind:

– (technisch) dumm
– launisch
– naschhaft
– gehässig
– tratschsüchtig
– raffiniert
– diebisch

– modisch überdreht
– umtauschwütig
– Hausdrachen
– Schlampen
– Nervensägen
– etc.
– etc.

So sind die Frauen. Offensichtlich ist Mann sich darüber einig.

Rezept Nr. 5: Kosmetische Zwangsjacken – rigorose Anforderungen an Frauen

Da Frauen heute tatsächlich noch immer das «schöne» Geschlecht sind und sein müssen (während Mann älter, dicker, schlaffer werden

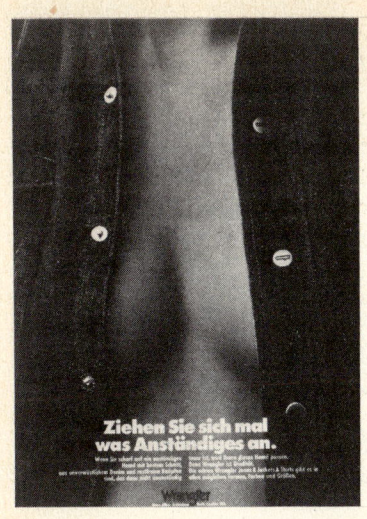

**Ziehen Sie sich mal
was Anständiges an.**

Wenn Sie zufahrt auf ein wunderirdiges
Basud mit besten Schnitt,
aus unverwüstlichem Denim und steifrem Knöpfen
sind, dan ist nicht ausnurständig.
Aber für eine grosse Auswahl in
allen möglichen Formen, Farben und Größen.

Wrangler

**Bitte beachten Sie auch
das doppelt genähte W.**

Wrangler gibt sich auch
mit Kleinigkeiten die größte Mühe. Dadurch
werden Sie selbst die weuersten halten
sollen Höschen heißen führen
und schönimiges und schönimiges.

Wrangler

Die wird Ihnen liegen.

Nicht nur, weil Sie die Qualität
unserer Cordjeans umboren und
Sie bei Wrangler genau die

Form und die Farbe finden werden,
die Sie täglich aufrichtet. Wrangler, Alles, was Ihnen
steht, in bester Qualität.

Wrangler

23

darf und dabei an Interessantheit gewinnt), geht es hier in erster Linie nicht um das «normale» tägliche Trommelfeuer der Schönheitswerbung für Frauen. Deren Ideologie ist – weil scheinbar Selbstverständliches predigend – zwar fatal, aber ungebrochen.

Um sie jedoch als Ideologie zu verdeutlichen, sind hier solche Beispiele zusammengestellt, wo klarer, rigoroser als sonst gesagt wird, daß Frauen nur dann schön sind – und natürlich nur dann als Frauen gewürdigt werden –, wenn sie den Zwangsvorstellungen von Weiblichkeit perfekt entsprechen. In den hier ausgewählten Rezeptbeispielen sagt diese Ideologie ganz unverblümt, ganz schrill und ganz un-verschämt, was Sache ist, nämlich für die Frauen stets dieselbe:

– «Ein Mann darf Falten haben, eine Frau nicht»;
– «Was einen Mann interessanter macht, macht eine Frau älter»;
– «Schönheit *muß* schlank sein»;
– «Männer entscheiden: schöne Haut ist ohne Haar» (bei Frauen);
– «Für jede Frau kommt die Zeit, da es nicht länger genügt . . .»
Eine Originalkostprobe:

«Hätten Sie je gedacht, daß Blond ‹ihn› so auf Trab bringen kann? Als ich noch mausig-dunkelblond war, da dachte Bernd immer nur an sein Hobby: Reiten. Ich war ihm völlig egal. Bis ich's mit Poly Blond versuchte – und dann der Wind mit meinem blonden Haar spielte – da zündete es auch bei Bernd! Und wenn er heute von der «rassigen» Mähne spricht, so ist das für mich das schönste Kompliment. Zu zweit ist sein Hobby jetzt doppelt schön . . .»

Als Merkspruch für alle Frauen ließe sich formulieren:
Um «seine» Erwartungen von einer aufregenden und repräsentablen Mieze nicht zu enttäuschen, darf Frau kein Korsett zu eng, kein Tiegelchen zu teuer und keine Chemie zu gefährlich sein, denn «er» ist ja das Maß aller Dinge (vgl. zu diesem «Rezept» auch den Beitrag «Kosmetische Zwangsjacken»).

Rezept Nr. 6: Vermarktung und Perverticrung des Begriffs «Emanzipation»

Die Vermarktung von Emanzipation liegt nahe, weil der Begriff «in» ist. Der gleichzeitig damit erreichte Nebeneffekt – sicher manchen Herren der Schöpfung recht willkommen – ist: Der Begriff «Emanzipation» und die dahinter stehenden Forderungen werden mal wieder durch den Kakao gezogen, dürfen selbstgefällig belächelt werden. Und da die Emanzipation von Frauen in einer Männergesellschaft schon immer zum Schreien komisch war, darf hier herzlich gelacht werden, denn Werbung ist ja auch eine lustige Sache.

«Emanzipation», «Mitbestimmung», «Freiheit» und andere Schlagworte mehr haben aber für die Werbung noch einen anderen Vorteil: Sie lassen sich offensichtlich käuflich erwerben, wenn Frau sich nur die entsprechend angepriesenen Produkte (Waschmaschinen, BHs, Strümpfe, Hosen etc.) anschafft, die zum Emanzipiertsein offensichtlich unabdingbar sind. Die Produzenten mit ihren Profitinteressen sind die wahren Interessenvertreter der Frauen. Der Kauf ihrer Produkte macht emanzipiert. Deshalb ist auch die Emanzipation der Frauen bei ihnen in den besten Händen – wo sonst?

Kostprobe:

«Die Emanzipation des Popos. Jeder Popo soll die gleiche Chance haben, in Hosen gut auszusehen. Deshalb macht der Ralph Schnitte, die sich den weiblichen Rundungen anpassen. Schließlich will auch er seinen Teil dazu beitragen, daß alle Frauen mal richtig die Hosen anhaben. Zumindest in der Mode.»

Klar, wo sonst?

Rezept Nr. 7: Männlicher Zynismus auf Kosten der Frau

Dieses Werberezept arbeitet mit zynischen, von vielen Männern für witzig gehaltenen Sprüchen, Anspielungen und Behauptungen über «die» Frauen. Das hat Tradition – in Form von «Herren»witzen und Biertischkalauern, in allen Arten von Männerclubs (vom Offizierskasino bis zum Bau), wo Mann unter sich ist. Die Werbung greift diese frauenfeindliche Witz-Tradition auf und hilft mit eigenen Kreationen und frischen Ideen diesem patriarchalischen Kulturgut in salonfähiger Form zu neuem Ansehen. Wer wollte da den Spaß verderben? Die Frau: wechselweise als «Ding», «Visitenkarte», Karriere«teil», oder auch im Vergleich mit Klopapier und alten Tapeten. Und erst die vielen lustigen Jägermeisterwitze zu diesem Thema … Mit Recht preisgekrönt (Silber 1976).

Es dürfte klar sein, daß natürlich eine Menge weiterer Rezepte in der Werbung benutzt werden, die über die Diskriminierung von Frauen hinausgehen, entweder indem sie andere Bevölkerungsgruppen diskriminieren, wie z. B. Farbige oder vor allem auch ältere Personen. Oder indem mit Vorliebe kleine Leute (Leute mit wenig Geld) lächerlich gemacht werden. Werbeaussagen wie «Alle Menschen sind gleich». Eben nicht. «Es lebe der feine Unterschied.» Oder: «Es war schon immer etwas teurer, einen besonderen Geschmack zu haben»

... sind keine Seltenheit. Werbung wendet sich eben nicht an jene, die gerade soviel Geld haben, daß es zum Leben reicht, sondern an alle, die ein wenig mehr haben oder glauben, es zu haben. Ihnen wird suggeriert, sich als Konsumenten so deutlich wie möglich zu distanzieren, um etwas Besseres zu sein, indem man das entsprechende Produkt kauft. Unmittelbar hiermit in Zusammenhang stehen auch all jene Rezepte, die Ästhetik und Schönheit als Werbevehikel benutzen – denn, wer ist schon wirklich «schön» oder ein rundum so «dufter» Typ, daß man ihn nicht ein bißchen einschüchtern könnte, «mehr» aus sich machen zu müssen? (Vgl. hierzu auch die Beiträge «Kosmetische Zwangsjacken» und «Ein echtes Männerleben».)

Weitere übergreifende «Rezepte» der Werbebranche (z. B. wie man Krisen oder Umweltzerstörung vermarktet) lassen sich in werbekritischen Büchern nachlesen (Abromeit 1971; Lindner 1977); hier sollte nur auf ihre Existenz verwiesen werden.

Doch zurück zum Rezeptbuch «frauenfeindliche Werbung». Viele Betrachter mögen einwenden, daß einzelne Werbespots sie in gar keiner Weise beeinflussen. Dies mag für eine einzelne Anzeige oder einen einzelnen Werbespruch mehr oder weniger zutreffen: *weniger*, was die Verkaufszahlen angeht (andernfalls würde keine Werbung gemacht werden), *mehr*, was eine sozialisierende Wirkung durch Werbe-Leitbilder betrifft. Was wir aber glauben, durch die Menge unserer im vorliegenden Buch gezeigten Beispiele verdeutlichen zu können, ist nicht die Auswirkung einer *einzelnen* Anzeige, sondern die möglichen Auswirkungen von massenhaften, allgegenwärtigen, ständig wiederholten Bombardierungen und Infiltrierungen mit *gleich*gerichteten Frauenstereotypen.

Für andere wichtige Erziehungs- und Beeinflussungsquellen wie z. B. Lesebücher, Schulbücher, Zeitungen, Illustrierte und Fernsehsendungen ist bereits ausführlich nachgewiesen, wie stark sich frauendiskriminierende Inhalte als sozialisierende Einflüsse in scheinbar harmlose Texte, von Englisch- und Mathematikbüchern über Zeitschriftenartikel und -romane bis hin zu Fernsehfilmen einschleichen. In Gestalt schulischer Übungs- und Lesestücke, informativer Berichterstattung oder Unterhaltung in den Massenmedien werden überholte Geschlechtsrollenklischees verbreitet, indem Frauen und Mädchen entweder völlig unterschlagen oder als passiv, inkompetent und vor allem als Anhängsel von Männern dargestellt werden.

Ein kurzer Rundblick mag dies veranschaulichen:
– Analysen von *Schul- und Lesebüchern* ergaben beispielsweise, daß

75 % der geschilderten Personen Männer oder Jungen waren, und daß die wenigen Frauen, die überhaupt vorkamen, als nicht berufstätige Hausfrauen oder als hilflose und dümmere kleine Schwestern dargestellt wurden (vgl. Sollwedel 1971, Silbermann & Krüger 1971, Women on Words and Images 1972, Glötzner 1974, Karsten 1977, Dahrendorf 1978).

– Mehrfache Analysen von *Fernsehsendungen* in der abendlichen Hauptsendezeit ergaben, daß unverändert seit den 50er Jahren (Head 1954) bis heute (Ende der 70er Jahre) zwischen 68–85 % aller in den Filmen und Serien (Dramen, Abenteuerfilme) dargestellten Charaktere Männer waren (für amerikanische Verhältnisse: vgl. auch Gerbner 1972, Segar & Wheeler 1973; Women on Words and Images 1975, Isber & Cantor 1975; für bundesdeutsche Verhältnisse: vgl. Küchenhoff et al. 1975). Lediglich in Komödien (!) ergab sich zuweilen ein etwas niedrigerer Prozentsatz von ca. 55 %; d. h. es tauchten etwas mehr Frauen auf. In vielen Analysen von Fernsehfilmen und -serien zeigte sich auch immer wieder, daß Männer mit einem mehr als doppelt so großen Bereich von möglichen Berufen dargestellt werden als Frauen, die – falls überhaupt berufstätig – lediglich in klassischen «Frauen»berufen (Sekretärin oder Krankenschwester) vorkamen und fast ausschließlich in untergeordneten, wenig angesehenen Positionen (Lemon 1978).

– In *allgemeinen Zeitungen* sind Frauen so gut wie nicht existent, d. h. Nachrichten über Frauen sind keine Nachrichten (Molotch 1978) oder verschwinden auf der «Frauenseite», wo sie als Klatsch oder Frauenproblemchen abgehandelt werden. Frauen und ihre Angelegenheiten werden durch die nebensächlichen und lächerlichen Zusammenhänge, in denen sie ausschließlich auftauchen, trivialisiert.

– Auch die Inhaltsanalysen von *Frauenzeitschriften* sehen nicht besser aus (vgl. Ulze 1977). Die Frauen samt ihren Interessen und Belangen werden dort auf Haushalt, Schönheit, Kindererziehung und Eheprobleme beschränkt. Das Erstaunlichste ist, daß auch die *arbeitende* Frau so gut wie gar nicht erscheint. So tauchte in einer bekannten amerikanischen Frauenzeitschrift in den Jahren zwischen 1955 und 1977 *kein einziges Mal* eine arbeitende Frau auf! (vgl. Flora 1971). Man könnte sagen, Frauen werden entweder trivialisiert (durch die nebensächlichen Zusammenhänge, in denen sie in der Presse ausschließlich abgebildet werden), oder sie werden «symbolisch annihiliert» (vgl. Gerbner 1972), indem sie überhaupt ganz weggelassen werden.

Die Werbung scheint diesen für die Massenmedien nachgewiesenen Gebrauch noch zu verschärfen.

- So ergaben Analysen von *Werbefernsehen*, daß dort die *Einschränkung* der abgebildeten Frauen auf Sex-, Schönheits- und Haushaltsfunktionen weit extremer war als in den erwähnten Fernseh-Unterhaltungssendungen (Haushaltsprodukte werden nur von Frauen annonciert, Nicht-Haushaltsprodukte fast ausschließlich von Männern). Im amerikanischen Fernsehen beträgt das Verhältnis von Spots mit nur Männern zu Spots mit nur Frauen immerhin 3:1. Die unterlegten Stimmen, die den Spot resümieren oder kommentieren («voice over»), sind zu 93% Männerstimmen, die als Autorität etwas anpreisen oder raten (vgl. NOW 1973; Blömeling 1978).

- Die *Werbung* in englischen *Frauenzeitschriften* benutzt – ziemlich übereinstimmend mit deutschen Frauenzeitschriften – bestimmte Frauentypen wie «Mannequin», «Narzistisch Selbstverliebte», «Ehefrau/Mutter», «Gastgeberin», «sorgloses Teen-Mädchen» (vgl. Millum 1975). Charakteristischerweise fehlt hier wiederum die normale, *arbeitende* Frau! (Lediglich die Karriere-Dame tritt in seltenen Ausnahmen auf.) Ein ähnlich restriktives Bild ergibt sich für die Werbung in deutschen Frauenzeitschriften (vgl. hierzu Kock 1978/79; Kaiser 1979).

Interessant daran ist, daß die Werbung in *allgemeinen* Publikumszeitschriften (wie z. B. Spiegel, Stern, Quick), deutlich frauenfeindlicher, frauenverachtender ist als z. B. die Werbung in *Frauen*zeitschriften oder die Werbung im Fernsehen. (Erstere wird lediglich von der Werbung in Fach- und «Herren»zeitschriften noch übertroffen.)
Rezepte wie «Zynismus» oder «sexuelle Anzüglichkeiten» sind in Frauenzeitschriften offenbar nicht möglich und nicht üblich. Zwar herrschen auch hier diskriminierende Frauenbilder vor, die die Frau auf «schöner wohnen», «schöner erziehen», «schöner braten» und «sich noch schöner machen» festlegen. Selten sind jedoch *offen* frauenfeindliche Werberezepte. Dieser von uns gefundene Unterschied ist ein gradueller, jedoch kein prinzipieller. Er ist nur insofern bemerkenswert, als z. B. die von uns herangezogenen allgemeinen Publikumszeitschriften mit Sicherheit einen größeren Leserkreis erreichen – sich zudem an Frauen *und* Männer wenden – als die sogenannten «Frauen»zeitschriften.
Es ist also nicht die *einzelne* Werbeanzeige, der *einzelne* Werbespot, die eine negative Wirkung haben – wie auch kein Kind von einer einzel-

nen schlechten Fernsehshow oder durch ein einziges schlechtes Buch «verdorben» wird – sondern die *Menge* der *jahrelang täglich* von *allen Seiten* kommenden *gleich*gerichteten *negativen* Bilder und Aussagen über Frauen. Es ist klargeworden, daß die Werbung hier nicht allein steht, sondern die oben geschilderten «milderen» Formen von Frauendiskriminierung ebenso am Werk sind. Bedeutsam erscheint dabei, daß die Werbung über die genannten Einflüsse von z. B. Filmen, Lesebüchern, Fernsehprogrammen weit hinausgeht – zeitlich, räumlich finanziell –, indem sie allgegenwärtig von jeder Hauswand, aus jedem Rundfunk oder Fernseher, aus jeder Illustrierten, jeder Zeitschrift nicht nur Erwachsene, sondern besonders auch Jugendliche und Kinder anspricht und mit ihren Idealen und Leitbildern versorgt.

Wie die nähere Betrachtung außerdem gezeigt hat, kultiviert die Werbung nicht nur ein eingeschränktes, sondern zusätzlich ein sehr *negatives* Frauenbild, das im doppelten Sinn konservativ und rückwärtsgerichtet ist. Entweder werden Lebensverhältnisse für Frauen dargestellt und idealisiert (z. B. Luxushyänen in Pelz, Seide und Diamanten, allzeit bereite Sexgespielinnen für reiche und spendable Lebemänner), *die heute keinerlei Gültigkeit für die Mehrheit der in Haushalt und Beruf arbeitenden Frauen* haben. Oder es werden herabsetzende Witze und Anzüglichkeiten über «die Weiber» verbreitet, die *weder* früher, *noch* heute je zutreffend waren, sondern *nach wie vor* Ausdruck patriarchalischer Selbstgefälligkeit sind, die darin besteht, die diskriminierten Frauen zu verhöhnen, indem man die ihnen unterstellten negativen Eigenschaften als Rechtfertigung für ihre untergeordnete Position benutzt. Hier lassen sich deutliche Parallelen zu faschistoiden Vorurteilen über «die» Farbigen oder «die» Ausländer finden.

Frauenfeindliche Werbung ist also keinesfalls nur Ausdruck frauendiskriminierender gesellschaftlicher Zustände bzw. setzt diese als ihre Grundlage voraus (wie eine beliebte Entschuldigung der Werber lautet), sondern sie verstärkt und verzerrt diese ins Überdimensionale, indem sie die genannten anderen Einflüsse an Aufwand, Omnipräsenz, Langzeitwirkungen und wirtschaftlicher Macht übertrifft – und sie *inhaltlich* auf die Spitze treibt.

Diese Spitze wollen wir sichtbar machen.

Thomas Greulich
Gespräche im Werbefunk

SANSO

Mädchenstimme: «Hallo, ich bin das Sansoschäfchen! Na, hat unsere Studentin Probleme mit dem selbstgestrickten Pulli?»

Studentin: «Verdorben! Und gerade frisch gewaschen!»

Schäfchen mit Mädchenstimme: «Falsches Waschmittel! Sanso gehört in den Vollwaschgang!»

Studentin: «Sanso in die Waschmaschine?»

Schäfchen: «Jaaa! Dann wäre dein Pulli jetzt schäfchenweich! Vergleich mal! Hier dein Pulli . . .»

Studentin: «Kratzig!»

Schäfchen: «Und nun der Sansopulli!»

Studentin: «Schön weich! Den kann man sogar auf der Haut tragen!»

Schäfchen: «Siehst du?! Sanso wäscht Wolliges schäfchenweich!»

PERSIL

Sohn: «Klasse sauber ist das Auto jetzt, nicht wahr, Papi?»

Vater: «Und Klasse schmutzig unsere Jeans – die arme Mami!»

Frauenchor: «Das ist doch alles wirklich nicht so schlimm, Persil kriegt das ganz sicher wieder hin. Ein unbeschwertes Leben – Persil gehört dazu!»

Männerstimme: «Persil! Weil dann alles ein bißchen leichter geht.»

ELLEN BETRIX

Frauensopran: «Ellen Betrix!»

Tenor: «Es ist der Zauber der Persönlichkeit . . .»

Sopran: «Ellen Betrix!»

Tenor: «Macht Sie so schööön . . .»

Frauenstimme: «Ein neuer, verlockender Duft begleitet die aktuelle Mode! Ellen Betrix Parfum Number Six!»

Sopran: «Ellen Betrix!»

Frauenstimme: «Ein orientalischer Duft mit balsamischem Akzent voll Glut und Wärme! Ellen Betrix Parfum Number Six!»
Sopran: «Ellen Betrix!»
Frauenstimme: «Mehr können Sie nicht tun für Ihre Schönheit!»

FRAU IM SPIEGEL
Männerstimme: «Frau im Spiegel! Diese Woche neu! Ist Harald Juhnke jetzt am Ende? Lesen Sie die Hintergründe seines neuesten Skandals! Die Gorillas seiner Heiligkeit! Karatepater schützen den Papst auf Reisen! Außerdem: Warum Caroline von Monaco immer noch kein Kind hat! Exclusivinterview mit Farah! Der neue Psychotest! Und vieles mehr! Frau im Spiegel bringt alles, was Frauen lesen wollen! Frau im Spiegel! Jetzt gleich besorgen!»

BRILLEN
Männerstimme: «Sprechen wir einen Augenblick über das Sehen, liebe Hörer! Gutes Sehen, das ist eine der Voraussetzungen, um im Leben als Frau seinen Mann zu stehen! Aber: Viele Frauen sehen schlecht oder ungenügend, ohne es zu wissen. Denn die Augen versuchen von sich aus, die Sehmängel zu überwinden. Durch besondere Sehanstrengungen, die viel Energie kosten. Und diese Energie braucht man doch wohl für Beruf und Hausarbeit! Sind Sie sicher, daß Sie gut sehen?! Lassen Sie sich die Augen prüfen und lernen Sie die Möglichkeiten der modernen Augenoptik kennen, durch gutes Sehen mehr vom Leben zu haben! Übrigens, haben Sie schon mal bemerkt, wie gut Frauen mit Brille aussehen können?»

RASUREL
Frauenstimme: «Kannst du mir mal meinen Bikini zumachen?»
Männerstimme: «Du, ist der neu?»
Frauenstimme: «Hmhm. Von Rasurel. Paris!»
Männerstimme: «Chic! Und sitzt einfach toll!»
Frauenstimme: «So richtig schön zum Braunwerden!»
Männerstimme: «Rasurel paßt eben gut zu dir – und zu deiner Figur!»
Frauenstimme: «Rasurel-Modelle kauf' ich immer sehr früh. Dann hab ich die beste Auswahl! Übrigens – Rasurel gibt's auch für ihn!»
Männerstimme: «Rasurel! Es sei denn – Sie wollen nackt baden . . .»

GOLDPUDER

Frauenchor: «Goldpuder!»

Frauenstimme: «Backen Sie Ihrem Liebsten ein knuspriges Dankeschön! Duftend frisch mit Goldpudermehl! Und genießen Sie Ihr schönes Zuhause!»

Frauenchor: «Goldpuder!»

Männerstimme: «Goldpuder. Qualität, die man schmeckt.»

WEKALIT

Tochter: «Schau dir mal mein Geschirr an, Mutti! Kommt direkt aus der Spülmaschine! Und wie das glänzt!»

Mutter: «Tja, auf den ersten Blick schon ...»

Tochter: «Du wirst auch mit der Lupe nichts finden! Weil ich Wekalit-Geschirreiniger nehme! Wekalit mit Antifleck! Und das macht lupenrein sauber!»

Mutter: «Mag ja sein! Aber wie's da drinnen aussieht, *in* der Spülmaschine!»

Tochter: «In der Spülmaschine?! Ha! Du kennst Wekalit nicht! Das sorgt für lupenrein sauberes Geschirr *und* eine lupenrein saubere Spülmaschine! Schau selber nach!»

Mutter: «Oohh!»

Männerstimme: «Wekalit! Lupenreine Sauberkeit für Geschirr und Spülmaschine!»

MEISTER PROPER

Mutter: «So, Kind! Die Putzerei für unseren Familientreff kann losgehen!»

Tochter: «Aber Mutti, so viele Putzmittel! Chromputz, Bodenreiniger! Will'ste 'n Putzladen aufmachen?!»

Mutter: «Die brauch ich, damit's sauber wird!»

Tochter: «Weg damit! Einer reicht doch! Meister Proper! Der putzt alles spiegelblank! Hier!»

Mutter: «Wie die Spüle blitzt! Auch ohne Chromputz!»

Tochter: «Nun der Boden!»

Mutter: «Mit 'nem normalen Reiniger glänzt der doch nie!»

Tochter: «Mit Meister Proper schon!»

Mutter: «Toll! Wie das spiegelt!»

Tochter: «Siehste?!»

Mutter: «Der Meister kann alles!»

Mädchenchor: «Einer reicht doch, Meister Proper! Der putzt alles spiegelblank!»

Thomas Greulich

... und zwischen den Werbespots: unsere Schlagerlieblinge

«DU BIST SO KOMISCH ...»*

«Du bist so komisch anzuseh'n,
denkst du vielleicht, das find' ich schön,
wenn du mich gar nicht mehr verstehst
und mir nur auf die Nerven gehst?
Ich trinke schon die halbe Nacht
und hab mir dadurch Mut gemacht,
um dir heut' endlich zu gesteh'n:
ich kann dich einfach nicht mehr seh'n!
Mit deiner schlampigen Figur
gehst du mir gegen die Natur!»
. . .
«Seit Wochen leb' ich neben dir
und fühle gar nichts neben mir
– nur dein Geschwätz, so leer und dumm,
ich habe Angst, das bringt mich um!
Ja, früher warst du lieb und schön,
du läßt dich geh'n, du läßt dich geh'n!»
. . .
«Du läufst im Morgenrock herum,
ziehst dich zum Essen nicht mal um,
dein Haar, da baumeln kreuz und quer
die Lockenwickler hin und her –
und schiefe Hacken obendrein!
Wie fiel ich nur auf so was rein?!»
. . .
«Wenn du nur still wärst, das wär schön.
Du läßt dich geh'n, du läßt dich geh'n!
Bei Tag und Nacht denk ich daran,
ob das nicht anders werden kann,
du bist doch schließlich meine Frau,

doch werd' ich nicht mehr aus dir schlau;
zeig' mir doch, daß du mich noch liebst,
wenn du dir etwas Mühe gibst,
mit einem kleinen Lächeln nur
und tu auch was für die Figur!»

...

* Zitate aus: Charles Aznavour: «Du läßt dich geh'n!»

«... DIE BRUST MIT DER TANTE ...»*

...

«Nicht einmal zum Träumen verspür ich Lust,
denn wohin ich im Geiste auch schau',

Zeit & Raum

Unsere Losung: bessere Lösung
So zum Beispiel

seh' ich nur die runde und üppige Brust
einer dazugehörigen Frau.
Ich geh' in 'ne Kneipe und setze mich hier
an die Bar zu 'nem Schnaps und 'nem Bier
und wart', daß die Brust mit der Tante erscheint,
die mir keinerlei Fragen verneint.»
. . .
«Jemand öffnet die Tür und kommt herein,
es ist tatsächlich ein Zahn!
Und ich sage zu mir: die ist wirklich allein –
daß ein Mensch soviel Glück haben kann!
Ich drehe mich um, schau' sie an, ganz bewußt:
von Schönheit nun wirklich kein Hauch –
und wovon sie nichts hat, das ist nun mal Brust –

35

ies rhythmisches Sprechen aufbauen.
Stottern tritt meistens zum erstenmal in der Kindheit auf, sehr oft um das siebente Lebensjahr. Es ist möglich, daß sich die Sprachstörung, an der mehr Jungen als Mädchen leiden, im Laufe der Jahre von selbst zurückbildet.
Darauf darf man sich aber nicht verlassen. Man sollte sich frühzeitig an eine Erziehungsberatungsstelle wenden oder einen freipraktizierenden klinischen Psycho-

logen aufsuchen (Adressen erfährt man bei den Beratungsstellen oder aus dem Branchenverzeichnis des örtlichen Telefonbuchs). Bei der Behandlung der Sprachstörung wird der Fachpsychologe meistens von einem Logopäden (Spracherzieher) unterstützt.
Wichtig: Das Haptometronom ist nur in Verbindung mit anderen therapeutischen Maßnahmen erfolgreich. Man kann aber zwischen den Behandlungen allein damit üben.

Broschüre Orientierungshilfe für Abiturienten

Für Studienanfänger und Schüler der Oberstufe ist eine „Zusammenstellung studieneinführender Schriften" gedacht. Die Broschüre gibt Hinweise auf allgemeines Informationsmaterial – zum Beispiel über den Numerus clausus, Wartezeiten, Ersatzstudiengänge, das BAföG und auf fachbezogene Schriften und enthält auch Adressen aller Universitäten in der Bundesrepublik mit Angaben über die dort vorhandenen Studiengänge. (40 Seiten; zu bestellen bei der Deutschen Studentenschaft, 8 München 45, Untere Hausbreite 11, bitte 1 Mark und mit 80 Pf. frankierten DIN-A-5-Rückumschlag beilegen)

Der geniale DAF.
Das ideale Auto für die Frau.
Warum?

Für viele Frauen ist der DAF das Auto, das sie sich eigentlich schon immer gewünscht haben. Weil man ohne Kuppeln und Schalten ganz einfach einfacher Auto fährt. Weil man selbst im dichtesten Stadtverkehr besser zurechtkommt, sicherer fährt. Weil man diese geniale Automatik ohne Aufpreis bekommt. Weil der DAF so günstig im Verbrauch und Unterhalt ist und dabei so ungeheuer zuverlässig. Und weil er viel Platz bietet. Hätten Sie nicht Lust, diesen Auto einmal kennenzulernen? Es gibt den DAF mit 850 ccm, 1100 ccm und 1300 ccm als Limousine, Coupé und Kombi.

DAF kein Kuppeln – kein Schalten – kein Wählen

An alle Frauen mit Führerschein:
Möchten Sie mal mit einem DAF zum Einkaufen fahren? Oder eine Freundin besuchen? Oder sonst irgendwo hinfahren?

Gutschein für Gratis-Autofahren (2 Stunden) beim DAF-Händler einlösen! Oder Coupon einsenden an: Deutsche DAF-GmbH, 4006 Erkrath, Abt. BR 51

☐ Ich möchte die 2-Stunden-Gratis-Tour machen
☐ Bitte senden Sie mir erst mal Prospektmaterial

dafür hat sie erheblich mehr Bauch!
An der find' ich nun gar nichts, was reizvoll noch wär',
doch die schaut unentwegt zu mir her.»
...

«Und ihr Blick, der mir gilt, ähnelt dem einer Kuh,
doch schon grinst sie und kommt auf mich zu;
und jetzt sitzt sie auch schon auf dem Platz neben mir.»
«Hallo, schnell noch'n Schnaps und 'n Bier!»
«Als ich noch so dasitz', dem Zahn abgewandt,
da öffnet sich wieder die Tür:
und schon wieder schau' ich in die Richtung gebannt,
‹diesmal muß sie es sein!› sag' ich mir.
Und was dort jetzt erscheint, ist mir nicht einerlei,
die wär' für die Nacht ein Gewinn,
und noch ist ja der rechte Platz neben mir frei –

Triumph
INTERNATIONAL

LYCRA®

Hosen-Höschen Shirley H und Shirley HL, Gr. 65–85, in Farben Weiß und Haut

doch die setzt sich ganz anderswo hin!
Warum hat sie mich hier an der Bar nicht geseh'n,
wie soll ich denn das nun versteh'n?
Und nichts an mir hat ihr Interesse geweckt –
ich war wohl von der Dicken verdeckt!»
...

* Zitate aus: Knut Kiesewetter: «Es senkt sich der Abend über die Stadt»

«... WEIL MIR SONST DER NACHTTOPF
AN DEN SCHÄDEL FLIEGT!»*

...
«Ich fand mich erst wieder vor dem Traualtar
weil ich geistig noch vom Suff umnebelt war.

Seitdem ist es bei mir mit der Freiheit aus,
denn die Alte läßt mich nicht mehr aus dem Haus!
Selbstverständlich gab ich schon das Rauchen auf,
dafür wasch' ich ab und hol' die Kohlen rauf,
putz das Treppenhaus und wisch' den Flur,
doch in meinen Träumen wünsch' ich nur:
Oh, mein Gott, wär ich bloß meine Alte los,
ohne Rückfahrschein zu den Eskimos,
ach, wär es mir doch nur vergönnt,
wenn im Orient
ich für ein Kamel sie verkaufen könnt',
das wäre schön!
Kaum lieg ich im Bett mit ihr, da schnarcht sie schon,
und sie brummt und pfeift mit über hundert Phon!
Ich darf sie nicht wecken, wenn sie noch so quiekt,
weil mir sonst der Nachttopf an den Schädel fliegt!
Nach dem letzten ausgedehnten Ehekrach
lag ich in der Klinik eine Woche flach.
Seitdem weiß die Nachbarschaft genau:
der Grobian verprügelt seine Frau!
Oh, mein Gott, wär ich bloß meine Alte los ...»

. . .

* Zitat aus: Schulzke's Skandal Trupp: «Mein Gott wär' ich bloß meine Alte los!»

«. . . AN AMPELN FÄHRT SIE DURCH
BEI ROT . . .»*

. . .

«Todesmutig schneidet sie die Straßenbahn,
an Ampeln fährt sie durch bei Rot;
mitten auf der Kreuzung hält sie plötzlich an,
parkt im Parkverbot!

Wenn Elfriede naßgeschwitzt
zitternd hinter'm Lenkrad sitzt,
ist dein Leben nichts mehr wert,
wenn Elfriede Auto fährt!

Leider ist Elfriede nacht- und farbenblind,
und sie hört auch nicht mehr gut,
weil auch ihre Ohren nicht die besten sind

– doch hat sie gehörig Mut.
Und so jagt sie blind durch den Straßenverkehr
mit dem Tod auf du und du,
kommt ihr irgend etwas überraschend quer,
macht sie schnell die Augen zu!

Wenn Elfriede naßgeschwitzt
zitternd hinter'm Lenkrad sitzt,
ist dein Leben nichts mehr wert,
wenn Elfriede Auto fährt!»

* Zitat aus: Schulzke's Skandal Trupp: «Wenn Elfriede Auto fährt»

«RASSEGIRLS UND KLASSEFRAU'N»*

«Girls, girls, girls,
girls, girls, girls,
ob blond, rot, schwarz, ob braun,
Rassegirls und Klassefrau'n
lassen sich von Männern gern verwöhnen!
Scheue Mädels, sexy Dinger
wickelst du um deinen Finger
mit Champagner, zärtlicher Musik!
Gibst du für schöne Frau'n dein Geld aus
dann sieht die Welt aus
wie's Paradies!»
. . .
«Die Mädchen dieser Welt
kannst du nicht ändern!
In allen Ländern
das gleiche Lied:
girls, girls, girls
girls, girls, girls!»
. . .
«Mädchen, Kerzenlicht,
ganz ohne geht es nicht
diesseits und jenseits vom Atlantik.
Hulagirls auf Hawaii,
die Geishas in Shanghai
haben alle Schwächen für Romantik!
Und wenn sie dich dann zärtlich küssen,

39

dann wirst du wissen:
das ist ihr Trick!
Kommt mit, die Welt bewegt sich!
Mit Charme und Eleganz
fängst du die allerschönsten
girls, girls, girls!
Komm mit, die Welt bewegt sich,
dreht sich um schöne Frau'n!
Nur Mut, und du verliebst dich auch!
Doch bitte nicht so stürmisch, meine Herren
und nicht so zerren –
wenn's soweit ist!»

* Zitate aus: Krügers Nationalpark-Band: «Girls, girls, girls!»

Christiane Schmerl
Kosmetische Zwangsjacken

Vorstellungen von Schönheit sind gelernt und nicht von allein da; das heißt auch: sie können sich ändern, sie können verändert werden.

Die Wechselhaftigkeit der Mode, unser damit wechselndes Empfinden für das, was man/frau für schön hält, spürt man dann besonders deutlich, wenn man sich vergangene Moden betrachtet (Moden von vor 5, vor 10 und vor 50 Jahren). Dinge, die man schön zu finden gelernt hatte, erscheinen mit größer werdender zeitlicher Distanz plötzlich als unmöglich, als häßlich. Ähnlich geht es auch mit neuen, schockierenden Moden, an die man sich noch nicht gewöhnt hat.

Daraus läßt sich ersehen, daß Gefühle für das, was als schön gilt, extrem formbar und beeinflußbar sind. Das gilt natürlich auch für die Vorstellungen von Frauenschönheit.

Im folgenden ein paar Überlegungen zu jenen Vorstellungen von weiblicher Schönheit, wie sie von der Kosmetikwerbung in milliardenfacher Auflage für Frauen als erstrebenswerte und vorbildliche Standards suggeriert werden.

Kosmetikwerbung arbeitet zwar mit verschiedenen Frauentypen, die das angepeilte Frauenpublikum durch ein Minimal-Spektrum abdecken sollen (vgl. hierzu auch die «Frauentypologien» von Gruner & Jahr). So lassen sich in ähnlicher Weise auch in der Kosmetikwerbung scheinbar unterscheidbare Vorlagen für ein Frauentypen-Angebot erkennen, z. B. «die jugendliche Naive», die «sportlich Emanzipierte», die «Dame von Welt», die «propere Familienmutter». Diese scheinbare «Viel»-falt täuscht aber. Die Gemeinsamkeiten aller angedienten Frauentypen sind weit größer und verpflichtender als die scheinbaren, minimalen Unterschiede. Die vorherrschenden Standards sind:

– die Festlegung auf die Altersspanne von 15–35
– ein gleichmäßiges Gesicht (Haut, Gesichtszüge)
– Schlankheit
– mittlere Körpergröße
– keine individuellen Kennzeichen
– mal kleines, mal großes Make-up
– mal lachend, mal arrogant-blasiert.

Zusätzlich werden durch diese Werbung Schönheitsideale normativ propagiert, wie sie keine oder fast keine Frau hundertprozentig erfüllt. Auch die verwendeten Fotomodelle sehen in natura nicht so perfekt aus, wie auf den mit allen Regeln des Fotografenhandwerks ästhetisierten Bildern. Solche Bilderbuch-Schönheiten gibt es nicht. Genau dies aber hat einen von der Kosmetikbranche hochgradig erwünschten – und auch bezweckten – Effekt: Frauen erfahren ständig die zwangsläufige Diskrepanz zwischen ihrem Aussehen und den von jeder Plakatwand, aus jeder Zeitung und dem Fernsehen herablächelnden Katalogschönheiten, die sie auf ihre vermeintlichen eigenen, kleineren oder größeren Unschönheiten aufmerksam machen. Besonders die Werbung der Miederindustrie (die ich – in der Art, wie sie beschrieben wird – als Kosmetikwerbung im weitesten Sinne betrachte) spricht dies sich zwangsläufig einstellende Bewußtsein ganz gezielt an. Sie säuselt permanent von «den kleinen Problemchen», die angeblich jede (!) Frau mit ihrer Figur hat, dem «bißchen Halt», dem «bißchen Mehr Halt», der «zärtlichen Korrektur», dem erst schön zu «machenden» Busen, etc. Der berühmte Besucher vom Mars muß den Eindruck gewinnen, als gäbe es keine Frauenkörper, die dieser angepriesenen Korsagen entraten könnten.

Wie wirksam, aber auch wie absurd – gemessen an der Realität – diese Suggestionen sind, kann frau ständig erfahren, wenn sie mit anderen Frauen über Schönheitsprobleme spricht. Gerade die hübschesten Frauen sind wie paralysiert von bestimmten fixen Ideen, welcher Körperteil an ihnen nicht hübsch genug, nicht richtig proportioniert etc. sei, wovon der jeweilige Gesprächspartner in den allermeisten Fällen überhaupt nicht das Geringste wahrgenommen hat. Auch die Erfahrungen aus Frauengesprächskreisen haben immer wieder gezeigt, daß äußerlich völlig «normale» Durchschnittsfrauen sich mit den merkwürdigsten Vorstellungen und Ängsten plagen, was ihre Figur, ihr Gesicht, ihre Haare etc. angeht. Viele Frauen scheinen mehr oder weniger Minderwertigkeitskomplexe zu haben, sobald sie an ihre äußere Erscheinung denken oder die Rede darauf kommt (nicht so schlank, nicht so groß, nicht so proportioniert, nicht so tolles Haar, nicht so gepflegte Hände, nicht so schöne Beine, nicht so hübsch usw.). Das einzige Mittel, diesen Standards halbwegs zu genügen (die man ja nicht nur wegen des eigenen Selbstwertgefühls erreichen will/ muß, sondern auch wegen der danach bemessenen Anerkennung der Umgebung, insbesondere der Männer), ist die Anschaffung der jeweils mit diesen Leitbildern angepriesenen Produkte (Kosmetik, Schmuck, Korsagen, Garderobe), die es scheinbar möglich machen, diese fehlenden Eigenschaften zu erwerben. Die Kosmetikwerbung mit ihrem jeweils aktuellen Frauenbild hat also einen sehr wirksamen, sozialisierenden Charakter. Außerdem suggeriert sie durch ihre Standards ein sehr negatives Verhältnis der meisten Frauen zu ihrem Körper, zu ihrer äußeren Erscheinung. Diese suggerierten Minderwertigkeitsgefühle sind direkt funktional für die Profitsteigerung der Kosmetik- und Miederbranche.

Einen guten Eindruck für den Unterschied zwischen Standard-Make-up-Schönheiten und individuellen Schönheiten liefert eine Gegenüberstellung von 08/15-Schönheiten der Titelblätter von Frauenzeitschriften einerseits mit den Titelblättern der amerikanischen Illustrierten «Ms», einer für die amerikanische Frauenbewegung zentralen Frauenzeitschrift (vgl. Hering, 1974). Ms zeigt Frauengesichter, die sehr wohl «schön» sind (aber nicht in Klischeemanier), indem sie ausdrucksvolle Fotos von jungen und alten Frauen zeigt, die eine individuelle Faszination weiblicher Persönlichkeit ausstrahlen. Also durchaus nicht die befürchteten häßlichen Emanzen-Schlampen ...

In der Kosmetikwerbung scheint es dagegen nur *die* Frau schlechthin zu geben, das ewige Weibchen, jedoch keine weiblichen Menschen, die sich nach Alter, Beruf, Erfahrung etc. unterscheiden.

Ein Leitbild für alle. Persönlichkeit und individuelle Note bestehen meist in der Schattierung des Wangenrouges, der Duftnote des Parfüms, der Nuancierung der Haartönung. Auch Individualität scheint es demnach nur in Gestalt käuflicher, chemischer Reagenzien zu geben. Die Pervertierung besteht darin, daß das vorhandene Individuelle durch Ängste und Suggestion hinweggebügelt wird, um es dann – gegen Geld – als standardisiert dosiertes Quentchen Farbe, Lack oder Puder wieder hinzuzufügen.

Die Pervertierung besteht auch darin, daß es offenbar sehr wohl eine ursprüngliche menschliche Neigung gibt, sich zu schmücken, seinen Körper zu verschönern. Dies legen viele Beobachtungen an Naturvölkern oder an Kindern nahe. Was ist aus dieser ursprünglichen Freude am «sich schmücken» (Kosmetik kommt von kosmein = schmücken) geworden?

Die eine Hälfte der «zivilisierten» Menschen – die Männer – halten es entweder nicht für nötig oder dürfen es nicht, wenn sie nicht als «Tunten» gelten wollen (Schauspieler und Popmusiker haben berufsbedingte Narrenfreiheit). Männer «pflegen» sich bestenfalls, aber sie «verschönern», sie «schmücken» sich nicht. Falls für Herrenparfums oder Herren«pflege»serien geworben wird, dann stets mit dem zwanghaft vorbeugenden «männlich herben» Duft, von «Männerfrei-

44

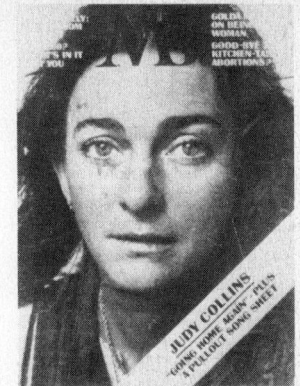

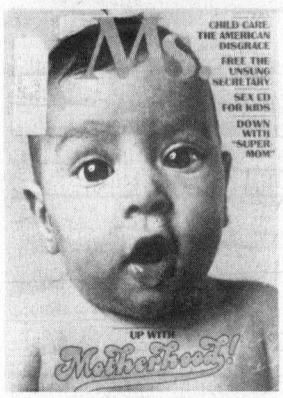

Aus: Vorgänge 1974, 8, S. 106/107

Triumph
INTERNATIONAL

Der Höschen-Anzug
LYCRA*
Mehr Figur für Dich.
Intelligente Miederwäsche

Hosen-Höschen „Garly" H, Größe: 60-85, Farbe: Haut
Hosen-Höschen „Garly" Hl, Größe: 65-85, Farbe: Haut

heit» und ähnlichen Formeln, damit ja keiner auf die Idee kommt, der Fetisch der Männlichkeit sei in Gefahr, wenn Mann zum Duftwasser oder zur Gesichtsmaske greift. Geschminkte Männer sind tabu.

Die andere abgezirkelte Hälfte – die Frauen – macht sich keineswegs aus reiner Freude am Schmücken schön, sondern um einerseits den gängigen Standards von Weiblichkeit zu entsprechen, andererseits, um dadurch Anerkennung, Selbstbewußtsein und – vor allem – Bestätigung als Frau in Form männlicher Beachtung zu erlangen. Denn die Imperative der Kosmetikbranche hinterlassen auch bei Männern Vorstellungen von einer «richtigen» Vollblutfrau. Aus dem vielleicht ursprünglichen Vergnügen am sich Bemalen, sich Schönmachen, ist für die weibliche Menschheit eine – zwar maßgeschneiderte – Zwangsjacke geworden, die Minderwertigkeitsgefühle der merkwürdigsten Art produziert und mittels der Werbung der Kosmetikbranche goldene Berge beschert.

Miss Ski.
Manche Frauen brauchen ein wenig mehr Halt.
Aber sie brauchen ihn nicht zu spüren.

Alle wirklich schönen Frauen haben einen ganz kleinen Bauch. Das sagen nicht nur wir. Das haben Frauenkenner von Balzac bis Simmel schon beschrieben.

Sie dürfen sich also durchaus bestätigt fühlen, wenn Sie vor dem Spiegel taillenabwärts leichte Rundungen bemerken. Dennoch ist es weniger schön, wenn diese Rundungen unter zarten Kleidern und engen Hosen an Stellen zum Vorschein kommen, wo sie die Linie stören.

Im Corselet ehen Miss Ski wirken Sie überall ein wenig schmaler. Aber die Silhouette bleibt natürlich. Der Busen ist sanft gerundet, denn die Büste ist nahtlos vorgeformt.

Von Beengtsein keine Spur. Das Material ist so hauchzart und leicht, daß Sie sich selbst kaum leicht anfühlen.

Miss Ski – hauchzart durch Lycra

Miss Ski. SUPREME-Corselet/nahtlos · Weiß, Schwarz, Haut und Bleighin · DM 59,90 · unverbindliche Preisempfehlung.

Miss Ski. Die neue, leichte Linie von Ski.

Jede Frau braucht ein bißchen Halt.
Da und dort.
Taillana stretch formt freundlich.
Da und dort. Elegant.

Triumph
INTERNATIONAL

Taillana stretch BH form
Größen: 70 bis 90
Cup B und C
DM 14,90

Taillana stretch II.
Elast. Mieder.
Größen A bis XL
DM 19,90

Taillana stretch
...die freundliche Linie von Triumph

Heidrun Abromeit

Effektivität, Absicht und «politische Wirkung» der Wirtschaftswerbung

Bevor jedoch das Politische in der Wirtschaftswerbung untersucht wird, scheint es angebracht, nach der Wirksamkeit von Werbung überhaupt zu fragen. Die Beeinflussung der Nachfrage durch die Verkaufswerbung nämlich gilt als empirisch kaum meßbar, da die einzelnen Variablen, die zum Verkaufserfolg führen, nicht isoliert werden können; «Es bereitet bisher erhebliche Schwierigkeiten, die Interdependenzen zwischen Bedürfniskonstellation, psychischem Wirkungsvorgang und Werbeeinsatz ... quantitativ zu erfassen. Der Grund liegt in dem Zusammenwirken und der Koordination der Faktoren in der Person des Umworbenen ...» (Leitherer 1966, S. 38). Aus diesem Unvermögen der Ermittlung genauer quantitativer Daten über den Erfolg von Werbemaßnahmen wird häufig gefolgert, daß man die Werbewirksamkeit nicht überschätzen solle und daß es notwendig sei, die «fast hysterisch überspannten Vorstellungen von der Allmacht der Werbung auf ein normales Maß zurückzuschneiden» (König 1960, S. 335).

Ganz so leicht scheint die Frage nach der Effektivität der Werbung indessen nicht abzutun zu sein, lehren doch zahlreiche Beispiele, daß Werbekampagnen vorher unverhoffte Verkaufserfolge zeitigten und sogar eine Verbraucher-«Umerziehung» bewirken (vgl. Römer 1968). Als Gründe für solche Erfolge dürften zum einen die Einflüsse angegeben werden können, die von den – den «opinion leaders» vergleichbaren – «pioneer consumers» ausgehen, die z. B. in der Verbreitung von «Moden» sichtbar eine große Rolle spielen. Zum anderen aber wird man grundsätzlich zwischen «bewußter» und «unbewußter» Werbewirkung unterscheiden müssen. Kaum ein Mensch – so stellte bereits Viktor Mataja fest – wird zugeben, daß er sich von der Werbung beeinflussen lasse; dennoch hinterlasse diese «fast unbewußt einen Eindruck» (Mataja 1926, S. 243). Die bewußte Ablehnung der Werbung als solcher, die in Meinungsumfragen vielfach festgestellt wird, sagt noch nichts über die sich im Unbewußten abspielende tatsächliche Beeinflußbarkeit durch Werbung, weshalb auch der häufig unternommene Versuch, Werbemaßnahmen nach Wiedererkennenswerten zu beurteilen, kaum Daten über die Effektivität dieser Maßnahmen liefert (vgl. Brückner 1967). Holzschuher z. B. basiert darum seine ganze Werbetheorie auf die Forderung, daß Werbung das Unbewußte, die «Primitivperson» ansprechen müsse, die der beste «Bundesgenosse» des Werbers gegen die «Ichperson» sei, denn «je weniger die Werbedarbietungen das Ichbewußtsein der Umworbenen berühren, je mehr diese in dem Wahn verharren können, dem Einfluß der Werbung überhaupt nicht ausgesetzt zu sein, um so höher sind die Chancen für eine «suggestive» Wirkung ...» (Holzschuher, 1956, S. 51). Die Wirkung der Werbung beruht jedoch nicht allein auf ihrer verkaufsfördernden Effektivität. Auch eine Werbung, die den Umworbenen zunächst nicht direkt zum Kauf veranlaßt, kann dennoch insofern Wirkungen ausüben, als sie die Bewußtseinsinhalte der Adressaten mit beeinflußt, vermittelt sie doch Leitbilder, Vorstellungen über soziale Rollen u. dgl. Eine derartige Wirksamkeit wird zumal dann gelten, wenn bestimmte Leitbilder durchgängig in nahezu allen Werbeäußerungen auftreten; so war die Werbung maßgeblich mitbeteiligt am Abbau früherer puritanischer Sparsamkeitsvorstellungen oder etwa – vor allem in den USA – an der Verfestigung der «Hausfrauen»-Rolle als dem Ideal der Weiblichkeit (vgl. Leitherer 1966, S. 29f.). Solche Wirkungen müssen dabei nicht notwendig vom Werbenden beabsichtigt sein, wie überhaupt der Begriff der «politischen Werbung» auch auf die «unintenionale» auszudehnen ist, wenn die darin eingeschlossenen Phänomene hinsichtlich ihrer psychologischen Wirkungen und sozialen Konsequenzen identisch sind. Erst die Ausklammerung der Frage nach der Absicht ermöglicht die Einbeziehung zahlreicher den Status quo stabilisierender politischer Wirkungen in die Analyse, denn in einem im wesentlichen auf die Erhaltung des Status quo bedachten System ist den in ihm Agierenden ein auf dieses Ziel gerichtetes Handeln vielfach so selbstverständlich, daß es ihnen kaum als «politisch» bewußt wird. Zum Teil allerdings werden solche über den Verkaufserfolg hinausgehenden Wirkungen der Werbung von den Werbenden durchaus gesehen. So betonte man auf dem Werbekongreß 1951, daß die «psychologische Wirkung» der Werbung «bei weitem die wirtschaftlich gesteckten Ziele übertreffen kann und sowohl den einzelnen wie gleichzeitig auch den Kollektivgeist ganzer sozialer Gruppen oder gar einer nationalen Gemeinschaft beeinflussen kann» (Bastide 1951).[1]

1 Auf dem Reklame-Kongreß 1951 in Hamburg «Werbung überbrückt Ländergrenzen»

Eine Befragung von Werbepraktikern ergab, daß man in den Agenturen vermittelte politische Wirkungen zwar nicht anstrebt – außer solchen, die die Erhaltung der «freien Marktwirtschaft» zum Ziel haben [2] – sich über die «Verstärker»-Wirkung der Werbung und über den Effekt der «Perpetuierung vorhandener Strukturen» [3] aber zumeist im klaren ist: «Das bestehende wird zementiert – glaube ich, das kann man sagen. Kein sehr schöner Gedanke.» [4]

Eben dieser Effekt der Verfestigung des Status quo ist als «politische Wirkung» zu betrachten. Ebenso kann die Beeinflussung bestimmter Einstellungen politisch relevant werden, sind doch die Einstellungen eines Menschen nicht voneinander isoliert, sondern Teile von Einstellungs-Zusammenhängen, die sein Verhalten in allen Lebensbereichen bestimmen ... Vor allem Einstellungen, die dem «autoritären Syndrom» zuzuordnen sind, sind von hoher politischer Relevanz, da sie mit dem Unverständnis demokratischer Institutionen und Praktiken und sogar mit deren Ablehnung einhergehen.

Es wäre daher zu prüfen, inwieweit die gegenwärtige Wirtschaftswerbung in der Bundesrepublik an derartige Einstellungen appelliert.

2 So ein Mitarbeiter der Agentur Werbe-Gramm in einem Gespräch m. Verf. (Düsseldorf März 1969)
3 Dr. Binder (Marplan) in einem Gespräch m. Verf. (Düsseldorf März 1969)
4 Ein Mitarbeiter der Agentur Dr. Hegemann in einem Gespräch m. Verf. (Düsseldorf 1969)

Aus: Abromeit, H.: Das Politische in der Werbung. Westdeutscher Verlag, Opladen, 1972, S. 114–115. Abdruck mit freundlicher Genehmigung des Verlags.

Wolfgang F. Haug

Der Schein, auf den man hereinfällt

Der Schein, auf den man hereinfällt, ist wie ein Spiegel, in dem die Sehnsucht sich erblickt und für objektiv hält. Wo den Menschen, wie in der monopolkapitalistischen Gesellschaft, aus der Warenwelt eine Totalität von werbendem und unterhaltendem Schein entgegenkommt, geschieht, bei allem abscheulichen Betrug, etwas Merkwürdiges, in seiner Dynamik viel zu wenig Beachtetes. Es drängen sich nämlich an die Menschen unabsehbare Reihen von Bildern heran, die wie Spiegel sein wollen, einfühlsam, auf den Grund blickend, Geheimnisse an die Oberfläche holend und dort ausbreitend. In diesen Bildern werden den Menschen fortwährend unbefriedigte Seiten ihres Wesens aufgeschlagen. Der Schein dient sich an, als kündete er die Befriedigung an, er errät einen, liest einem die Wünsche von den Augen ab, bringt sie ans Licht auf der Oberfläche der Ware. Indem der Schein, in dem die Waren einherkommen, die Menschen ausdeutet, versieht er sie mit einer Sprache zur Ausdeutung ihrer selbst und der Welt. Eine andere, als die von den Waren gelieferte, steht schon bald nicht mehr zur Verfügung. Wie verhält, vor allem wie verändert sich jemand, der fortwährend erhält, was er wünscht – aber es nur als Schein erhält? Das Ideal der Warenästhetik wäre es, das zum Erscheinen zu bringen, was einem eingeht wie nichts, wovon man spricht, wonach man sich umdreht, was man nicht vergißt, was alle wollen, was man immer gewollt hat. Widerstandslos wird der Konsument bedient, sei es nach der Seite des Schärfsten, Sensationellsten, sei es nach der Seite des Anspruchlosesten, Bequemsten. Die Gier wird ebenso zuvorkommend bedient wie die Faulheit.[1]

Korrumpierende Gebrauchswerte, ihre Rückwirkung auf die Bedürfnisstruktur

Indem die Warenästhetik den Menschen nach dieser Richtung ihr Wesen auslegt, scheint die progressive Tendenz des Treibenden in den Menschen, ihres Verlangens nach Befriedigung, Lust, Glück, umgebogen. Das Treibende scheint eingespannt und zu einem Antrieb zur

Anpassung geworden zu sein. Manche Kulturkritiker sehen darin einen Vorgang umfassender Korruption geradezu der Gattung. Gehlen spricht von ihrer Entartung, indem sie sich «an allzu bequeme Lebensbedingungen» anpaßt. Es ist in der Tat eine Hinterhältigkeit in der Schmeichelei der Waren: Was sie bewegt, sich derart anzudienen, herrscht eben dadurch. Die vom Kapitalismus Bedienten sind am Ende nur mehr seine bewußtlosen Bediensteten. Nicht nur werden sie verwöhnt, abgelenkt, abgespeist, bestochen.

In Brechts Badener Lehrstück vom Einverständnis werden Untersuchungen durchgeführt, ob der Mensch dem Menschen hilft. Die dritte Untersuchung, eine Clownsnummer, führt vor, wie es ist, wenn der Kapitalismus dem Menschen hilft. Bedienen heißt hier amputieren. Wer sich setzt, der wird vielleicht nie wieder aufstehen können. Helfen heißt, eine Abhängigkeit schaffen (und weidlich ausnutzen). Derart ist die Dynamik der spätkapitalistischen Warenproduktion. Zuerst wird das Tun des Nötigen erleichtert; aber dann wird das Tun des Nötigen ohne Erleichterung zu schwer, und es kann das Nötige nicht mehr ohne Warenkäufe getan werden. Nun ist das Nötige nicht mehr zu unterscheiden vom Unnötigen, auf das nicht mehr verzichtet werden kann. Wahrscheinlich meint die Rede von den falschen Bedürfnissen nichts anderes als diese Verschiebung.

Sind Triebe und Bedürfnisse noch fortschrittlich unter diesen Umständen? Ist an den materiellen Interessen noch etwas Wesentliches zu fassen?

Das, was gelegentlich repressive Befriedigung genannt wird, erscheint jetzt als korrumpierender Gebrauchswert. Dieser dominiert vor allem in der Branche des Scheins als Ware. Der korrumpierende Gebrauchswert wirkt zurück auf die Bedürfnisstruktur der Konsumenten, denen er sich einprägt zu einem korrumpierten Gebrauchswertstandpunkt.

Die korrumpierenden Wirkungen von geradezu anthropologischem Ausmaß, die ein bloßer Nebeneffekt der Dynamik des kapitalistischen Profitstrebens sind, sind verheerend. Den Leuten scheint das Bewußtsein abgekauft. Täglich werden sie trainiert im Genuß dessen, was sie verrät, im Genuß der eigenen Niederlage, im Genuß der Identifikation mit der Übermacht. Selbst in realen Gebrauchswerten, die sie bekommen, wohnt oft eine unheimliche Macht der Zerstörung. Das Privatauto – bei Vernachlässigung der öffentlichen Transportmittel – zerpflügt die Städte nicht weniger wirksam als der Bombenkrieg und schafft die Entfernungen erst, die ohne es nicht mehr zu überbrücken sind.

Es bringt aber nicht weiter, vorschnell diesen Prozeß in Kategorien einer planmäßigen Verschwörung zur Korruption der Massen zu beschreiben. Es ist das Ideal der Warenästhetik: das gerade noch durchgehende Minimum an Gebrauchswert zu liefern, verbunden, umhüllt und inszeniert mit einem Maximum an reizendem Schein, der per Einfühlung ins Wünschen und Sehnen der Menschen möglichst zwingend sein soll. Nicht nur verschwindet trotz dieses Ideals der Warenästhetik in der Regel nicht der reale Gebrauchswert aus den Waren – und wären die Auswirkungen seines Gebrauchs getrennt zu untersuchen –, sondern auch in der Warenästhetik als solcher ist der Widerspruch enthalten. Die Agenten des Kapitals können mit ihr nicht machen, was sie wollen; vielmehr können sie es nur unter der Bedingung, daß sie machen oder erscheinen machen, was die Konsumenten wollen. Die Dialektik von Herr und Knecht in der Liebesdienerei der Warenästhetik ist doppelbödig: zwar herrscht das Kapital in der Sphäre, wo Warenästhetik eine Rolle spielt, über das Bewußtsein und damit über das Verhalten der Menschen und schließlich über den Tauschwert in ihren Taschen durch einfühlendes Dienen, wird also die als bloß dienende Macht erscheinende zur wirklich herrschenden. Zwar werden die derart Bedienten unterworfen. Daß aber das Herrschen durch korrumpierendes Bedienen mit Schein seine eigne Dynamik entbindet, läßt sich an den Weigerungen studieren, die durch die Indienstnahme des sexuellen Scheins als Ware eigener Art sowie durch die Sexualisierung vieler andrer Waren verursacht wird.

Die Zweideutigkeit der Warenästhetik am Beispiel der Indienstnahme des sexuellen Scheins

Am Beispiel der Indienstnahme des sexuell reizenden Scheins läßt sich die Zweideutigkeit der Warenästhetik zeigen. Sie ist, wie am Anfang der Untersuchung entwickelt, Mittel zur Lösung bestimmter Verwertungs- und Realisationsprobleme des Kapitals. Zugleich aber ist sie die scheinhafte Lösung des Widerspruchs von Gebrauchswert und Tauschwert.

Sexuelles als Ware kommt zugleich auf den historisch unterschiedlichsten und am weitesten auseinander liegenden Entwicklungsstufen vor. Die Prostitution steht auf dem Niveau der einfachen Warenproduktion resp. Dienstleistung, die Zuhälterei auf dem des Verlagskapitalismus, das Bordell auf dem der Manufaktur – all diesen Formen des Sexuellen als Ware ist gemein, daß der Gebrauchswert noch in unmittelbarer, sinnlich-leibhafter Berührung realisiert wird. Industriekapitalistisch verwertbar ist die sexuelle Sinnlichkeit nur in der Form ästhetischer Abstraktion – wenn man von allerlei Requisiten absieht. Die bloße Ansicht oder ein bloßes Geräusch oder eine Verbindung beider kann aufgenommen und massenhaft reproduziert werden, in technisch unbegrenzter, praktisch nur vom Markt begrenzter Auflage. Im Zustand allgemeiner sexueller Unterdrückung oder doch Isolierung liegt der Gebrauchswert des bloßen sexuellen Scheins etwa in der Befriedigung der Schaulust. Diese Befriedigung mit einem Gebrauchswert, dessen spezifische Natur es ist, Schein zu sein, kann Schein-Befriedigung genannt werden. Für die Befriedigung mit sexuellem Schein ist charakteristisch, daß sie die Nachfrage nach ihr zugleich mit der Befriedigung reproduziert und zwanghaft fixiert. Wenn Schuldgefühle und die Angst, die sie verursachen, den Weg zum Sexualobjekt erschweren, dann springt die Ware Sexualität als Schein ein, vermittelt die Erregung und eine gewisse Befriedigung, die im sinnlich-leibhaften Kontakt nur schwer zu entwickeln wären. Durch diese Art scheinhaft widerstandsloser Befriedigung droht die Möglichkeit der direkten Lust nun vollends amputiert zu werden. Hier wirkt die für die massenhafte Verwertung allein geeignete Form des Gebrauchswerts zurück auf die Bedürfnisstruktur. So wird ein allgemeiner Voyeurismus verstärkt, habitualisiert, und werden damit die Menschen in ihrer Triebstruktur auf ihn festgelegt.

Triebunterdrückung bei gleichzeitiger Schein-Befriedigung des Triebs führt zu einer allgemeinen Sexualisierung – Gehirnsinnlichkeit nannte es Max Scheler als Verfassung der Menschen. Die Waren antworten darauf, indem sie von allen Seiten sexuelle Bilder spiegeln. Hier ist es nicht das Sexualobjekt, das Warenform annimmt, sondern tendenziell die Gesamtheit der Gebrauchsdinge mit Warenform nimmt in irgendeiner Weise Sexualform an, das sexuelle Bedürfnis und sein Befriedigungsangebot werden entspezifiziert. In gewisser Weise werden sie dem Geld ähnlich, mit dem in dieser Hinsicht Freud die Angst verglich[2], sie werden frei konvertibel in den Reiz aller Dinge. So verwandelt der Tauschwert, soweit er Sexuelles in seinen Dienst nimmt, dieses sich selber an. In ihre Oberfläche werden zahllose Gebrauchsdinge eingewickelt, und die Kulissen des sexuellen Glücks werden am häufigsten Warenkleid oder auch zum Goldgrund, auf dem die Ware erscheint. Die allgemeine Sexualisierung der Waren hat die Menschen mit einbezogen. Sie stellte ihnen Ausdrucksmittel für bisher unterdrückte sexuelle Regungen zur Verfügung. Vor allem die Heranwachsenden ergriffen diese Möglichkeit, ihre Nach-

54

frage zog neues Angebot nach sich. Mit Hilfe neuer Textilmoden wurde es möglich, sich als allgemein sexuelles Wesen zu inserieren. Darin ist eine merkwürdige Rückkehr zum sozialgeschichtlichen Ausgangspunkt. Wie einmal die Waren ihre Reizsprache bei den Menschen entlehnten, so geben sie ihnen jetzt eine Kleidersprache der sexuellen Regungen zurück. Und machen auch die Kapitale der Textilbranche ihren Profit damit, so ist doch damit die verändernde Kraft der sich tastend herausentwickelnden Befreiung der Sexualität nicht unbedingt wieder eingefangen.[3] Solange die ökonomische Funktionsbestimmtheit der Warenästhetik besteht, gerade also solange das Profitinteresse sie antreibt, behält sie ihre zweideutige Tendenz: indem sie sich den Menschen andient, um sich ihrer zu vergewissern, holt sie Wunsch um Wunsch ans Licht. Als bloße Warenästhetik befriedigt sie nur mit Schein, macht eher hungrig als satt. Als falsche Lösung des Widerspruchs reproduziert sie den Widerspruch in anderer Form und vielleicht desto weiter reichend.

Modellierung der Käuferwelt; Kleidung als Verpackung; Sprache der Liebe; Kosmetik; Auslöschung und Umfunktionierung des Körpergeruchs

Die Werbung überträgt ihren Erfahrungs- und Kalkulationshorizont auf die Adressaten. Sie behandelt ihre menschlichen Adressaten wie Waren, denen sie die Lösung ihres Realisationsproblems anbietet. Kleidung wird beworben wie Verpackung, als Mittel der Verkaufsförderung. Es ist dies eine von vielen Weisen, auf denen die Warenästhetik die Menschen erfaßt. Die beiden zentralen Gebiete, auf denen die Werbung den Adressaten Waren zur Lösung von Problemen des «Ankommens» und des Absatzes anbietet, sind die der beruflichen Karriere auf dem Arbeitsmarkt und am Arbeitsplatz einerseits, allgemeiner Wertschätzung und besonders des Liebeserfolgs andererseits. «Wie kommt es», fragte ein «Wollsiegel»-Inserat 1968 seine Leser, «daß tüchtige, kluge Leute oft nicht vorwärtskommen? Keinen Erfolg im Beruf haben? Sagen Sie nicht Pech – wenn es nur an der ‹Verpackung› liegt. Im neuen Anzug verkaufen Sie sich besser! Und darauf kommt's häufig an im Leben.»[4] Der Frau, deren Liebesverhältnis zerbrochen und die daher auf Partnersuche ist, empfahl 1969 die Zeitschrift *twen* als neunten Schritt: «(...) werden Sie umwerfend hübsch (...), probieren Sie mal, was Sie noch nie probiert haben. Wenn Sie den Markt erforschen wollen, müssen Sie sich in der begehrenswertesten Verpackung anbieten ...»[5] Insofern der mit modischer Verpackung angelockte Liebeserfolg zu Beziehungen führt, die, in den herrschenden Verkehrsformen gesehen, in der Form von Ware-Geld-Beziehungen erscheinen, kann man die Ausgaben für Kleidung als «Kapitalanlage» interpretieren. Mit diesem Begriff faßt das Verhalten seiner Kundinnen der Geschäftsführer der Frankfurter Boutique-Kette «Elfi», von dem es in der *Frankfurter Rundschau* heißt: «Horst Weiß (...) sieht das Geschäft mit Kleidern, Blusen, Röcken, Pullovern, Mänteln, Jacken und Hosen seit Jahren mit nüchternen Augen.»[6] Es sind Augen, die der Betreffende dem Kaufmannskapital zur Verfügung gestellt hat, das er personifiziert. Nüchtern sehen sie überall eitel Verwertung. Seine Kundinnen erscheinen dem personifizierten Kapital demgemäß als Käuferinnen von Verpackungen, in denen sie sich selber verkaufen werden. Seine eigene Funktion bestimmt es als die eines Lieferanten von Verpackung, für den Selbstverkauf seiner Käuferinnen. «Die Büromädchen und Verkäuferinnen», sagt Weiß über die Mädchen, die bei ihm kaufen, «legen ihr ganzes Geld in Mode an – nicht nur um chic zu sein (...), sondern auch in der Hoffnung, daß sich ihre Investitionen einmal lohnen. Wenn sie vor der Wahl stehen, entweder etwas zum Anziehen zu kaufen oder den Rest des Monats geregelt zu essen, dann entscheiden sie sich für das Kleid – in der Hoffnung, daß sie mit Hilfe dieses neuen Stücks jemanden finden, der sie zum Essen einlädt.»[7] – Wenn es in *twen* hieß, die Frau müsse sich auf der Suche nach einem Mann «in der begehrenswertesten Verpackung anbieten», so mag dieser Zungenschlag bewußt verräterisch, d. h. zynisch sein: als das Begehrenswerte fungiert in dieser Technik die Verpackung, als Kauflockung funktionell bestimmter schöner Schein. Wenn die Rechnung dieser funktionellen Bestimmung aufgeht, geht hinfort keine andere Rechnung mehr auf, und es hat sich ein neuer Standard der Erlangung von Erfolgen im Beruf und in der Liebe durchgesetzt. Die Durchsetzung dieses neuen Standards war nicht das treibende Motiv dabei, sondern Mittel und Nebenwirkung vom Standpunkt der bestimmenden Triebkräfte und Interessen. Die Weisen des Erfolgstrebens wie des Liebesverhaltens sind nach dieser ihrer Umwälzung Abfallprodukt bestimmter Strategien des Profitstrebens. Diesen Strategien geht es darum, bestimmte Waren ihren Adressaten als Mittel an die Hand zu bieten, sich ihrerseits verkäuflich zu machen. Wesentlich geht es um die Propagierung bestimmter Kaufbereitschaft der Menschen; nebenbei und unablösbar vom Zweck wie von der Technik wird die allgemeine Käuflichkeit der Menschen propagiert. Vom Standpunkt des werbenden Unternehmens geht es wesentlich um die Verwertung seines Kapitals. Aber als vorübergehend bleibendes Resultat setzen sich bestimmte Trieb- und Verhaltensmodellierungen fest. So ist z. B. gegenwärtig auf dem westdeutschen Markt ein niederländischer Konzern, De Beers, am Werk, seinen Profit auf eine Weise zu machen, als deren Mittel und Auswirkungen sich eine Veränderung der Sprache der Liebe durchsetzen soll, also der Weise, in der Liebende sich wechselseitig ihrer Liebe versichern. Der Konzern versucht nämlich, «den Diamanten auch in Deutschland als ‹Symbol der Liebe› zu etablieren und damit völlig neue Käuferschichten zu erschließen»[8]. Er ist damit wie sich schon bisher sagen läßt, «nicht ohne Erfolg geblieben»[9] und «fährt in diesem Jahr mit einer neuen Kampagne fort, die besonders auf die Preisklasse 200 bis 1000 DM abzielt, um noch breitere Schichten anzusprechen». Bald werden Millionen Frauen als Ausdruck der Liebe ihrer Bewerber «auf jeden Fall» einen Verlobungsdiamanten und zur Hochzeit einen Triset erwarten. – Der Konzern, der diese Erwartungen anfacht, tut dies nicht in Ausfüllung einer beliebigen Marktlücke, sondern es hat dies Geschäft für die kleinen Leute, mit denen es rechnet, einen Haken. Mit dem Werbespruch «Diamanten sind Geschenke der Liebe» werden sich, wie der *Blick durch die Wirtschaft*, der an derlei Aussichten gewöhnt ist, gelassen sieht, «demnächst wohl viele (!) trösten müssen, die heutzutage ihrer Frau einen wertvollen Diamantring über den Finger streifen (...) und nicht nur ein zärtliches ‹Danke› erwarten, sondern auch eine gehörige Wertsteigerung ihrer Geldanlage. Doch so, wie manche Liebe mit den Jahren nachläßt, so dürfte auch der Wert der als ‹Symbol der Liebe› angepriesenen Diamanten sinken. Dies erwarten jedenfalls international bedeutende Steinhändler.»[10] Als Geschäftsleute werden sie dem international Größten von ihnen, der De Beers Consolidated Mines Ltd., die Anerkennung nicht versagen können. Zwar rechnet man bei großen Diamanten, die sich nur die wenigen leisten können, weiterhin mit Preissteigerungen. Bei den kleinen aber, mit denen De Beers die vielen kleinen Leute «anspricht», rechnet man nicht nur mit Wertverfall und deshalb bei wertbewußten Bürgern[11] mit sinkender Nachfrage, sondern sie «fallen in immer größerer Zahl beim Schleifen von Diamanten für industrielle Zwecke an»[12]. Die Beers bearbeitet also nicht nur irgendeine Marktlücke, sondern bringt eine sich entwertende und auf den Markt drückende Ware rasch mit riesigem Werbeaufwand als «Symbol der Liebe» an den kleinen Mann.

Vermarktet die eine Branche die Verpackung des Menschen, die andere ihre Liebessymbolik, so eine dritte ihr leibhaftes Erscheinen, die

Art, wie ihre Haut sich anfühlt und riecht, die Aufmachung des Gesichts, die Farbe, den Glanz und die Frisur des Haares. Die Aufmachung des Damengesichts vermitteln spezielle Agenten, «Visagisten» genannt, das heißt Gesichtsmacher. «Welches Gesicht», beginnt ein Bericht der Modekorrespondentin der *Frankfurter Rundschau*, «setzt Madame im Winter 1971/72 auf?» Von den Visagisten wird keineswegs mehr Natürlichkeit angestrebt – im Gegenteil: äußerste Künstlichkeit. Die Kosmetikindustrie ist begierig, möglichst viele Präparate an die Frau zu bringen. Hubbart Ayer empfiehlt allein 13 für ein einziges Make-up und verspricht dafür – dies das Gebrauchswertversprechen –, «aus jedem Aschenputtel eine ‹Göttin› zu machen.» Die Kosmetikindustrie bietet den Frauen Dienste an, die in ihrem Gebrauchswertversprechen eine makabre funktionelle Verwandtschaft aufweisen zu den Diensten, die die Werbefirmen dem Kapital anbieten. Beidesmal geht es um werbende Aufmachung, nur daß die Einzelkäuferinnen zugleich die aufzumachenden Waren sind und also die eigene Käuflichkeit mitkaufen. Das «Aschenputtel», das in der Verpackung einer Göttin verschwindet, verkümmert zum Residuum, dessen man sich zu schämen hat und das sich allein, ohne den liebenswürdigen Schein der Dienste des Kapitals, als Erscheinung nicht mehr aufrechterhalten kann. Wer aber in den Zügen der Göttin die Funktion, den Charakter, Verpackung zu sein, entdeckt, der wird sie kaum verehren. So soll sie nach dem beflissenen Willen der Pariser Visagisten aussehen: «Drei Pastellfarben schimmern um die Augen. Die Lippen sind innen rosabeige und außen superbrillant, beigebläulich. Zusätzlich werden naive runde Apfelbäckchen kreiert. (...) Neu sind Sternchen und Herzchen als Schönheitspflaster im Augenwinkel oder auf dem Kinn. Die Augenbrauen werden stark ausgezupft und die Ohrläppchen mit einem Farbtupfer bedeckt. Geometrische Zeichen, Quadrate und Dreiecke, malt Rubinstein in rötlichen Goldtönen aus Compactpuder ins Gesicht. Bei Helena Rubinstein sind die Lippen kupferbeige und braungold, die Wimpern ein wenig zerzaust, die Augen groß und erstaunt mit leicht gewinkelten Brauen.» [13] Die als Momente der Warenästhetik doppelt bestimmten Züge – als Momente der Ästhetik der Kosmetikwaren wie der warenförmig werbenden Aufmachung der Menschen – tragen ihre grausige Umkehrung in sich. Sind sie erst einmal in ihrer Funktionsbestimmtheit erkannt, so wird auf dem Grunde der naiven Bäckchen die jämmerliche Routine selber fremdberechneter Berechnung sichtbar; auf dem Grunde der erstaunten Augen liest man Eintönigkeit und Langeweile. Die Verpackung als Göttin fungiert zugleich als schimmernde Zwangsjacke, als glänzende

Neu: Seife Atlantik
...natürlich stimulierend
wie eine Meerwasser-Massage

Die neue Seife Atlantik enthält Seetang-Extrakte.
Seetang speichert natürliche Substanzen des Meeres,
Mineralien, Vitamine, Proteine und Spurenelemente.
Seife Atlantik – unverschämt viel Meer.

eife Atlantik mit Seetang-Extrakten

Lever Sunlicht

Neu: Seife Atlantik
...natürlich stimulierend
wie eine Meerwasser-Massage

Die neue Seife Atlantik enthält Seetang-Extrakte.
Seetang speichert natürliche Substanzen des Meeres,
Mineralien, Vitamine, Proteine und Spurenelemente.
Seife Atlantik – unverschämt viel Meer.

Atlantik mit Seetang-Extrakten

Lever Sunlicht

Seife Atlantik.
Natürlich stimulierend wie eine Meerwasser-Massage.

Seife Atlantik ist wie ein Stück Meer.
Die Form – eine überschäumende Woge.
Der Duft – ein Hauch von Meer und Weite.
Das Gefühl – erfrischend, belebend,
stimulierend wie das Meer.

Seife Atlantik – die belebende Frische von Seetang und Meer.

Lever Sunlicht

Seife Atlantik.
Natürlich stimulierend wie eine Meerwasser-Massage.

Seife Atlantik ist wie ein Stück Meer.
Die Form – eine überschäumende Woge.
Der Duft – ein Hauch von Meer und Weite.
Das Gefühl – erfrischend, belebend,
stimulierend wie das Meer.

Lever Sunlicht

Abfindungsprämie mit dem Zustand der Unterwerfung und Degradation zum Wesen zweiten Ranges. Überdies ist die Aufrechterhaltung dieser Verpackung nicht nur teuer, sondern sie beschäftigt. Die Anstrengung des Erscheinens wird hier sinnfällig in der Aufsaugung der sozialen Zeit ungezählter Frauen in die Herstellung ihres Aussehens. – Indem so ein Gesicht gewonnen wird, wurde zugleich eines verloren. Dem Leib ergeht es auf seine Weise nicht anders; die Vermarktung seiner Oberflächenerscheinung läßt sein sinnliches Wesen nicht unverändert. Wenn das Kapital mit Körperpflege seinen Profit machen will, so hält gegen diese gierige Triebkraft das bestehende Verhältnis der Menschen zum Körper nicht stand. – Daß der Umsatz kosmetischer Waren von 1966 bis 1967 in der Bundesrepublik um 10% zunahm auf über 3 Milliarden Mark, «machte die Schönheitsindustrie zur nahezu einzigen Wachstumsbranche Westdeutschlands» während der Rezession.[14] Der Werbe-Etat betrug 1967 über 175 Millionen Mark (rund 130 Firmen) und übertraf damit die Etats für die Auto- und Spirituosenwerbung; übertroffen wurde er nur von den Ausgaben für Wasch- und Reinigungsmittelwerbung. Bei sinkenden Erträgen und schwindenden Anlagemöglichkeiten drängte sich das Kapital in die «Schönheitsindustrie». Mit der Kraft, mit der sein Profithunger nach Erweiterung des Kosmetikmarktes drang, drängten sich die Marktstrategien in die Poren der menschlichen Sinnlichkeit. Nach der Rezession setzte sich die Aufwärtsbewegung verstärkt durch.[15] Die Branche erzielte Wachstum und Profite durch massive Propaganda mit dem selber rein instrumentalen Ziel, das Verhältnis der Menschen zum eigenen und fremden Körper tiefgreifenden Umwälzungen zu unterwerfen. Wo immer eine Angst, Unsicherheit oder unbefriedigte Triebsehnsucht mit kosmetischen Waren beschwichtigt werden kann, da inseriert sich die Werbung.

Der bereits traditionelle Markt der Kosmetikindustrie sind die Frauen, der größte Teilmarkt die Haarpflegemittel.[16] Die Expansion bedient sich neuer Waren[17] oder doch neuer Aufmachungen, verbunden mit neuen Marketing-Strategien. Ein drastisches Beispiel ist die schlagartige Einführung des «Intimsprays» und anderer Mittel gegen den Geruch des eigenen Körpers. Einer wahren Kampagne ist es gelungen, die Idiosynkrasie gegen den Geruch – vor allem gegen die sexuell reizstarken Gerüche – des Körpers zu radikalisieren und sozial zu verbreiten. Ein Zwischenergebnis von 1968 zeigt sowohl den schlagenden Erfolg als auch seine besondere Zuspitzung bei den Jugendlichen, die damit wieder als «ideale Kunden» fungieren: Mittel gegen den Geruch des eigenen Körpers verwandten Anfang 1968 43% der

Selten vergißt
eine Frau den Mann,
der ihr die
erste Liebe schenkt.

Gold ist Liebe.

Fünf Stellen,
an denen eine Frau
Liebe empfindet.

Gold ist Liebe.

61

Frauen zwischen 16 und 60; die Neunzehnjährigen verwandten derartige Mittel bereits zu 87 %.[18] Dabei ist die spezifische Art der Wirkung derartiger Mittel auf die menschliche Sinnlichkeit zu beachten.

Die Reizschwelle sinkt bei ihrer Verwendung, d. h. die verbannten Gerüche werden sehr viel stärker empfunden. Wo die Gerüche noch – oder wieder – auftauchen, ist ihre unabweisbar gewordene Wahrnehmung nunmehr idiosynkratisch festgelegt. Jetzt riecht der Leib eklig. Die angstdurchdrungene Übelkeit, die das Eklige verursacht, führt zu panischer Abwehr und Meidung, d. h. die so gezüchtete Idiosynkrasie hat die Tendenz, sich aggressiv auszubreiten. So ensteht eine neue soziale, in den Sinnen des Individuums unmittelbar und übermächtig verankerte Norm des Normalen, Sauberen, auf der anderen Seite des Abstoßenden, Niederen. Der Vorgang darf Modellierung der Sinnlichkeit genannt werden. Er zeigt bilderbuchartig, wie blinde Mechanismen des Profitstrebens als an sich gleichgültiges Mittel zum Zweck und als Abfallprodukt des Profits die Sinnlichkeit der Menschen umzüchten.

Da die Frauen im Prinzip für die Kosmetik gewonnen sind, ist die Expansion hier auf neue Produkte sowie auf die breite Vermarktung bisher eine Elite vorbehaltener Luxusmittel angewiesen. Bei der Reorganisation des Helena-Rubinstein-Konzerns seit 1965 «hatte man dagegen zu kämpfen, nur der eleganten und reiferen Frauenwelt etwas zu bieten»[19], d. h. man mußte versuchen, ins Massengeschäft zu kommen. Kosmetika als Massenware prägen die Marktstrategie des Pond's-Konzerns. «Das Unternehmen möchte nicht die ‹Luxusweibchen› ansprechen, die bereits regelmäßig eine Vielzahl von verschiedenen Produkten zur Gesichts- und Körperpflege kaufen, sondern das Gros der weiblichen Bevölkerung, das als ‹Normalverbraucherinnen› das Kosmetikangebot für zu teuer und für zu kompliziert hält.» Im Zuge dieser Marktausweitung werden vorgefundene Stereotype vom Wesen der Frau umprofiliert, verstärkt und mit dem eignen Verkaufsprogramm verknüpft. «Gesund und schön gleich glücklich» – auf diese Formel reduzierten Marktforscher die Vorstellungswelt eines Großteils der Frauen (...), hebt der in keiner Weise kritisch gemeinte Bericht im Wirtschaftsteil einer bürgerlichen Zeitung an.[20] Angeknüpft werden soll an den Frustrationen der Hausfrauen. «Es mangelt ihnen an Anerkennung und an Erfolgserlebnissen, wie sie berufstätige Frauen haben», und hier will der Konzern mit seinen Crèmes und Wässerchen einspringen. Inserierung in bestimmte Frustrationen und Festlegung der «Zielgruppe», die rund 80 % der weiblichen Bevölkerung ausmacht, auf die Formel «Gesund und schön gleich glücklich» sind wiederum Instrument und Abfallprodukt einer Profitstrategie. So drängt sich das Kapital in die Ängste und unbefriedigten Sehnsüchte, dirigiert Aufmerksamkeit um, definiert den Körper neu, seinen Anblick, seinen Geruch, aber auch seine Selbstbetrachtung und Berührung.

Anmerkungen

1 Wenn das Prinzip des Herrschens durch entgegenkommendes Bedienen, wie häufig, Hergebrachtes verdrängt und oft zum Verschwinden bringt, gibt es immer wieder Augenblicke, in denen auch der profitierende Kapitalagent melancholisch des Ganges der Zeiten gedenkt und der guten alten Zeit nachhängt. Als der Oetker-Konzern nach vierjähriger Erscheinungs-Entwicklungsarbeit eine neue Biermarke auf den Markt brachte, sinnierte der Glossist des Wirtschaftsblattes der *FAZ*: «Und wieder einmal wird uns deutlich, in welcher Welt wir leben. Heute wird ein Bier auf dem Reißbrett entworfen und ‹konstruiert› wie ein Waschpulver oder ein Radio. Vorbei die Zeiten, da wackere Braumeister nach alter Väter Sitte nichts weiter als Gerstensaft brauten. Wer heute ein Bier bestellt, bekommt einen stromlinienförmigen Markenartikel vorgestellt. Melancholisch», schließt die Glosse, «heben wir das Glas und trinken auf die alten Brauerzeiten, als Bier nur Bier war und nichts anderes.» (*FAZ* 8. 9. 1971) – Bei der Entwicklung der «nationalen Biermarke» der Oetker-Gruppe, dem «Prinz-Pilsener», orientierten sich die Laborversuche von vornherein auf ein Produkt, das man «Marketing-Mix» nannte, womit man zum Ausdruck brachte, daß sein flüssiger Warenkörper von Konzeptionen des «Ankommens» und der Werbekampagnen her konstruiert werden sollte. – Nachdem es dem Glossisten der *FAZ* wieder einmal klargeworden war, in welcher Welt er lebt, und er seine Melancholie mit Marketing-Mix hinuntergespült hat, mag er wieder zu seiner täglichen journalistischen Praxis der – wenn man vom Journalismus der *FAZ* her urteilen darf – systematischen Verunklärung zur Herrschaftssicherung dieser Welt des Großkapitals zurückkehren, die solche Anlässe zu gelegentlicher Melancholie in Serienherstellung gesetzmäßig hervorbringt.
2 Vgl. Sigmund Freud, *Vorlesungen zur Einführung in die Psychoanalyse, Ges. Werke*, Bd. XI, S. 419; dort spricht Freud von der Angst als von der «allgemein gangbaren Münze, gegen welche alle Affektregungen eingetauscht werden».
3 Eine verlagspolitische Erklärung des Verlagshauses Burda, dessen Besitzer politisch zum rechten Flügel der CDU/CSU neigt, bestätigte diese meine These nach ihrer ersten Veröffentlichung. Die These lautete kurz zusammengefaßt: die warenästhetisch in Dienst genommene Sexualität bleibt widersprüchlich, die Dialektik des kapitalistischen Herrschens durch Anbieten ist nicht stillgelegt. – Burda gab am 26. 6. 1970 die sofortige Einstellung seines Herrenjournals mit der Begründung bekannt, es hätten sich, seit der Lancierung vor einem Jahr, Veränderungen auf dem Markt ergeben. Eine allgemeine Sexualisierung auf dem Illustriertenmarkt würde die Redaktion bei Aufrechterhaltung der Zeitschrift gezwungen haben, eine Kurskorrektur vorzunehmen, die mit dem Stil des Hauses unvereinbar sei. – Nun ist diese Bestätigung der Eigenmächtigkeit der für ihre Indienstnahme entfesselten Triebe nach mindestens zwei Seiten hin mit Vorsicht zu genießen. Erstens müssen

die kommerziellen Schwierigkeiten schon sehr beträchtlich gewesen sein, um den «Stil des Hauses» nicht mehr im Geschäft, sondern in der Wahrung der Sitten anzusetzen. Zweitens darf, das ist nur die andere Seite der Medaille, das Interesse der Freiheit in der Instanz des Sexuellen nicht anders als sehr schwach und ständiger Ambivalenz unterworfen gelten, wobei nicht abzusehen ist, daß das emanzipatorische Gewicht irgendwann einmal stärker als das der Vereinnahmung sein sollte.

4 Zit. n. Heidrun Abromeit, *Das Politische in der Werbung. Wahlwerbung und Wirtschaftswerbung in der Bundesrepublik.* Mannheimer Dissertation von 1970, unveröff. Typoskript, S. 341. – Das Ergänzungsbeispiel gibt Brecht im *Dreigroschenroman:* Peachum verkauft Bettlern die Verpackung, in der sie ihr Elend «verkaufen». Er verkauft das Aussehen, das zu den Herzen der Menschen spricht.

5 *Twen* Nr. 12/1969, S. 16ff.; Z. n. Doris und Thomas von Freyberg, *Kritik der Sexualerziehung,* Frankfurt/M. 1971, S. 124.

6 Marlies Nehrstede, *Den modischen Geschmack der Normalverbraucherin bestimmen hauptsächlich die Zeitschriften,* in: *Frankfurter Rundschau.* 13. 9. 1971.

7 Ebd. – «Weiß», heißt es dort weiter, «ist über diesen Trend» – der einer zur Prostitution ist, wobei die modische Kleidung als Verpackung für die Ware Leib dient – «nicht unzufrieden. Er führt dazu, daß seine Kundinnen spätestens alle sechs Wochen den Wunsch haben, sich von Kopf bis Fuß völlig neu einzukleiden. Das hebt den Umsatz.»

8 Laut *Frankfurter Allgemeine Zeitung* vom 30. 7. 1971.

9 Die von einem Marktforschungsinstitut im Auftrag des Konzerns ermittelte Zwischenbilanz dieses Erfolges sieht folgendermaßen aus: Bei der Befragung von verlobten und kurz verheirateten Frauen ergab sich, daß 29% einen Verlobungsdiamanten besitzen, 12% einen Triset (Trauringpaar mit passendem Diamantring), daß ferner 6% zur Hochzeit «auf jeden Fall» einen Triset erwarten und 21% zur Hochzeit mit einem Triset «rechnen» (Ebd.).

10 *Sind Diamanten wirklich eine gute Geldanlage?* in: *Blick durch die Wirtschaft,* 20. 9. 1971, S. 1.

11 In einem Bericht anläßlich der Vorbereitung des 6. Deutschen Edelsteintages wird die Umsatzsteigerung der Juweliere der BRD für die ersten 9 Monate 1971 mit 15% angegeben. Die weiteren Informationen bestätigen den von De Beers ausgenutzten Trend: «Das Schwergewicht des Zuwachses liegt bei den kleinen Brillanten von 0,10 bis 0,30 Karat.» Und: «In der Käuferstruktur ist eine starke Umschichtung erkennbar. Infolge der weltweiten inflationären Tendenzen profitieren die Juweliere zunehmend von der Kombination Schmuck/Wertanlage.» (*Der Tagesspiegel,* 21. 9. 1971.) Demnach werden sich in der Tat sehr viele mit Werbesprüchen trösten müssen.

12 *Sind Diamanten wirklich eine gute Geldanlage?* A. a. O.

13 Dorothee Backhaus, *Madames Gesicht wird bunt bemalt. Natürlichkeit nicht mehr gefragt ...,* in: *Frankfurter Rundschau,* 31. 7. 1971.

14 *Der Spiegel,* Nr. 10/1968, S. 78ff. Der Umsatz hatte sich 1967 seit 1960 nicht mehr verdoppelt.

15 Laut *Frankfurter Rundschau* vom 12. 12. 1968 nahm der Produktionswert in der Kosmetikindustrie im ersten Halbjahr 1968 im Vergleich zum ersten Halbjahr 1967 um 16% zu. Bereinigt man die Zahlen um die 1967 noch enthaltene Umsatzsteuer, ergeben sich 22% Zuwachs. – Als Handelsspanne gibt etwa die Holiday Magic Kosmetik (Deutschland) GmbH, Aschaffenburg, die ihre Waren ausschließlich

importiert, 65 % vom Endverkaufspreis an – das entspricht knapp 200 % des Einkaufspreises der Importfirma. Die Produktionskosten sind hierbei noch nicht in Sicht. (Vgl. *Frankfurter Rundschau*, 15. 9. 1971.) – Die Drogerien profitieren vom Wachstum dieser Branche. 1970 stieg ihr Umsatz um 7 %. Der gestiegene Umsatz wurde von einer um 0,8 % geschrumpften Zahl von Drogerien erzielt. Laut Heinrich Gewand, CDU-Politiker und Präsident des Verbandes deutscher Drogisten, sei die Verringerung der Zahl der Drogisten, verglichen mit der Verringerung der Zahl der Einzelhandelsgeschäfte, die er für 1970 mit 2,5 bis 3 % angab, «in den letzten Jahren ungewöhnlich gering gewesen». (*Frankfurter Rundschau*, 18. 9. 1971.)

16 Der Einzelhandelsumsatz in Haarpflegemitteln betrug 1967 830 Mio. DM (*Spiegel* Nr. 20/1968). Im 1. Halbjahr 1968 betrug der «Produktionswert» an Haarpflegemitteln 250 Mio. DM (14 % mehr als im 1. Halbjahr 1967). (*Frankfurter Rundschau*, 12. 12. 1968).

17 «Neue Produkte», so kündigte ein Vorstandsmitglied von Pond's kürzlich in München an, «sollen die weitere Expansion sichern.» (*FAZ*, 14. 8. 1971). – Im ersten Halbjahr 1968 war es innerhalb der Haarpflegemittel die Gruppe «Haarsprays, Haarlacke, Haarcremes und Haarfestiger», die einen überdurchschnittlichen Zuwachs aufwies (von ca. 20 % im Vergleich mit 14 % der Gesamtgruppe der Haarpflegemittel). (*Frankfurter Rundschau*, 12. 12. 1968.) Die Gruppe mit stärkerem Zuwachs ist gekennzeichnet durch Produkte, die teils technisch neu (Spray) teils als Massenartikel neuartig sind.

18 Laut *Spiegel* Nr. 10/1968.

19 *Frankfurter Allgemeine Zeitung*, 13. 8. 1971.

20 *Frankfurter Allgemeine Zeitung*, 14. 8. 1971, *Lebensglück mit Kosmetik*.

Aus: Haug, W. F.: Kritik der Warenästhetik. Suhrkamp, Frankfurt 1977[6], S. 64 bis 69; 91–99. Abdruck mit freundlicher Genehmigung des Suhrkamp Verlags

Thomas Kempas, Eberhard Roters,
Rolf Weweder

... mit höchster Raffinesse
ihren Opfern suggeriert

Die Intention der Konsumwerbung ist dadurch gekennzeichnet, daß
sie im gegenwärtigen, durch die Privilegierung des Mannes festgeleg-
ten Zustand der Gesellschaft ihren Opfern mit höchster Raffinesse
ein Rollenbild der Frau suggeriert, das der Frau nur eine einzige
Funktion zuerkennt, nämlich die des Beute-Objekts der Begierden
frustrierter männlicher Voyeure, und daß sie sich damit in diametra-
len Gegensatz zu den Forderungen der gesellschaftlichen Vernunft
nach Gleichberechtigung von Frau und Mann begibt. Im Grundgesetz
der BRD, Artikel 3, Absatz 2, heißt es: «Männer und Frauen sind
gleichberechtigt», wobei es zu den charakteristischen Feinheiten unseres gesellschaftlichen Status gehört, daß die Männer zuerst genannt
werden, da es sich nicht um eine Höflichkeitsform, sondern im Gegenteil, um einen Gesetzparagraphen handelt, meine Damen und
Herren! Infolgedessen erschien uns der Begriff «Puppe» in einem
neuen Licht. Er bezeichnet die künstlerische Spiegelung des antiemanzipatorischen Rollenklischees, das der Frau in der bürgerlichen
Gesellschaft im wesentlichen aufgrund eines symptomatischen Dik-
tats der Werbung oktroyiert und vom Mann nicht nur widerspruchslos, sondern allenfalls mit mühsam unterdrückter Befriedigung hingenommen wird – die Frau als Objekt. ...

Dieser Aspekt ist Unterlage für den Entwurf der nunmehr stattfin-
denden Ausstellung, deren Gliederung auf folgender Dreierkonstel-
lation basiert:
1. Die Rolle der Frau innerhalb der gegenwärtigen Gesellschafts-
form, gekennzeichnet durch eine Unterdrückung ihrer Entwicklungs-
und Entfaltungsmöglichkeiten als Folge der durch hierarchische
Überlieferung ausgeprägten Dominanz von Privilegien einer elitär
strukturierten Männergesellschaft. Damit verbunden ist der Gesichtspunkt eines sozialen wie sexuellen Herrschaftsanspruchs des
Mannes über die Frau und die daraus abzuleitende Forderung der

Frau nach Emanzipation, d. h. nach konstitutionell zu definierender Gleichberechtigung.

2. Im Kontrast dazu die systembestätigenden, daher antiemanzipatorischen und damit letztlich inhumanen Verführungstechniken der Markenartikelwerbung, deren Raffinement gerade darin beruht, daß sie mit großer Einfühlungsintensität die gegenwärtig noch bestehende Rollenfunktionsauffassung der Frau in ihrer Antiquiertheit zu fördern sucht. Das führt logischerweise dazu, daß die vom ästhetischen wie vom psychologischen Ansatz her qualitätsvollsten Werbespots – sieht man Qualität unter dem Vorzeichen der Effizienz – zugleich auch die gesellschaftlich am meisten regressiven sind. Sie erreichen es, die Frau als Puppe, als Bunnie, als Beauty, als Lustobjekt des Mannes erfolgreich zu verkaufen.

3. Die künstlerische Stellungnahme, die den gesellschaftlichen Widerspruch im Spannungsgefälle zwischen Fortschritt und Rückständigkeit, zwischen der Forderung nach Gleichberechtigung der Frau und dem Widerstand innerhalb der bestehenden Gesellschaft, wie er sich im Cachée der zeitgenössischen Konsumwerbung abbildet, konstatiert und registriert.

Die Differenzierung ist nicht einfach, und zwar in erster Linie deshalb nicht, weil die Bewegung der Frauenemanzipation in einigen Jahren des Übergangs bemüht war, die Befreiung der Frau dadurch zu erreichen, daß sie unter verständlicher Außerachtlassung wertspezifischer Eigenarten versucht hat, für ihre Klientinnen eine Stellung zu gewinnen, die mit den Geschlechtsmerkmalen des Mannes in adoptiver Korrespondenz gesehen wurde. Hier handelt es sich jedoch um eine jener kurzfristigen historisch-anthropologischen Verhaltensüberlagerungen. Der Ansatz für die Emanzipation der Frau liegt daher logischerweise nicht im Verwischen von geschlechtsspezifischen Eigenarten, sondern in der Veränderung der Gesellschaftsstruktur, von der aus der Frau innerhalb des abendländischen Patriarchats bisher eine Verhaltens-Minderwertigkeit zugeschrieben wurde, aus deren erzieherischer Vorbestimmtheit sie sich selbst erst lösen muß. Der Befreiung aus dieser inferioren Lage wirkt die Konsumwerbung entgegen.

Die Ausstellung, die das Thema Frauenemanzipation von einem bestimmten phänomenologischen Gesichtspunkt aufgreift, trifft nach Abschluß der Vorbereitungen auf einen Zeitpunkt, zu dem dieses Thema allenthalben diskutiert wird. Das Thema ist zum Schlagwort geworden. Dabei kann jedoch nicht übersehen werden, daß das Rollenbild der Frau und das Rollenbild des Mannes einander in gegenseitigem Bestätigungszusammenhang bestimmen. Die Emanzipation der Frau ist ein Part innerhalb der Emanzipation der Gesamtgesellschaft. Sie erfordert die Emanzipation des Mannes.

Zu den drei genannten Perspektiven:
1.   Wir leben in einer Demokratie mit Frauenwahlrecht. Die Gleichberechtigung der Frau ist formal im Grundgesetz garantiert. Daß sich die Gleichberechtigung nachweislich dennoch nicht durchgesetzt hat, liegt an überlieferten Verhaltensmustern, psychologisch bedingt durch die Gewohnheiten und Abhängigkeiten, die sich aus der spätkapitalistischen Gesellschaftsstruktur ergeben.
Als Beleg einige Zitate aus dem Manuskript von Erika Runge, München, «Material zum Thema Frauen-Emanzipation», 1970:
«Der Anteil der Mädchen verringert sich im Laufe der Bildungsentwicklung:
Nur 36 % der weiblichen Oberschüler halten bis zum Abitur durch. Nur 55 % der weiblichen Abiturienten gehen zur Universität. Ihr Anteil an den Studierenden der wissenschaftlichen Hochschulen betrug im Wintersemester 1967/68 kaum mehr als 24 %. Von denen, die Examen machen, sind Mädchen nur noch 17 %. Für eine berufliche Weiterentwicklung gilt: Nur in wenigen Berufen haben Frauen echte Aufstiegschancen, in höhere Positionen gelangen sie selten. Nur 3 % *aller* leitenden Stellen sind mit Frauen besetzt.
Meist müssen Frauen in leitenden Stellen auf Familie und Kinder verzichten, für einen Mann steht das nicht zur Debatte. Er hat ja eine Frau zu Hause, die ihn umsorgt, die ihn entlastet, die ihn wieder fit macht für den Kampf um den besseren Posten.»
«Alle Frauen in leitenden Stellungen betonen, daß sie beruflich mehr leisten müssen als ein Mann, um in die gleiche Position aufzusteigen. Die meisten Frauen in leitenden Stellen glauben nicht, daß sie ihren Beruf mit der Sorge um eine Familie vereinbaren können.»
«Argumente, mit denen Frauen noch heute Qualifikation zu Führungsposten abgesprochen werden, die sogenannten ‹natürlichen Eigenschaften› wie: Unlogik, Launenhaftigkeit, Unsachlichkeit, Eigenschaften, die die Herrschenden stets an ihren Untertanen, den Gläubigen, den Leibeigenen, Arbeitern, dem Volk, der ‹Masse› bemerken.»
«95 % der deutschen Mütter verzichten darauf, sich fortzubilden.»
«Prof. Dr. Helge Pross, Ordinaria für Soziologie in Gießen: ‹Die Theorie der weiblichen Inferiorität ist so weit verinnerlicht, daß das Selbstbewußtsein, das zur Behauptung im beruflichen Konkurrenzkampf unentbehrlich ist, sich nicht hinreichend entwickelt.›»

Demner & Merkurie

Lady Manhattan
Herrdbluse in
aktuellen Mode-
trend: Mit kleinem
Kragen und ganz
und gar durch-
geknopft. Welche
der verschie-
denen Farben
Dessins und
Ausführungen
Sie wählen —
Sie finden immer
Anmut und Ele-
ganz.

Lady Manhattan
Halsweite zw=hen
Schwan gereicht
haben, weil seine
Anmut und Ele-
ganz der Bluse
unserer Lady so
schön entspricht.

Bezugsquellen
nachweis
Lady Manhattan
Gablinger Str. 19–21
4000 München 75
Telefon 089/
77 10 16

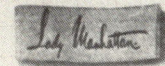

Luxaflex-Atmosphäre N° 2

tamore
der Duft der Exotik

Alle Einzelteile zusammen ergeben ein verlockendes Angebot.

Finden Sie die Proportionen unseres NP 200 nicht auch recht erfreulich?

Nur etwa halb so groß wie ein normales Tischgerät ist er fähig, ganze Arbeit zu leisten.

Angefangen mit allen üblichen Papierformaten: Von B6 rauf bis A3.

Er kopiert Bücher und 3D-Vorlagen, kopiert sogar auf Folien.

Mit der imposanten Geschwindigkeit von 20 Kopien/Min.

Ohne die Kassette zu wechseln, können Sie Einzelblätter der verschiedensten Art und Größe von Hand eingeben.

Alle diese Vorteile werden ergänzt durch die sprichwörtliche Canon-Kopienqualität.

Wenn Sie sich also für den Canon NP 200 entscheiden, werden Sie vielleicht zum ersten Mal von Ihren Kopien begeistert sein.

Canon

NP200

«Aus der Fibel ‹Kinderland›, Hermann Schroedel Verlag KG, Coburg-Hannover-Darmstadt. Zugelassen an bayerischen Volksschulen 1969:

S. 74: ‹Peter kommt aus der Schule heim. Er ruft: wir haben heute etwas Feines gelernt! Ich kann einen Flieger bauen ...›

S. 128: ‹Rosi hilft der Mutter. Sie trägt Holz in die Kuche. Sie putzt die Schuh. Sie trocknet das Geschirr ab. Sie kehrt die Stube auf. Sie kauft Brot und Semmeln ein. Sie gießt die Blumen.›»

2. Auf die Frage, was dies alles mit der Konsumwerbung zu tun habe, gibt Erika Runges Text die Antwort: «In der Reklame wird das der Frau anerzogene Bewußtsein in Profit umgesetzt.»
Daß die derzeitigen Gepflogenheiten der Konsumwerbung damit noch sehr vornehm umschrieben sind, haben wir bei unseren Streifzügen durch die Illustrierten- und Plakatreklame festgestellt. Die Absicht der Werbung besteht darin, das Bewußtsein des Konsumenten zu beeinflussen, ohne daß er die Absicht sofort merkt, sie bedient sich deshalb raffinierter Ver- und Enthüllungstricks. Die Massivität dieser

Werbetechniken wird im Laufe des gestreuten Sichtwerbungskonsums für den Normalverbraucher nicht ohne weiteres erkennbar. Erst ein Vergleich vieler Werbespots nebeneinander läßt die Zielgerichtetheit heutiger Werbemethoden in vollem Ausmaß erkennen. Die Unterstreichung sexueller Klischees spielt dabei eine entscheidende Rolle, die äußert sich nicht nur in der Hervorhebung signalisierender Accessoires, sondern vor allem auch in der Betonung genital-symbolischer Analogieobjekte. Eine derartige Werbepraxis konzentriert sich nicht etwa allein auf die Spezialreklame für typisch weibliche Gebrauchs- und Luxusartikel wie z. B. Kosmetik, sondern wird auf die Werbung für nahezu sämtliche gängigen Konsumartikel wie Bier, Benzin, Autoreifen, Herrensocken, Fruchtsaftgetränke, Betten, Zigaretten, Suppen, Ferienreisen, Fluggesellschaften, Speisequark etc. etc. angewandt. Die Frau wie der Mann werden durch spezifische Glücksverheißung in ihrer bisherigen Rollenposition bestätigt, der Mann als Eroberer und Herr, die Frau als Sklavin, Dienerin und geheimnisvolles Lustobjekt. Narzißtische Selbstbewunderung des eigenen Körpers wird der Frau als Ersatzverheißung für den Verlust ihres Selbstbewußtseins und ihrer Entscheidungsfreiheit angeboten.

Die verheiratete Frau wird als Neutrum behandelt, dessen ganzes Trachten auf die Aufrechterhaltung von Ordnung und Sauberkeit innerhalb des begrenzten häuslichen Bereichs gerichtet ist. Besonders bemerkenswert ist, daß jene Art der Reklame in der ausgeprägten Form ihrer Anmutungsspezifika nicht etwa, wie wir ursprünglich annahmen, die sogenannte Regenbogenpresse und die Fachzeitschriften beherrscht, sondern sich vor allem in solchen Illustrierten häuft, die den gehobenen Mittelstand und die Intellektuellen ansprechen.

Eine vollständige Typologie derartiger Affirmationsformeln innerhalb der heutigen Werbung kann hier nur angeregt werden. Dazu ein Katalog von Beispielen:

a) Die Entindividualisierung und Verdinglichung der Frau. Ihr Körper selbst Konsumartikel und zum Gebrauchsgegenstand für den Mann herabgewürdigt und ihm zur Bedienung angeboten. Damit zusammenhängend das «pars pro toto», eine Körperpartie, z. B. der Mund oder das Auge, wird anstelle des Ganzen gesetzt oder, wie es in Brechts «Dreigroschenoper» heißt: «Mir genügt nur ein kleines Stück von ihr.»

b) Die Frau als Gallionsfigur, die vom Mann, einer Trophäe gleich, vorgezeigt wird.

c) Die Frau als Maske. Betonung des Geheimnisvollen. Fremdartigen; Geschlechtsmystik anstelle der Selbstverständlichkeit freier Partnerschaft.

d) Die Frau als Sklavin, die sich im Hintergrund bereithält, um den Herrn zu bedienen, oder in der Pose kniefälliger Bewunderung seine Socken und Schuhe verehrt.

e) Das exotische Moment, die Frau anderer Rassen wird als dem weißen Herrn willfährige Dienerin angepriesen, eine besonders sublime Variante des Themas: die Frau als Sklavin.

f) Die Frau als kulinarische Zutat, die beispielsweise inmitten eines Arrangements von Eßwaren als krönender Appetithappen serviert wird.

g) Die Frau als Priapsdienerin, das Fellatio-Moment. Die Großaufnahme der halbgeöffneten feuchten Lippen, die am Strohhalm saugen, eine Banane liebkosen, eine Kirsche küssen, die Frau, die dem Mann die Zigarre anzündet, Symbolik genitaler Unterwürfigkeit.

h) Schließlich eine besonders heimtückische Variante, die vorgetäuschte Emanzipation, der Partie-Typ in Groopie-Pose, der lässige Teenager, der «selbstsichere» Boutiquetyp. Die falsche Emanzipationspose wird habituell gedeutet, indem für diese Werbespots Mädchen mit besonders kleinen Brüsten und besonders langen und dünnen Beinen als Modelle herausgesucht werden. Jugendliche Elastizität und jugendlicher Protest werden im Sinne der Konsumwerbung für die «Pop»-Mode affirmiert.

Zusammenfassung: Das Grundmotiv, das sich durch alle Varianten zieht, heißt: Die Frau als Sklavin des Mannes und die Frau als Objekt des Mannes, die zugunsten des Objektivcharakters ihre Persönlichkeit aufgegeben und alle Züge ihrer Individualität verloren hat.

Aus: Kempas, T. et al.: Die Puppe. Aspekte zum Bild der Frau. Berlin 1971. Abdruck mit freundlicher Genehmigung von T. Kempas, Haus am Waldsee, Berlin.

Ilse Bock

Die Würde des Menschen

Sohn: Papa, Charly hat gesagt, sein Vater hat gesagt, die Abbildungen von nackten Frauen, die überall in den Zeitungsständen ausgestellt sind, sind eine Schweinerei!

Vater: Also, Ausdrücke lernst du von Charlys Vater! Mäßige dich mal, ja?

Sohn: Hat er aber gesagt! Und mit Kunst hätte das gar nichts zu tun!

Vater: In der Kunst werden doch schon von jeher nackte Menschen dargestellt.

Sohn: Charly hat aber gesagt, sein Vater hätte gesagt: Kunst, das wäre die Venus von Mirow, und die sähe ganz anders aus! Und das stimmt! Das habe ich selbst gesehen!

Vater: Also, Moment mal. Erstens heißt es nicht «Venus von Mirow», sondern die «Venus von Milo»!

Sohn: Ja, richtig! Milo! Hat er auch gesagt.

Vater: Und außerdem: Woher kennst du eigentlich die Venus von Milo?

Sohn: Och, du hast so ein Buch im Schrank, da hab ich neulich mal drin geblättert. Und da war auch die Venus von Mirow ... von Milo drin.

Vater: Soso, du blätterst also in Büchern aus meinem Schrank. Hast du auch noch in anderen Büchern aus meinem Schrank geblättert?

Sohn: Nö, nur in dem einen, wo die Venus von ... Milo drin ist. Und die sah ganz anders aus.

Vater: Wieso sah die anders aus?

Sohn: Die hat doch keine Arme!

Vater: Ach so, deshalb! Na ja, die hat natürlich mal Arme gehabt. Es ist das Standbild der Göttin Aphrodite, das wahrscheinlich vor etwa 2000 Jahren in Griechenland geschaffen wurde. Als man es vor 150 Jahren in der Stadt Melos in Griechenland, die heute Milo heißt, aus den Trümmern ausgrub, waren die Arme abgebrochen. Aber daß es sich um ein großes Kunstwerk handelt bei der Venus von Milo, sieht man natürlich heute noch, obwohl sie keine Arme mehr hat.

Sohn: So alt ist die also ... Woher weißt du das alles?

Vater: Man ist schließlich ein gebildeter Mensch!

Sohn: Dann ist Charlys Vater also auch ein gebildeter Mensch?

Vater: Natürlich ist er das – wenn er die Venus von Milo kennt!

Sohn: Charly hat aber gesagt, sein Vater hätte gesagt, die Bilder von nackten Frauen in den Zeitungsständen hätten mit der Venus von Milo überhaupt nichts zu tun. Das seien alles Kari ... Kariku ...

Vater: Karikaturen ... willst du wohl sagen.

Sohn: Ja. Kariku ... Was ist das eigentlich?

Vater: Karikaturen? Das sind Darstellungen von Dingen oder Menschen, die die Wesenszüge des Dargestellten so verzerrt oder übertrieben wiedergeben, daß das Ganze komisch und lächerlich wirkt.

Sohn: Warum macht man denn solche Bilder als Karikaturen?

Vater: Das ist doch ganz einfach! Damit die Leute hingucken sollen.

Sohn: ... Du, Papa! Als wir vorigen Sommer am FKK-Strand waren, da waren wir doch auch alle nackt, und niemand hat geguckt.

Vater: Das ist doch ganz natürlich. Jeder weiß doch, wie Menschen aussehen.

Sohn: Die gucken also nur nach Karikaturen?

Vater: Ja! Schließlich sind wir ja wohl keine Karikaturen. Und deshalb hat eben keiner geguckt.

Sohn: Aber wenn das alles ganz natürlich ist und jeder weiß, wie Menschen aussehen, warum werden dann Abbildungen von nackten Frauen in den Zeitungsständen gezeigt?

Vater: Also, ich weiß es nicht. Es interessiert mich auch gar nicht. Und nun laß mich endlich in Ruhe. Ich hab zu tun, das siehst du doch.

Sohn: Charly hat aber gesagt, sein Vater hat gesagt, ältere Männer interessieren sich besonders dafür.

Vater: Also, nun hör mal gefälligst auf! Erstens bin ich kein älterer Mann, und außerdem kann mich dieser Vater von Charly ... äh ... kann mir Charlys Vater gestohlen bleiben. Was gehen mich denn solche Bilder an?

Sohn: Ich möchte jedenfalls nicht, daß so ein nacktes Bild von Mutti ausgestellt würde, und jeder könnte es angaffen! Möchtest du das etwa?

Vater: Nein, selbstverständlich nicht. Und dann sprich bitte mit etwas mehr Respekt vor deiner Mutter.

Sohn: Tu ich ja gerade!

Vater: Hast du eigentlich schon deine Mathematikaufgaben gemacht?

Sohn: Nö ...

Vater: Na also, dann beschäftige dich mal mit etwas Vernünftigem!

Sohn: Jaja ... jaja ... a-quadrat plus b-quadrat gleich ... du Papa, Papa!

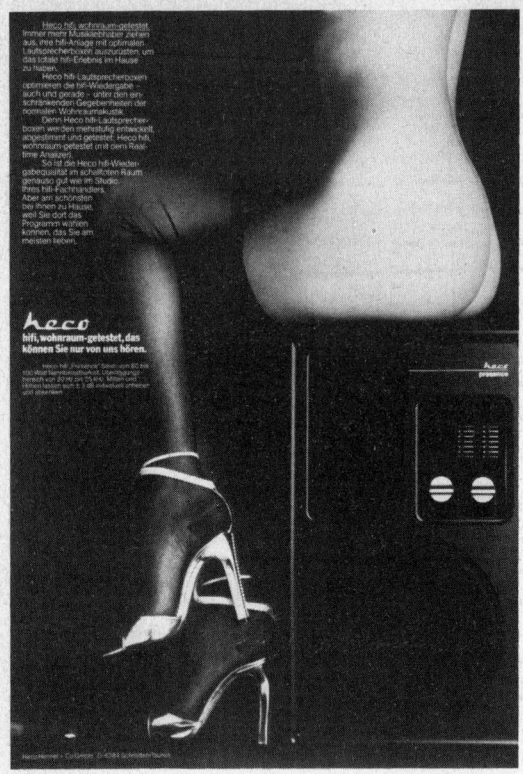

Vater: Was ist denn nun schon wieder? Du kannst einem heute mal wieder den Nerv töten!

Sohn: Weißt du, was Charlys Vater noch gesagt hat?

Vater: Schon wieder dieser Vater von Charly ... Was soll Charlys Vater schon noch gesagt haben?

Sohn: Er hat gesagt, das verstößt überhaupt gegen das Grundgesetz.

Vater: Was verstößt gegen das Grundgesetz?

Sohn: Na, das Ausstellen von Karikaturen, oder wie das heißt von nackten Frauen in Zeitungsständen!

Vater: Wieso denn das?

Sohn: Charlys Vater hat gesagt: Im Grundgesetz Artikel 1 heißt es: Die Würde des Menschen ist unantastbar, und der Staat ist verpflichtet, sie zu schützen ... oder so ähnlich, glaube ich.

Gute Mode ist die Poesie der Sinne.

Vater: Richtig! Sieh mal an! Da hat Charlys Vater ja mal etwas gesagt, was tatsächlich stimmt. Und nun meint er, die Abbildungen nackter Frauen verstießen nach Artikel 1 des Grundgesetzes gegen die Würde des Menschen!

Sohn: Nö, das nicht. Nur, wie die abgebildet sind, und daß man sie an jeder Ecke in den Zeitungsständen ausstellt, hat er gesagt.

Vater: Dieser großartige Vater von Charly scheint in seinen Ansichten ziemlich pingelig zu sein.

Sohn: Weiß ich nicht. Du Papa, warum stellt man denn eigentlich immer nur Bilder von nackten Frauen aus und nicht von nackten Männern?

Vater: Das würde doch keinen Menschen interessieren.

Sohn: Aber wenn man die nackten Männer nun auch so verzerrt und übertrieben abbilden würde, daß sie komisch wirken, so als ... Karikaturen? Dann gucken die Leute doch hin, Papa?

Vater: Das fehlte uns gerade! Wir ... als Karikaturen! Du hast doch selbst gesagt: Charlys Vater hat gesagt, nach dem Grundgesetz Artikel 1 ist die Würde des Menschen unantastbar.

Sohn: Okay, Papa! ... Aber ... sind denn Frauen keine Menschen?

Aus: «Papa, Charly hat gesagt ...» Reinbek 1979, S. 113–117; Abdruck mit freundlicher Genehmigung des Fackelträger-Verlags Hannover

Exkurs: Männer!

Georges Falconnet, Nadine Lefaucheur
«Wirklich männliche Eigenschaften»

«Was sind nun diese wirklich männlichen Düfte, Farben und Eigenschaften? Es scheint alles selbstverständlich: wie die Rose ist auch rosa weiblich, Tabak und Pfeffer sind männlich. Die sanften und hellen Farben, die Rundungen, das Weiche, das Schmeichelhafte, das Samtige, das alles ist für Frauen. Für die Männer sind die harten, dunklen Farben, das Metallische, Nüchterne, Kalte, Rohe, Kantige, Schneidige, Scharfe. Hier das Weiche und Sanfte, dort das Starke und Harte. ...
Und die Wolle, sie ist weich, warm, also weiblich? Oder ein Pyjama, der ist doch oft samtig und kuschelig?
Auf jeden Fall muß ein Gegensatz zwischen Männlichem und Weiblichem konstruiert werden. Wenn die Männer Wolle kaufen sollen, muß die Betonung auf roh und wild liegen. Bei Schlafanzügen muß der Schnitt eckig und die Eleganz nüchtern männlich sein. Nicht die Sache an sich ist wichtig, sondern ihre Funktion in der männlichen oder weiblichen Welt. ...
Männerwerbung braucht Adjektive wie: energisch, unerschrocken, dynamisch, kraftvoll, klar, beherrscht, selbstsicher, stark und mächtig – so sind die Männer und so ist auch ihre Warenwelt.»

Aus: Falconnet, G. & Lefaucher, N.: «Wie ein Mann gemacht wird», Berlin, Wagenbach, 1975, S. 18; Abdruck mit freundlicher Genehmigung des Wagenbach-Verlags

Geschichten über Männer –
von der Werbung erzählt

Bild	**Text**
Magirus-Deutz-Lastwagen von schräg unten fotografiert	«Die Mittelklasse von Magirus-Deutz: Kraftpaket mit PKW-Komfort. Ein Bulle, dessen Erfolg Geschichte macht. DIE BULLEN. GEBAUT FÜR MÄNNER.»
Lancia Coupé in Seitenansicht mit Mannequin am Steuer vor einer Waldkulisse	«ES GIBT NOCH DINGE, DIE EINEN MANN AUFREGEN KÖNNEN»
Mann mit Freundin auf einer Honda, beide im Motorraddress. Im Hintergrund eine Wildpferdherde.	«DES MANNES PHILOSOPHIE. Honda 750 Four. 67 feurige Pferde. Ungeduldig. Beherrscht. Kraftvoll. Sanft gelenkt. 4 flüsternde Zylinder. Dumpf grollende Harmonie in Moll. Entfesselte Vitalität. Disziplin. Matt glänzender Stahl, Styling. Gelebte Männlichkeit. Flair. Honda 750 Four. Die Seele atmet. Die Zeit steht still. Mensch und Technik lösen sich auf. Verschmelzen. Zu Feuer. Licht und Wasser. Werden eins. Come out on a Honda. Honda 750 Four. Sehnsucht und Freiheit.»
Knallgelber Matra vor einer bläulichen Steppe/Wüsten-Landschaft. Im Hintergrund Berge.	«IRGENDWANN SOLLTE JEDER MANN MAL AN SICH SELBST DENKEN. Matra Simca Bagheera. Willkommen an Bord»
Simca 1100, Heckklappe offen, mit 8 (!) Kindern drin. Familienvater steht daneben.	«EIN AUTO FÜR MÄNNER»
Bundeswehrpanzer in Seitenansicht	«SCHNELLE RAUBKATZE SUCHT DOMPTEUR.» «Als Unteroffizier eines Gepard – das ist eine der schwierigsten, aber auch reizvollsten Aufgaben in der Bundeswehr.»

Schwarze Cowboy-Silhouetten vor blutrotem Himmel
Zwei leere, eine volle Schnapsflasche auf einem Fernseher, in dem ein Fußballspiel läuft.
Bereifte Schnapsflasche mit Gläsern

Ein junges Pärchen beim Fotoalben-Anschauen. Likörflasche im Vordergrund.

Parfümflasche in Groß auf nassem Sand. Im Hintergrund Meer und Himmel.

Brustbild von gepflegtem Dressman im Maßanzug. Blondine legt ihm die Hand auf die Schulter.
Parfümflasche in schwarzweiß mit Aufschrift «Musk»

Emporgereckter nackter Männerarm, der eine Flasche ‹Musk› in der Faust hält. Eine gepflegte Frauenhand mit lackierten Nägeln streicht mit gespreizten Fingern den Arm hinauf. Das Ganze im Gegenlicht.
Brustbild von gepflegtem Dressman mit Napoleonhut auf antikem Sessel

Kosmetikserie aus Rasierschaum, After Shave und Pre Shave

«Wo Männer sind . . .Black & White»

«MANN, WO BLEIBT DAS 3 : 0?»
Im Eichenfaß gereift – mit edler Kräuternote.
«MANN TUT DER GUT.»
«MÄNNERRUNDE.»
Im Eichenfaß gereift – mit edler Kräuternote.
«MANN, TUT DER GUT.»
«Dieses Feuer ist verführerisch.»
«DER MANN UNTER DEN LIKÖREN.
HERB. FRUCHTIG. FEURIG.»
«FÜR DEN MANN, DER WEISS, WAS ER IST – WAS ER WILL, UND WIE ER ES ERREICHEN WIRD.
Lagerfeld. A fragrance for men.»
«Champaca. DER DUFT, DEN FRAUEN MÄNNLICH FINDEN. Mann mit Duft ist «in».»

«Frisch – Bestimmend – Aufregend – Kühn – Männlich-aktiv – Verlockend – Bezwingend – Elegant – Temperamentvoll – Mutig – Aggressiv – und
Sexy!»

«. . . UND SIE SPÜRT DEN GANZEN MANN,»
«Musk von Nerval. Sein ganz persönliches Duftsignal. Aufregend männlich. Musk. Der Duft von Haut zu Haut.»

«VICTOR , DER EROBERER»
«Männer, die sich durchsetzen, vertrauen auf die Wirkung von V by victor, acqua di selva und silvestre.
Victor die Herrenserie für Erfolgreiche.»
«DER MÄNNERSTART.»
«T2 ist der Starter für den Mann. Für den Tag. Für jeden Tag. T2, das pflegt die Haut und frischt den ganzen Mann.

Und jeder Tag, der sich so aktiv, so wach anläßt, der kann nur Gutes bringen. T2 Rasierkosmetik.
Bringt die Dinge gut in Gang.
T2 Rasierkosmetik herbwürzig und frisch.»

Nackter, ziemlich behaarter Dressman mit Frotteetuch als Lendenschurz, in verschiedenen Stellungen

«EIN MANN, EINE MARKE.»
«Check up für den Körper, body-inspection:
Körperpflege, Bartpflege, Haarpflege, Hautpflege, Erfolgspflege, Chancenpflege.
Genießen Sie das Aufstehen und den Duft, der einen Mann begleitet.»
«arden for men»

Flasche mit Eau de Cologne

AGUA BRAVA
ändert nicht das Wesen eines Mannes
AGUA BRAVA
unterstreicht am Mann das Wesentliche.
Ein Mann probiert das Wesentliche am besten im Detail.»

Irische Landschaft mit grünen Hügeln und Seen. Sportstyp mit Pferd und Hund.

«ABENTEURE FRISCHE. MÄNNERFREIHEIT
SIR ‹irisch moos›
... einmal am Tag sich selbst gehören.
Eau de Cologne. After Shave Lotion Pre Shave Lotion. Herrenseife.
Rasiercreme. Deodorant-Spray.
AUSGESPROCHEN MÄNNLICH.»

Gepflegter Sportstyp beim Verlassen eines Sportflugzeugs. Männliches Profil, Lockenmähne, Schnurrbart, alles in Richtung Sonnenuntergang. Zigarre zwischen den Zähnen
Männerfaust mit Tabakpackung

«MÄNNER RAUCHEN RILLOS.
Rillos.
Aus sonnengereiften Importtabaken.
Ein männlicher Genuß.»

«MEIN TABAK.
MEIN DUFT.
MEIN GESCHMACK.
Exclusiv
Männer rauchen diesen Tabak.»

Männerbein in Jeans und derbem Lederschuh beim Beschreiten einer wasserüberspülten, geflochtenen Bambusbrücke

«FÜR MÄNNER, DIE IHREN WEG MACHEN.
Camel Boots. Das sind Schuhe und Stiefel zum Strapazieren. Sportlich rustikal geschnitten und robust verarbeitet.»

Englischer Gentleman mit Schirm und Melone, Zeitung lesend. Hinter ihm ein gerahmtes Ölbild mit barbusiger Exotin. Ihm zu Füßen eine Raubkatze.

«DIE TYPISCHE MÄNNERZEITSCHRIFT!
Kicker.
Gelesen von Männern, die fundierte Fachberichte wollen.»

Zwei Buben mit hochgekrempelten Hosen in einem Bachbett über Steine balancierend

«MÄNNER, DIE WIR MORGEN BRAUCHEN!
Sind sie brauchbar?
Heute macht ihr Organismus jedes Spiel mit. Aber heute entscheidet sich auch, wie es in ein paar Jahren damit aussieht: Stehen Sie als Mann ihren Mann?
Richtige Ernährung ist wichtig.
Mit Pflanzen-Margarine.»

Mann mit Hemdsärmeln am Schreibtisch mit Rechenschieber und Tabellen

«WIE FINDEN SIE DEN BESTEN MANN FÜR IHRE KLIMAANLAGE?
Suchen Sie den Mann, der Carrier vertritt. Sie finden den Mann, der Ihnen aufgrund einer Erfahrung nicht nur die Klimaanlage empfiehlt, die Sie brauchen, sondern auch die Klimageräte, die Ihren Erfordernissen entsprechen. Der Mann von Carrier hat die fachliche Ausbildung, um Ihre Klimaanlage zu installieren und reibungslos intakt zu halten. Suchen Sie den besten Mann für Ihre Klimaanlage. Lassen Sie den Mann von Carrier kommen.»

Schwellende Männerbrust in knappsitzendem Baumwollshirt. Geöffneter Reißverschluß gibt Blick auf behaarte Brust frei.

«DAS MÄNNLICHSTE ALLER ELEGANTEN FREIZEITHEMDEN.»
«Ein HOM-Polo
Sport, Spiel, Entspannung. Ein Mann fordert das Recht, sich wohlzufühlen. Ein HOM-Polo gibt ihm die Freiheit, weil es aus 100% Baumwoll-Jersey ist. Hauteng sitzt. Und Ihre Haut doch frei atmen läßt. Das einmalige HOM-Patent: Gesäßhaftung verhindert Falten. Der leicht verstärkte Kragen bleibt immer in Form. HOM-Polos.
In 10 männlichen Uni-Farben: weiß, türkis, marine, gold, beige, braun, rot, schwarz, grasgrün, blau.
Für den eleganten Freizeit-Mann.

Tennis Mini – ein Slip mit gestrickten Streifen. Aus feinem Baumwoll-Jersey mit Lycra? Hohe Elastizität, natürlicher Tragekomfort. In 4 Farben. Zwei weitere Formen – Carré und Shorty. Auch in Österreich und in der Schweiz erhältlich.

1978. Eminence
befreit den Mann im Mann.

Eminence
HERRENUNTERWÄSCHE
AUS PARIS

Lycra *Du Pont's eingetragenes Warenzeichen für seine Elasthanfasern.

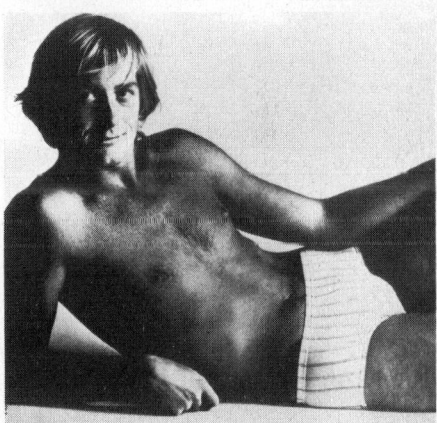

Club – ein Slip mit gestickten Doppelrill stilen. Aus feinem Baumwoll-Jersey. In 6 Farben. Auch in Österreich und in der Schweiz erhältlich.

Eminence 1978.
Ausdruck einer neuen Männlichkeit.

Eminence
HERRENUNTERWÄSCHE
AUS PARIS

Vier braungebrannte Muskelmänner, nur bekleidet mit Knobelbecher, Badehose und fremdenlegionsähnlicher Militärmütze, in praller Sonne durch den Wüstensand stapfend.
Männliche Hüftpartie mit Unterhose, auf der ein b in Form des Männlichkeitszeichens prägt (♂)

Liegender blonder Jüngling, nur mit Unterhose bekleidet

Mittfünfziger im hellen Seidenanzug mit jugendlicher Freundin im Glitzerlook. Im Hintergrund ein Straßenkreuzer und Neonreklame.

HOM
EINE REINE MÄNNERSACHE.»
«WO MAN DEM MANN DEN MANN ANSIEHT.»
HOM BADEMODEN.
«Eine reine Männersache.»

«DIE NEUE FORMEL FÜR MÄNNLICHKEIT:
♂ ravour
plus Mann
♂ ravour
Herrenwäsche internationalen Profils.»
«Eminence 1978»
«AUSDRUCK EINER NEUEN MÄNNLICHKEIT.»
«WARUM JEDER MANAGER EINE GELIEBTE HABEN SOLLTE.
Eine Frau kann alles erreichen. Männer, die sonst über ihren Erfolg im Beruf, über Termine und gesellschaftlichen Verpflichtungen alles vergessen, treiben plötzlich wieder Sport, achten auf ihre Figur und Gewicht. Kurz, man ist außerordentlich darauf bedacht, jugendlich und vital zu wirken. Nun ist Jugend etwas, was nicht ewig hält. Tatsache ist aber, daß man das natürliche Altern der Körperzellen verzögern kann. Gerioptil plus H3 bessert Herz und Kreislauf und damit die Durchblutung ...
Am besten, Sie lassen es sich gleich von Ihrer Sekretärin besorgen.»

Heidrun Abromeit
Männlichkeit

Während der Mann in unserem Kulturkreis schon traditionell als
«überlegen» gilt, muß der autoritäre Mann seine Männlichkeit und
Machtposition noch besonders herausstreichen, da seine tatsächliche
Ich-Schwäche mit seinem in der Identifikation mit der mächtigen,
strafenden Autorität gebildeten Ich-Ideal kollidiert und er diese
Schwäche darum verdrängen oder nach außen projizieren muß.

1.   Dieses Image machtorientierter Männlichkeit sucht Werbung zu
bestätigen, und zwar in einem in den letzten Jahren auffällig zunehmendem Maße. Schon allein die Werbesprache weckt häufig durch
rauhes «Stakkato» – indem einzelne Satzglieder durch Punkte ausein-
andergerissen werden – Assoziationen an knappe und energische
Männlichkeit. Ebenso zeigen die Bilder den Mann in ausgesprochen
«männlichen» Berufen und Beschäftigungen – als Pilot, Rennfahrer,
Steuermann – und mit betont herrischem Blick. Die Texte sprechen
von «ganzen Männern», von «echter» und «verwegener Männlichkeit», von der «Männersache», in die Frauen sich nicht einzumischen
haben. Männlichkeit wird dabei zum Wert stilisiert, denn «Echte
Männlichkeit hat eine eigene Ausstrahlung. Souverän ...» (Prestige
1969); «Hätten Sie vielleicht den Schneid, eine Dunkelbraune ohne
Filter zu rauchen? Na ja. Echte Männer sind eben selten geworden»
(Edelwuchs 1968). Was diese echten Männer vor allem charakterisiert, ist «Courage» (Old Smuggler 1968), «Härte» (Cottonova 1969)
und «Kraft» (Henninger 1968); für sie gibt es «kein ‹Unmöglich›» (Te-
rylene 1968), sie segeln «hart am Winde» und «liegen immer vorn»
(Hattric 1964).

2.   Gerade die Erfolgsideologie erweist sich als besondere Spielart
des autoritären «Männlichkeitswahns», denn nur die Zugehörigkeit
zur privilegierten Gruppe der «Erfolgreichen» sichert die Macht und
die Stärke, die das autoritäre Ich-Ideal postuliert. «Erfolg» tritt in der
Werbung darum hauptsächlich in der Verbindung mit «Männlichkeit»
auf, sind «echte Männer» doch «Erfolgsmänner» (Textil 1965, Trevira
1966) und «Pioniere», deren «Taten zählen» (Edgeworth Tabak

1968); sie leben «im harten Klima des Erfolgs» (Rembrandt 1968), setzen «neue Maßstäbe» (Dugena 1968) und «sind immer am Drükker» (Trevira 1967). Erfolg ist «das einzige, das Ihr Mann immer gebrauchen kann» (Russisch Leder 1968), doch braucht er dazu nicht die Hilfe anderer: «überlegen, bewußt . . . , hart, entschieden, konzentriert» (G. R. André Cigarillo 1970), ist er der «Boß», der «seinen Erfolg den Ratschlägen (verdankt), die er von anderen nicht angenommen hat» und der «jede Meinung gelten (läßt), sofern sie sich mit seiner eigenen deckt» (Kaufhaus M. Schneider, Frankfurt, 1970). Dabei verrät der Versuch jedoch, sich ständig aufs neue als «erfolgreich» zu bestätigen, die Nähe zu latenter Aggressivität: «Seid Männer, Männer! . . . Nehmen Sie sich die Freiheit, die Sie brauchen, um erfolgreich zu sein» (Bücking Kompaß Kleidung 1969); «Das Ziel der Macher: Erfolg . . . Sie dringen vor . . . Wo sie kommen, geht morsche Tradition . . . Sie sind unerbittlich» (G. R. André 1970).

3.   Die Rücksichtslosigkeit, die hierin sich andeutet, scheint indessen notwendig, gilt es doch, sich in einer Welt der Härte durchzusetzen. Wo die Welt als Dschungel perzipiert wird, kann der einzelne nur in der eigenen Stärke Sicherheit finden. Eine solche Sicht der Welt aber resultiert aus der Angst des Autoritären vor der bedrohlichen Gewalt der eigenen unterdrückten Triebenergien; so wie diese ichfremd chaotisch und potentiell zerstörerisch sein müssen, so erscheint auch die Welt chaotisch und zerstörerisch. In einer derart feindlichen Welt kommt es fast nur auf physische Gewalt an; für Schwäche ist in ihr kein Platz, und mit den Schwachen, die notwendig untergehen müssen, ist kein Mitleid möglich.

Entsprechend erscheint in der Werbung der Mann in Abbildungen und Texten häufig als verächtlich, zu allem entschlossen und als derjenige, der selbst in den ärgsten Situationen nicht einmal mit der Wimper zuckt. Er ist «jeder Situation gewachsen» (Old Spice 1969) und ist «hart im Nehmen» (Kienzle, Zentra 1968), denn nur so kann er im «rauhen Alltag» (Kienzle 1968) bestehen. Am deutlichsten wurde diese Welt der Härte in der Puschkin-Werbung demonstriert (1963 bis 1967), die ihren Vorbildverbraucher «Frank S. Thorn» stets in Situationen präsentierte, in denen er einsam und verlassen gegen Naturgewalten anzukämpfen hatte, und daraus folgerte, es komme darauf an, «hart» zu sein – «Je härter, um so besser» (Timex 1968). Ähnlich zeigt auch die Werbung für Magirus Deutz (1970) Situationen, in denen man «von aller Welt verlassen» ist: die «Hölle» der Wüste, den «Dschungel», der «alles frißt», das Dasein «zwischen Diesseits und

Jenseits»; wenn man hier nicht stark genug ist und in «unerbittlichem Einsatz» sich «durchbeißt» (Hanomag 1970), geht man unter, und es bleibt nicht mehr übrig als die «rostzerfressenen Überreste alter Pläne, die nicht stärker waren als das schwächste Glied in ihrer Kette» (Magirus Deutz 1970). Der richtige Mann ist darum «ein knochenharter Bursche, der den Boys die Hölle ganz schön heiß macht» (Bier 1968); ihm «kauft niemand den Schneid ab», denn «Was er einmal anpackt, das hat er im Griff» (The Diplomat Rasierklinge 1968). Sein Selbstbild sind die «Macher»: «Sie boxen Ideen durch, wo andere nur reden. Gehen durch morsche Wände, wo andere lange zaudern» (G. R. André 1970).

4.   Erst solche Härte ermöglicht es, alle Situationen zu meistern, die Umwelt zu beherrschen. Dem Insistieren auf Macht und Herrschaft als wesentlichem Element des Ich-Ideals des Autoritären aber kommt die Werbung ebenfalls entgegen – so vor allem, indem sie ihm das Auto als Herrschaftssymbol präsentiert. Der Wagen erhöht nämlich nicht nur die Stärke des Mannes – macht ihn «fähig, die ganze Wucht von 230 PS zu entwickeln» (Opel Diplomat 1965) –, sondern gibt ihm «das Erlebnis der Befehlsgewalt» (Fiat 1968): «Ihr Rallye Kadett ... liebt die starke Hand» (1968), «Er läßt sich mühelos beherrschen ... alle Hebel im Griff» (Simca 1968); «Kommando erteilen. Gehorsam erfahren. Klar und bestimmt» (Fiat 1968). Darüber hinaus wird dem Fahrer suggeriert, im Wagen sich auch seine Umgebung unterwerfen zu können: «Für Sie kommt der Tag, an dem Sie die Straße in den Griff nehmen» (Citroen 1969) und «sich die Straßen untertan ... machen» (Citroen 1970); die anderen sind mit dem «dritten Gang, Gas – erledigt» (Opel Kadett 1965); mit dem Auto «besitzt man das richtige Mittel, um das Gesetz schnellen Handelns jederzeit sicher handhaben zu können» (Opel Diplomat 1965).
Der Mann wird so zur absolut dominierenden Persönlichkeit stilisiert: «Einer lachte. Damals. Jetzt lacht keiner mehr. Sie wissen warum. Wenn seine Stunde kommt, geht man leiser» (Speisequark 1969). In dieser Machtposition sucht die Werbung den Mann auch hinsichtlich seiner Beziehungen gegenüber der Frau zu bestätigen, denn gerade die Frau – in die alle vom Mann abgeleugnete Unterwürfigkeit hineinprojiziert wird – bietet ihm die Möglichkeit, sich seiner Überlegenheit zu versichern. Schon die Bilder zeigen darum häufig den herrisch blickenden Mann, an den eine Frau hingebungsvoll sich anlehnt (so vor allem Mister L) oder der von Frauen bedient wird (Peugeot, Marlboro). Die Frauen bemühen sich um den Mann, nicht umgekehrt:

ANZEIGE

WARUM JEDER MANAGER EINE GELIEBTE HABEN SOLLTE.

ANZEIGE

WARUM MÄNNER HELDEN SPIELEN.

... und sie spürt den ganzen Mann.

Musk von Nerval
Sein ganz persönliches Duftsignal.
Aufregend männlich

Musk. Der Duft
von Haut zu Haut.

Musk Men's Cologne
Musk After Shave

«Sie suchen die Nähe von Mister L» (1967) und bitten ihn: «Nehmen
Sie mich und diese ungewöhnlichen Mido-Uhren beim Wort: ... Legen Sie uns nie ab» (1968); «man bemüht sich um seine Zuneigung. –
Mit allen Mitteln!» (Mister L 1967). Als bloßes Sexualobjekt des
Mannes ist die Frau jederzeit bereit, ihm zu geben, «was er wirklich
will» (Scotch No 10 1968) und wird nur akzeptiert, wenn sie seinen
Ansprüchen an Dinge genügt: «Wir nehmen sie mit ... Denn sie ist
wie unser Whisky» (Racke 1967). Dabei ist sie gleichzeitig Objekt
seiner Aggressivität: «... die typische Kälte der Frauen ... Man sollte
ihnen heiß machen» (Scotch No 10 1968); «Ich wehre mich mit Gewalt
in seinen starken Armen ...» (Isenbeck 1968).
Im Grunde nämlich verachtet der Mann die Frau als die Inkarnation
der Schwäche, für die in seiner Welt kein Platz ist. Er muß sich darum
hüten, «von weiblichen Überfällen überrollt zu werden» (Rodeo
1968); «Zum Glück gehört ja nicht nur die Frau. Zum Glück!» (Bier
1968).

Aus: Abromeit, H.: Das Politische in der Werbung. Westdeutscher Verlag Opladen, 1972, S. 154–156. Abdruck mit freundlicher Genehmigung des Verlags

Frauen lieben gardeur-Männer.

**Man fühlt sich
unwiderstehlich angezogen.**

Gardeur
Internationale Hosenmode

Frauen lieben gardeur-Männer.

**Man fühlt sich
unwiderstehlich angezogen.**

Gardeur
Internationale Hosenmode

Frauen lieben gardeur-Männer.

**Man fühlt sich
unwiderstehlich angezogen.**

Gardeur
Internationale Hosenmode

Sich eine echte
Überraschung leisten –
gardeur
Internationale
Hosenmode

Georges Falconnet, Nadine Lefaucheur

Ein echtes Männerleben:
Auf der Suche nach Herrschaft

Ein echtes Männerleben oder die Herrschaft über die Welt

Ein echtes Männerleben: Ja, es ist toll, so ein Männerleben, wenn mit Tiefseefischerei, Tauen, Meer und Muskeln für Rasierwasser geworben wird. Auch dies ein Männerleben: U-Bahn, Arbeit, Bett! Nein! Ein echtes Männerleben: Abenteuer, Krieg, Jagd, Gewitter, Sturm, Feuer, wilde Tiere, Pferde («die edelste Eroberung des Mannes»), starke Gefühle, Weite, Wüste, Wälder, Berge und Ozeane. Ein echtes Männerleben: angreifen, erobern, reiten, beherrschen, zähmen, dressieren, die Stirn bieten, bezwingen, führen, unterwerfen, handeln, unternehmen, gewinnen. Unterhosen, Feuerzeuge, Rasierapparate und Socken verkaufen sich besser mit der Vorstellung von Abenteuer, entfesselter Natur, Urwald und Tarzan. Ein echtes Männerleben ist Abenteuer – so die Werbung. Wie ein Mann leben, heißt die Grenzen des Universums sprengen und alle Gefahren meistern. Abenteuer und Risiko sind auch die Werte, auf denen sich die westliche kapitalistische Zivilisation und der Imperialismus entwickeln konnten. Forschen, entdecken, erobern um reich zu werden – ein wahres Männerleben. Nur mit Abenteuerlust und dem Mut zum Risiko kann man was werden.

«Entdecken Sie den Geruch von Abenteuer auf Ihrer Haut, wenn Sie keine Angst haben, ein Mann zu sein», besagt die Reklame Go West. «Erinnern Sie sich an den Geruch von Abenteuer, von langen Ritten und scharfem Galopp – alles was aus einem Leben ein Männerleben macht.»

Der Name des Parfüms Go West beschwört die Zeit, in der die Weißen in Amerika die Macht an sich rissen und die Indianer vernichteten. Ein Geruch von Herrschaft – und dies ist kein Zufall. Die Bezwingung der Meere ab dem 15. Jahrhundert machte Entdeckungsreisen, Überseehandel und die Eroberung anderer Länder möglich. Die westliche Kultur ist davon geprägt.

93

«Kreuze die Welle – bezwinge den Schaum. Evinrude – das ist Temperament – schwungvoll und ungezähmt. Damit man das Leben spürt. Das ist Abenteuer – Evinrude – und Macht. Erlebe das Abenteuer. Evinrude. Wir durchpflügen die Zukunft.»

(Bei dieser Werbung für einen Außenbordmotor wird sogar die Zukunft einbezogen). Immer wieder beschwört die Werbung Themen aus der Zeit der Kolonialisierung – Piratenleben, Freibeuterei und Meeresabenteuer – Zeiten, in denen man sich skrupellos auf Kosten anderer bereichert hat. Das Abenteuer, das Risiko, die Gefahr und unermeßliche Schätze – darauf baut die Werbung:

«*Drakkar* für die Männer, die den Sturm lieben, *Drakkar* aus der Welle geboren mit dem Geschmack von leichtem Regen und Abenteuer.»
«Der Duft von Abenteuer und Freibeuterei: Bei Tabac, da merkt man, daß Sie ein Mann sind.»
«Die Matra des Piraten . . . für kalte Nächte, glühend heiße Autopisten. Berge und Gewitter.»
Im Werbespot: «Ein Tag mit dem neuen Eau de Cologne von Monsieur Rochas», dessen Duft von seltenen Gewürzen und Hölzern wieder einmal das Abenteuer beschwört, sieht ein Männertag so aus: «8 Uhr 10. Ich habe geduscht. Ich öffne das Fläschchen, gieße mir etwas in meine rechte hohle Hand, reibe mir kräftig Gesicht, Oberkörper und den ganzen Körper ein. Ich bin fertig. Ein großes, ein starkes Gefühl. Bei dem Duft sehe ich Bilder vor mir: Holzfäller fällen riesige Bäume – die geborstene Rinde, Weißholz von der Axt getroffen – der Geruch nach seltenem Holz und frischer Luft.»

Im Badezimmer herrscht M. Dupont oder M. Rochas über die ganze Welt. In den weiten tropischen Wäldern müssen die riesigen exotischen Bäume ihr Leben lassen, damit ein Mann diesen einmaligen Duft verspüren kann, diese «Duftvision». Die Natur ist doch zu etwas gut – wenn man sie nur richtig, d. h. im Sinne einer kapitalistischen Ordnung – gebraucht. Da geht nichts mehr verloren, alles nützt dem Reichtum und dem Wohlbehagen des westlichen Mannes. Die Rohstoffe halten seine Industrie in Gang, die Flüsse schaffen seine Energie, und im Urwald leben und sterben Blumen und Bäume für seine Lust . . .
Der Mann ist nicht nur Herr über die Natur und die Elemente, sondern auch über die Tiere. Alle, die wilden, die gefährlichen, auch die reinrassigen und gezähmten, alle legen sich zu seinen Füßen und gehorchen jedem Blick und jeder Geste.
Die Werbung der Automobilindustrie benutzt das Bild des über die Tiere herrschenden Mannes am häufigsten.

«Lassen Sie die Pferde los. 85 Pferde starten bei Ihrem Befehl. 85 Pferde, die nur darauf warten, loszurasen. Nur ein Griff an den kurzen Schalthebel des Simca

1200 S. Kontakt, Beschleunigung. Der 1200 S schlägt mit allen 4 Felgen aus und gehorcht jedem Blick und jeder Geste des Synchro Porsche. Ein wilder Ritt: 178 km/h aus dem Stand. Wenn Sie in die Kurve gehen, greifen Sie fest in die Zügel; auf gerader Strecke lassen Sie die Zügel los.
Das sind reinrassige Pferde, bei Simca dressiert.»

Ein anderer Werbetext für das gleiche Auto:

«Achtung, Wagen schlägt aus. Richtig, aber jetzt kennt der 1200 S seinen Herrn. Beim kleinsten Antippen kommt er, mit der ganzen Kraft seiner 4 Kolben – wie der Sprung einer Katze.»

Die «75 heißblütigen Pferde» des Triumph Spitfire «warten nur auf Ihr Zeichen, um loszupreschen», und

«unter der Haube des neuen Alpha 2000 warten 150 Pferde auf das Startsignal, 150 Rassepferde, prächtig geschirrt, herrlich ausgestattet. Ein ganzes Kavalleriebataillon. Ein völlig neues Gefühl von Geschwindigkeit. Wir stehen zu Ihren Diensten.»

Der Ford Capri ist ebenfalls «ein schönes Tier. Wenn er steht, steht er wie ein Rassetier, wenn er läuft, läuft er mit der Kraft eines Rassetiers. Die Haube ist wie das Maul eines Haies, gewölbt wie die Schnauze eines wilden Tieres, so schön und wild, daß man es zähmen muß.»

Die Kawasaki-Maschinen sind von edlem Geblüt, unvergleichliche Tiere, sanft zu lenken: «lautlose Kolosse mit gigantischer Muskelkraft.» Dressurvorstellungen erhöhen hier den Kaufreiz von Waren. Der Mann, der ein «wildes Getränk» trinkt, fühlt sich wie Tarzan, wie ein junger Wolf, wild, unbesiegbar, überlegen, mächtig. Er ist der mutige Jäger, der seinen Fuß bescheiden auf den Kadaver des Löwen stellt, den er eben unter Lebensgefahr erlegt hat. Und das alles beim Bier oder, wenn er sich mit «wildem Wasser» parfümiert und die Rasierseife benutzt, die den Bart zähmt; wenn er Unterhosen aus einer Art Kreuzung zwischen Tiger und Baumwolle trägt oder Geld genug hat, sich «wilde Ski» zu kaufen.

«Hören Sie, dieser Ski ist wie ein wildes Tier. Überlegen Sie, ob Sie ihn zähmen können, bevor Sie ihn besteigen.» (Ski Olin Mark II)

Der Traum von Herrschaft und Macht wird gleich mitverkauft.
Ein echter Mann muß aber nicht nur Natur und Tier bezwingen, er muß auch über den anderen Mann herrschen. Die Welt der Männer ist die Welt der Waffen, des Krieges, des Wettkampfes, des Machtkampfes. Die Werbung der männlichen Warenwelt benutzt eine Bildsprache, die voll ist von Aggressivität, Angriff, Sieg und Waffensymbolik. So werden jeden Morgen im Badezimmer die heftigsten Kämpfe, Schlachten und Duelle ausgetragen:

WAS KÖNNTE DEN MANN BESSER FÜR EINEN AUGENBLICK ZU SICH FINDEN LASSEN, ALS DIE VOLLKOMMENHEIT SEINER CIGARRE? — ROBERT T. LEWIS

WÄHLEN SIE DEN AUGENBLICK FÜR DIE ERSTE CIGARRE BITTE MIT BEDACHT ER WIRD ÜBER DAS AUSMASS IHRER LEIDENSCHAFT ENTSCHEIDEN.

Sehr geehrte Herren, bei unserer „Einführung in die Kunst des Cigarren- und Cigarillo-Rauchens" besteht für uns die verständliche Gefahr, in den Verdacht der Schwärmerei zu geraten. Wir beginnen deshalb mit einigen Äusserungen Dritter, deren Neutralität und Sachverstand niemand bezweifelt:

DIE CIGARRE SCHLÄFERT DEN SCHMERZ EIN UND BEVÖLKERT DIE EINSAMKEIT MIT TAUSEND ANMUTIGEN BILDERN. — GEORG SAND.

A WOMAN IS ONLY A WOMAN, BUT A GOOD CIGAR IS A SMOKE. — RUDYARD KIPLING.

BESTÜRMT MAN SIE MIT ALBERNEN FRAGEN? — DIE CIGARRE VERSETZT SIE IN STAND, OHNE ALLZU GROSSE UNHÖFLICHKEIT DARAUF ZU ANTWORTEN. — LA ROCHEFOUCAULD-LIANCOURT

Sehr geehrte Herren, natürlich können Sie während des Cigarren- und Cigarillo-Rauchens alles tun – Auto fahren, diktieren, konferieren –, nur für die erste Cigarre möchten wir Sie bitten, einen Moment der absoluten Ruhe auszusuchen und jegliche Störung zu vermeiden. Sie sollten dieses Rendezvous unbedingt mit der Umsicht eines erfahrenen Liebhabers vorbereiten. Denn wie eine Dame verlangt die Cigarre Ihr volles Augenmerk. Wenn Sie ihr dagegen lediglich en passant begegnen, kann Sie zwar Ihr Freundin werden, aber niemals Ihre grosse Geliebte. – Mehr über das Laster feiner Herren in vierzehn Tagen.

«Jeden Morgen derselbe Kampf. Der Gegner ... Sie kennen ihn. Nehmen Sie die schärfste Klinge, wenn Sie ihn schlagen wollen. Eine Klinge vom gleichen Stahl wie die berühmten Schwerter Wilkinsons, die seit 200 Jahren an der Macht sind. Mit einem einzigen Zug rasiert die Klinge von Wilkinson den härtesten und kriegerischsten Bart ... die Klinge ist ein für allemal fest und sicher von den beiden Backen gehalten.»

Da wird der Bart zum Schlachtfeld, zum «Stoppelfeld». Das ist kein glattrasiertes Kinn mehr, das sind riesige, von mächtigen Maschinen entwurzelte und gefällte Urwaldbäume. So fällt auch der Braun Synchron den Bart, es ist wie «das Streicheln eines wilden Tieres».

«Das ist kein Rasierapparat mehr. Er ist mächtig, zart, wie ein Tier. Damit Sie sich hautnah rasieren können, hat Braun für Sie ein sicheres und geschmeidiges Scherblatt geschaffen.
Denn Ihr Bart ist ein Stoppelfeld, auf dem man nur schwer vorwärtskommt. Deshalb hat der Braun Synchron ein System für lange und für kurze Haare, 2100 Messerchen, sternförmig angeordnet mit 18 scharfen Mikroklingen. Ihnen entkommt kein Haar. Unter dem Scherblatt sind die Messer, 36 Klingen aus schwedischem Stahl, 72000 Schnitte in der Sekunde, ein starker Motor, robust, gefahrlos. Sie werden staunen. Der Braun Synchron arbeitet härter, wenn Ihr Bart härter wird. Die Zärtlichkeit eines wilden Tieres. Kein Haar entkommt ihr.»

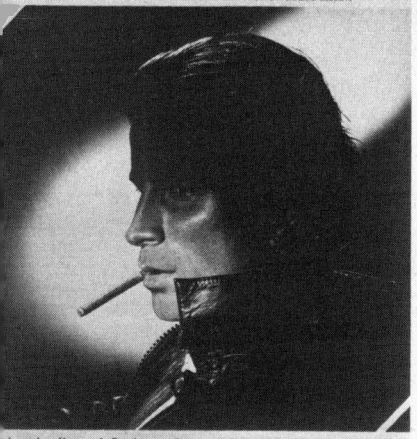

EIN WENIG MUT WERDEN SIE ZUNÄCHST BRAUCHEN.

...hr geehrte Herren, als Raucher von Cigarren und Cigarillos gehören Sie verständlicher- ...ise zu einer kleinen exponierten Minderheit – es wäre unfair, Ihnen das bei unserem ...einen Guide für Connaisseurs zu verschweigen. Dies läße Sie auf der einen Seite das ...agenehme Gefühl von Individualität und Exklusivität genießen, stellt Sie aber auf ...r anderen Seite vor ungewohnte Fragen. Damit könnten Sie sich vielleicht abfinden, wenn ...an sich nahegelegenen Antworten zufriedengeben würde – wie bester Tabak, viel ...hter Geschmack, kein Flavour, kein Papier, kein Inhaltieren, usw. Nur wird man heute ...ach tieferliegenden Beweggründen bei Ihnen forschen. Und was wollen Sie da sagen? – ...r wer die Gelassenheit einer starken Persönlichkeit besitzt, wird auf die Dauer bei ...igarren und Cigarillos bleiben.

Tabake von Villiger, aus bestem Cigarren-Tabak gefertigt; ein gewissenlich einwandfreies Zeichen für allerfeinste männlichen ...

WER SAGT, DASS ES NICHT AUCH HEUTE LEBEMÄNNER GIBT?

Sehr geehrte Herren, bekanntlich lebten am Ende des letzten Jahrhunderts einige sehr beneidenswerte Männer, denen es im Leben nicht nur gelang, viel Erfolg zu haben, sondern ihn auch zu genießen. Man nannte sie bewundernd Grandseigneurs, und ihre Lebensart gilt bis heute als beispielhaft. Daß sie zu den größten Liebhabern von Cigarren und Cigarillos zählten, ist dabei weniger Zufall als Konsequenz. Denn wie kaum ein anderes Rauch- vergnügen bereichern Cigarren und Cigarillos das Leben eines Mannes mit Geschmack und Eleganz. Sie geben nicht nur seiner Erscheinung ein unverwechselbares, männliches Profil, sie umhüllen ihn auch mit dem verführerischen Duft ihres hoch aromatischen Rauchs, der – ohne einen Hauch zu inhalieren – bereits durch seinen Hautgout berauscht. Zug um Zug schenken sie einem Gentleman Gelassenheit und entführen für kostbare Augenblicke aus der Nüchtern- heit der Welt. – Nun haben sich die Zeiten geändert, die Welt hat sich gedreht. Nur die Cigarren und Cigarillos sind noch die gleichen, und wer sagt, daß es nicht auch heute Herren mit Talent zum Genießen gibt? – Mehr über das große Laster großer Männer folgt.

Auch hier wie bei der Autoreklame wieder Waffen, wilde Tiere, Macht, technische Präzision. Technische Präzision ist der Garant für Macht und Unbesiegbarkeit. Technische Präzision suggeriert, daß alles Technische männlich ist: Die Werbung der männlichen Warenwelt betont die Technik und die Leistungsfähigkeit. Die Werbung der weiblichen Warenwelt legt Wert aufs Praktische, auf Komfort und Ästhetik Spülen wird erst durch die Spülmaschine zur «Männersache». Frauen verstehen ja bekanntlich nichts von der Technik:

«Wissen Sie noch? Eigentlich hatten Sie ihn für Ihre Frau gekauft. Liebling, das ist das Auto für Dich, ideal für eine Frau, denn ein technisches Genie bist du ja schließlich nicht.
Und wieso sitzen Sie dann auf einmal dauernd am Steuer des Käfers? Als ob Sie, ein Mann, nicht parken könnten, als ob Sie, ein Mann nichts von Technik verstün- den. (Frauen haben ja bekanntlich keine Ahnung von Autos: die legen ja im Win- ter doch tatsächlich beim VW eine warme Decke vorne drauf, wo doch der Motor hinten ist.)»

Ein Mann muß aggressiv sein. Aggressivität ist die Grundstruktur sei- nes Charakters. Die Werbung weiß das, deshalb ist «Remington der persönliche Feind des Bartes». Der Schick Injector, der «die energischen Züge» der «männlichen Gesichter» bevorzugt, «lädt sich auf wie eine automatische Waffe». «The fist», die Faust, nennt Sunbeam seinen Rasierer, dessen «Kolben» wohlig in der hohlen Hand liegt.

Feuerzeuge als Ersatzrevolver: «nüchtern, funktional, schwarz wie eine Waffe» – das Feuerzeug von Braun. Bei Ronson handelt es sich auch um ein «automatisches» (man denkt hier wieder an Revolver): «Feuer. Es gibt nichts besseres, um zu feuern!», sagt Feudor, «Feuer, so viel wie nötig».

After-shave muß die Haut dann wieder vor dem Zorn des Rasierapparates schützen: «Der Rasierapparat greift Ihre Haut an. Verteidigen Sie Ihre Haut!» Kölnisch Wasser ist die «schweigende Waffe», Toilettenartikel sind eine «explosive Mischung», Ski eine «absolute Waffe» und Autos «aggressiv», «kämpferisch», «Kavalleriebataillone», die den «Kampf auf der Straße gewinnen müssen» usw. ... Wenn die Werbung der weiblichen Warenwelt von Waffen spricht, dann nur von den Waffen der Verführung. Im «Geschlechterkampf» sollen die Frauen den Mann verführen und an sich binden. Weibliche Waffen sind Dekorationen am Körper – männliche Waffen sind Verlängerungen des Körpers. Erstere ziehen den Blick auf sich, letztere üben Macht aus.

Bei der Rundfunksendung für Vetyver de Guerlain werden sämtliche Bilder, die das echte Männerleben ausmachen, beschworen:

«Die Kraft der Urwaldriesen – die Kraft der Bugwelle – die nervöse Kraft des Dolches – das unerschrockene und edle Männergesicht, die Geschwindigkeit des Pfeils, der den Raum durchteilt.»

Die fundamentalen männlichen Eigenschaften sind hier also: Kraft, Macht, Stärke, Unerschrockenheit und natürlicher Adel. Folgende Naturgewalten müssen bezwungen werden: Bugwelle, Raum, Urwaldriesen. Als Waffen werden Dolch und Pfeil benutzt, um sich durch Abenteuer und Dschungel durchzukämpfen.

Aber wir leben nicht mehr in einer Zeit kolonialer Expansion. Die Qualitäten des echten Männerlebens (Abenteuer, Eroberung, Herrschaft und Aggressivität) müssen deshalb heute auf die Welt des Sports und der Geschäfte übertragen werden.

Ein echtes Männerleben oder die Macht in der Gesellschaft

«Es ist soweit. Das Geschäft wird abgeschlossen, der Vertrag unterschrieben. Man hat sich entschieden, ist zu allem bereit. Der Erfolg ist sicher und die Zigarette schmeckt nach Sieg.»

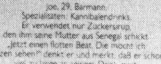

Daß dieser Geschäftsmann Erfolg hat, liegt natürlich an seinem Anzug – und der ist von Balzac – «gemacht für einen Mann von heute».
Der Mann von heute ist der Mann der Tat. Deshalb braucht er Anzüge für lange Sitzungen und weite Flugreisen. Denn er ist oft im Flugzeug. In seiner kleinen Maschine ist er nur von Sonne und Wind abhängig. Er fliegt oft in die Staaten, dort läßt er sich mit Toilettenartikel
versorgen. Daß er nicht gleich mal kurz rüberfliegt, wenn ihm was
ausgegangen ist, liegt nicht daran, daß es zu teuer wäre. Nein, er hat
einfach nicht die Zeit dazu. Aber das Zeugs wird ihm ja auch nachge-
schickt. Er braucht sich um nichts zu kümmern. Er will nur diese Sachen, denn sie sind für Männer gemacht, die Erfolg haben.
Er könnte natürlich auch eine andere Marke nehmen, z. B. eine, die
für Männer gemacht ist, die zum Siegen geboren sind, oder die den
Wettkampf des Lebens gewinnen wollen, oder die, die nichts dem
Zufall überlassen oder alle Trümpfe auf ihrer Seite haben. Aber er ist
kein Durchschnittsmann, sollen die anderen Lavendel und Zitrone
benutzen, er nimmt nur das Besondere. Er wählt sein Auto. Er zeigt
auch hier, daß er ein Mann ist, der entscheidet, dem man gehorcht.

99

Wenn er nicht das Flugzeug nimmt, dann sitzt er hinter seinem gezähmten Simca 1200, der schon beim leichtesten Antippen reagiert. Oder besser noch, er nimmt seinen Matra de Seigneur, kühn und überlegen, nicht für jeden gemacht, da muß man schon wissen, was gut ist.

Zieht er aber die Heiterkeit der kühlen Überlegenheit vor, dann sucht er sich den eleganten und raffinierten Primula Autobianchi aus, und wenn er nicht übersehen werden will, setzt er sich in seinen Ford Capri, denn er gehört zu denen, die das Leben lieben. Wenn er will, daß er sein Auto beherrscht wie seinen Körper, dann muß ein BMW her. Wenn er aber vom Leben das gewisse Etwas haben will, dann ist der Alfa Romeo richtig, es sei denn, er fährt gerade einen Lancia, weil er einer von denen ist, die die Welt führen.

Ist er durstig, trinkt er Schweppes Indian Tonic – auch Sahib genannt, was soviel wie Herr heißt, oder er greift zum Champigneulles Bier, weil er die «Stärke» liebt. Dieser Mann hat auch ein Transistor Superprestige, denn selbst auf einer Safari am Fuße des Kilimandscharo will er mit der ganzen Welt in Verbindung bleiben. Er kann sich eben alles leisten. Dieser Mann entscheidet, fordert, wählt aus. Er weiß, was er will und wie er es will. Deshalb trägt er Maßanzüge von Sigrand – die Kleidung für den eleganten Mann. Er trägt diese Anzüge, weil er eine ganz persönliche Eleganz hat, sowie er auch ganz persönliche Ansichten hat über seine Schallplatten, über den Film, den man gesehen haben muß, über einen Tabak und sein Eau de Cologne ... oder seine Frau. Mit Brummel ist er klassisch elegant und doch extravagant. Als modebewußter Mann kennt er alle Nuancen der Eleganz: das beginnt bei den Socken, er nimmt genau die, die seine Persönlichkeit unterstreichen und deren Eleganz die Frauen anzieht. Der Junggeselle und Don Juan – der alle Flughäfen unsicher macht – ist bescheiden, aber doch geschmackvoll elegant gekleidet. Aber nicht nur das; er zieht sich außerdem noch raffiniert an, das spürt man an seinem Eau de Cologne, an seinem Auto, an seinem Feuerzeug, das er mit unglaublicher Raffinesse handhabt.

– Ein Feuerzeug, das Hand und Auge gehorcht. Oder ein strenges, klares Feuerzeug für Männer, die sich entscheiden können und erreichen, was sie wollen. Nicht alle Männer würden so ein Feuerzeug benutzen, nein, aber er ist auch nicht wie alle. Er gehört doch zu denen, die das Leben und den Erfolg lieben, zu denen, die zu Besserem auserwählt sind, die immer mehr wollen.

Außerdem raucht er eine lange dünne rassige Zigarette. Das ist etwas, was ihn von anderen unterscheidet. Man spürt es, wenn man

100

sieht, wie er seine Zigarette hält, wenn er sie anzündet, wenn er befriedigt den ersten Zug tut «mit einem Wort, das ist das Größte!» Mehr kann man dazu einfach nicht sagen. Die Werbung produziert den Elitemann, den Geschäftsmann, dessen Macht und Überlegenheit sich in all seinen Accessoires ausdrückt – so sollen Männer sein, wenn sie in unserer Gesellschaft als echte Männer überleben wollen.

Aber selbst, wenn man als Mann nicht zu diesen Klassetypen gehört, unterliegt man der gleichen Ideologie. Differenzierungen ergeben sich auch nur in Anspruch und Wirklichkeit. Deshalb hat *Borg* auch für die etwas auf Lager, die um die notwendige Selbstsicherheit erst ringen müssen. Auch sie können glücklich werden und Erfolg haben, wie z. B. Pierre X, der doch immerhin vom Werkstattmeister zum Abteilungsleiter aufgestiegen ist. Macht und Erfolg werden vor den Männern in schillernden Farben ausgebreitet. Wenn sie Männer sind, wirkliche Männer, dann müssen sie fähig sein, eine Familie zu ernähren. Sie müssen ihr eigener Herr sein und nicht nur das – sie müssen auch Herr über andere sein. Sie müssen erfolgreich und mächtig sein. «Survival of the fittest» – nach diesem Prinzip findet die Selektion statt. Das ist die Natur des Menschen, meint die Bourgeoisie.

Es ist zwar traurig, daß nur so wenige dabei wirklich etwas erreichen, aber das ist eben so, das ist das Recht des Stärkeren, dagegen kann man nichts tun. Also – sei der Stärkste, der Größte, der Schönste und der Reichste – sonst wirst du untergehen. Tritt oder du wirst getreten, beiß oder du wirst gebissen, fick oder du wirst gefickt. Schlag zu oder du wirst geschlagen. Laß dir nicht auf die Füße treten, laß niemanden über dir sein. Die Natur will es so, daß ist das Gesetz des Überlebens, der Männlichkeit. Pech für die, die es nicht schaffen. Aber es können ja nicht alle oben sein. Wenn Sie nun mal keine Führungsqualitäten haben, dann bleiben Sie, wo Sie sind und erledigen gewissenhaft Ihre Arbeit. Sie müssen halt akzeptieren, daß die einen oben und die anderen unten sind. Geld macht ja sowieso nicht glücklich. Die Armen in ihren Strohhütten, die von Luft und Liebe leben, die sind doch viel glücklicher als die Reichen in ihren Palästen.

Einerseits postuliert der Kapitalismus Natürlichkeit, andererseits muß die «Zivilisation» das zurechtrücken, was aus der Bahn gerät. Damit also die soziale Ordnung erhalten bleibt, müssen die, die auf der Strecke bleiben, ihre Niederlagen akzeptieren und zwar «fair» und ohne Haß auf die Sieger. Um das Pech der Verlierer zu kompensieren, wird an die «Ehre» appelliert. Der Sieger schüttelt dem Besiegten die Hand. Die Ideologie des fairen Wettkampfes erhält die soziale Ordnung und den Profit. Diejenigen, die diese Ordnung «erleiden», sollen sie nach den Regeln der Fairness wenigstens loyal erleiden.

Der Sport oder das echte Männerleben

Der echte Mann ist sportlich – das fordert die Werbung für Sportartikel. Sport erscheint als Abenteuerersatz, als symbolischer, imperialistischer Akt. Die Ideologie des Sports schärft den Männern ein, daß Wettkampf und Sportgeist nötig sind, um die Gesellschaft zu erhalten; Sport ist damit ein authentischer Bestandteil echter Männlichkeit und nicht Surrogat von Reklame.

Die Werbung für Toilettenartikel von *Gibbs* Sport produziert schon im Namen zielgerichtete Assoziationen. Wenn Artikel lanciert werden, die bislang der weiblichen Warenwelt zugerechnet wurden, wie z. B. Deodorant oder Haarspray, wird nicht etwa darauf hingewiesen, daß auch Männer gerne gut riechen und gepflegt sein möchten. Im Gegenteil, geschlechtsspezifische Unterschiede werden überbetont, um Männern einen vormals «weiblichen» Artikel schmackhaft zu machen. «Supermännlicher» Sport dient als zugkräftige Hintergrundillustration: Man bezieht sich auf einen Sportler und meint:

«Glauben Sie etwa, daß Poulidor den Haarspray seiner Frau nimmt? Fragen Sie ihn doch mal. Ein Mann borgt sich nicht den Haarspray seiner Frau!»

Den Profit schöpfen die Aktionäre von Gibbs ab. Jetzt gibt es in jedem Haushalt 2 Haarspraydosen statt einer. Die Unterschiede zwischen den Geschlechtern und das Privateigentum sind klargestellt: jedem das Seine, Haarspray fällt nicht unter die Gütergemeinschaft. Bei Deodorant werden die Besitzverhältnisse noch stärker betont: «Schlimm für die Frauen! Gibbs Sport Deodorant kann man nicht teilen.» Es geht sogar noch weiter mit der ideologischen Verdrehung. Den Männern werden weibliche Artikel angepriesen, indem Forderungen der Frauen aufgegriffen werden, um schließlich gegen sie verwandt zu werden.

So versichert z. B. der Flieger, der gerade seinen Helm aufsetzt, daß die Emanzipation der Männer schon begonnen hat, weil «das Deodorant Gibbs für Frauen verboten ist!»

Das angebliche Bedürfnis der Männer nach einem eigenen Deodorant wird auf die gleiche Ebene plaziert, wie die Forderung der Frauen nach Abschaffung der Leichtlohngruppen und der Doppelbelastung. Die Forderungen der Frauen werden durch solche Gleichschaltung bagatellisiert und auf nicht ernstzunehmendes Gejammer reduziert. Die durch das Anwachsen der Frauenbewegung paralysierten Männer werden dadurch in ihrer Opferrolle bestärkt: Eigentlich sind es ja die Männer, die von den Frauen ausgebeutet und schikaniert werden. Diskussionen über den «ewigen Kampf der Geschlechter» verdrängen die gesellschaftlichen Ursachen der Abhängigkeitsverhältnisse.

Konkurrenz auf sportlicher und sozialer Ebene sind der Tenor von Gibbs Sport-Werbung: Zwei Männer hissen die Segel unter dem bewundernden Blick einer jungen schönen Frau. Kommentar: «Auch auf dem Meer darf man nichts dem Zufall überlassen, wenn man gewinnen will. Gibbs Sport, damit der Tag gelingt ...» Für einen Mann der kapitalistischen Warenwelt bietet ein schöner Tag nicht Wind, Sonne, Meer und Zusammensein. Ein guter Tag heißt hier vor allem gewinnen, überlegen sein, denn das echte Männerleben ist Kampf, Sieg und Macht.

Zum echten Männerleben gehören Alkohol und Tabak

Ein echtes Männerleben hat seine Rituale, seine kultischen Orte (Kneipe, Club, Stadion), sein Zubehör: Hose, obszöne Witze, dumme Sprüche, Autos, hübsche Mädchen, Tabak und Alkohol. Bis vor kurzem waren Hosen, Tabak und Alkohol noch Insignien wahrer Männlichkeit. Die erste Sauferei und die erste Zigarette gelten als Einführungsrituale in die Welt der Männer. Die Tabak- und Alkoholreklame greift auf diese Rituale zurück. Ein echtes Männerleben ist ohne Tabak und Alkohol nicht denkbar. Die Freude am Rauchen ist eine «männliche Freude» (Werbung für Saint Claude Pfeifen). Natürlich rauchen und trinken die Frauen heute auch und da sie ein potentieller Käuferkreis sind, müssen sie darin bestärkt werden. Aber dennoch sind die geschlechtsspezifischen Unterschiede bei der Werbung wesentlicher als die gemeinsame Lust an der Sache.

Allerdings verläuft das hier anders als bei der Toilettenartikelreklame. Vermutlich ist hier die Barriere größer, geschlechtsspezifische Dinge zu benutzen. Für den Mann ist der Gebrauch «weiblicher» Toilettenartikel mit Erniedrigung verbunden, während die umgekehrte Situation für die Frau emanzipatorische Aspekte hat. Auch die Zigarettenreklame rekrutiert ihre Bilder aus der Welt des Abenteuers. Charakterstarke Typen und mutige Cowboys greifen zur Marlboro. Cowboys lieben das Einfache und Klare wie die frische Luft, die

Weite der Landschaft, die Schönheit des Pferdes, deshalb ist MacDonald's Export A für sie die richtige Zigarette. Das dazu gehörige Photo zeigt einen Seebär am Steuer seines Bootes und unterstreicht den imperialistischen Charakter von Cowboys und Pionieridealen.

Die Zigarettenmarke (Flint) allerdings setzt am Durchschnittsmann an und macht Reklame für die erste Zigarette, die «gerade nicht für die schönen Cowboys gemacht ist». Deshalb benutzt Flint die Fotos von Normalbürgern, weder schön noch reich noch Supermann, dazu auch ein paar Bilder von Frauen, die weder Vamp noch Nymphen sind.

Die meisten Alkoholmarken propagieren den heterosexuellen Konsum, Izarra betont die «Männlichkeit» des Alkohols, und zwar deswegen männlich, weil er stark ist.

«Izarra ist ein echter Likör, stark und sanft zugleich. Stark (51%), weil er von Basken und nicht von Chorknaben gemacht wurde, denn harte Männer wollen ein hartes Gebräu.»

Ein echtes Männerleben oder die Herrschaft

Das echte Männerleben, so wie es die Werbung propagiert, bedeutet: Die Welt erforschen und beherrschen, Naturgewalten bezwingen, Tiere zähmen, Waffen führen, Technik bewältigen, seinen Körper beherrschen, gewinnen, entscheiden, kontrollieren, befehlen und dabei trinken und rauchen (Frauen anmachen gehört natürlich auch dazu, aber das kommt später). Die Werbung entpuppt sich also als Illustration imperialistischer Grundprinzipien wie Herrschaft und Unterwerfung. Da herrscht das Gesetz des Dschungels, da ist kein Platz für Zärtlichkeit, sondern nur für Macht und Gewalt: Die Wellen werden gezähmt, die Bäume werden gefällt, die dressierten Pferde stampfen, wenn wilde Tiere streicheln, dann nur, um dem Mann zu dienen. Die Bilder von Dschungel und Natur schaffen auch den Mythos vom Gesetz des Dschungels und rechtfertigen den kapitalistischen Überlebenswillen als den Ehrgeiz der «jungen Wölfe». Ein echtes Männerleben deckt sich mit den Grundwerten der kapitalistischen Gesellschaft, die sich auf Konkurrenz und Herrschaft reduzieren läßt.

Aus: Falconnet, G. & Lefaucheur, N.: Wie ein Mann gemacht wird. Wagenbach Verlag Berlin, 1975, S. 22–31. Abdruck mit freundlicher Genehmigung des Verlags

Zitate

Franz Ronneberger

«Was sind solche Einflüsse anderes als Sozialisationseffekte!»

«Die Werbeforschung hat bisher ihr Augenmerk nahezu ausschließlich auf die beabsichtigten Wirkungen werblichen Handelns gerichtet. Es ging und geht ihr um die Wirksamkeit werblicher Aussagen im Hinblick auf ein bestimmtes Tun und Unterlassen (in der Hauptsache Kaufentscheidungen) des Publikums. Sie will wissen, welche «Zielgruppen» wie angesprochen werden müssen, um bei ihnen eine Reaktion zu provozieren. Sie befaßt sich dabei ebenso mit der Gestaltung und Plazierung von Werbeanzeigen wie mit den Nutzungs- und Rezeptionsgewohnheiten der Menschen. Was es aber bedeutet, daß die Werbeinhalte auch ein bestimmtes Verhalten suggerieren, das mehr oder weniger als modern, zeitgemäß, fortschrittlich, nachahmenswert dargestellt wird, darüber hat die Werbeforschung bisher kaum nachgedacht. Der Einwand, die Werbung könne kein anderes Verhalten hervorrufen das nicht bereits vorhanden ist und geübt wird, sie könne bestenfalls latente Verhaltensweisen manifest machen, verschiebt lediglich die Fragestellung. Selbst wenn diese Behauptung richtig ist, was noch zu beweisen wäre, kommt es erheblich darauf an, welche der latent vorhandenen Verhaltensweisen aktiviert und verstärkt werden. Je entwickelter eine Gesellschaft ist, um so mehr unterschiedliche Verhaltensweisen dürften latent vorhanden sein; es muß mit einem größeren Potential an latentem, abweichendem Verhalten gerechnet werden. Für die Weiterentwicklung einer solchen Gesellschaft ist es von höchster Bedeutung, in welche Richtung sich der Werbestimulans auswirkt. Und selbst wenn keine nachweisbaren Verhaltensakzentuierungen eintreten, kann Werbung zumindest zu (falschen) Interpre-

tationen und Definitionen des tatsächlich geübten Verhaltens beitragen. Mit anderen Worten: Werbung kann ideologisierend wirken. Sie verdichtet und emotionalisiert Vorstellungen vom «Wesen» *der* Hausfrau, *der* Ehe und Familie, *dem* Urlaub, *der* Sauberkeit, *der* Sicherheit, *der* Jugend usf. usf.
Was sind solche Einflüsse anderes als Sozialisationseffekte!»

Aus: Ronneberger, F.: Vorwort des Herausgebers. in: Hermanns, A.: Sozialisation durch Werbung, Düsseldorf 1972, S. 10

H. Piwitt

«... gar nicht schlimm genug einzuschätzen ...»

«Die Wirkung der Verkaufswerbung auf das gesellschaftliche und politische Bewußtsein der breiten Massen ist ... gar nicht schlimm genug einzuschätzen. Die derzeit grassierende Waschmittelwerbung zum Beispiel hält ja nicht etwa nur das Bedürfnis wach, reinlich gekleidet zu sein, sondern mobilisiert mit der mittelständischen Sozialmoral auch das Verlangen nach innerlicher beziehungsweise charakterlicher Sauberkeit, mithin jenen eingefleischten Desinfektions- und Insektenvertilgungstrieb gegenüber nicht angepaßten Minderheiten, der unmittelbar dem Interesse der etablierten Herrschaft dient.»

Aus: Piwitt, H.: Bonn, Gerstenmaier und die innere Unwiderstehlichkeit des Gestrigen. In: Duve, F. (Hrsg.): Die Restauration entläßt ihre Kinder oder der Erfolg der Rechten in der Bundesrepublik. Hamburg 1968, S. 142

Uwe Segeth

«Die Mädchen kommen natürlich nicht von selbst auf die Idee ...» (Babystrich)

«... Die Mädchen kommen natürlich nicht von selbst auf die Idee, sondern es müssen auch äußerlich einige erleichternde Faktoren hinzukommen. Es ist eine bekannte Tatsache, daß in einem kapitalistischen Wirtschaftssystem wie dem unseren jedes Unternehmen – um

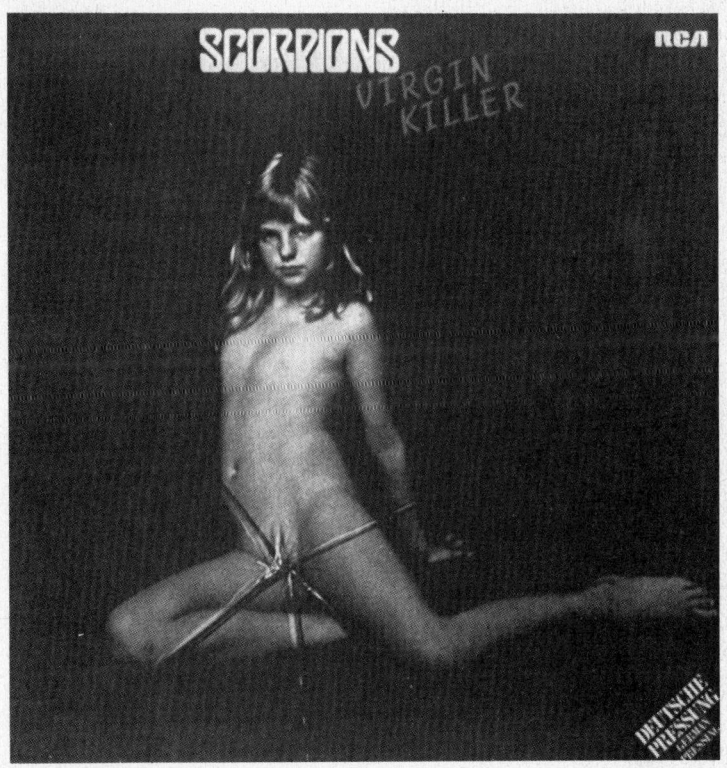

sich auf Dauer auf dem Markt zu halten – immer neue Waren entwikkeln und für diese Waren immer neue Bedürfnisse wecken muß. Nachdem die Flut nackter Mädchen in Zeitschriften und auf Werbeplakaten allmählich einen Sättigungsgrad beim Konsumenten erreicht hat, versucht das, was man salopp mit «Sexindustrie» bezeichnen könnte, die geweckten sexuellen Gelüste auf ein neues Objekt zu richten. Kinder sind so ein neuer Reiz.

In den USA, wo man uns auch diesmal um einige Längen voraus ist, hat der Anteil des Kindersexes auf dem Pornomarkt inzwischen rund zehn Prozent erreicht. Vorbereitet werden solche «harten Sachen» von «soften» Filmen, die ein Massenpublikum erreichen (Beispiel: «Pretty Baby» oder «Taxi Driver»), von der Werbung mit verführerisch geschminkten 10- bis 15jährigen Mädchen, von dem Starrummel um sehr junge Schauspielerinnen des Typs «Kind-Frau» ... Und nicht zuletzt von den unzähligen «Soft-Pornos» à la «Schulmädchen-Report». Dazu stellt der Hamburger Polizeisprecher Kurt Eichwald in einem Interview mit der «Welt am Sonntag» fest: «Diese Überflutung durch kindlichen Sex weckt natürlich auch in Wirklichkeit die Lust auf Kinder.»

Aus: Segeth, U.: Schnelles Geld. Psychologie heute, 1980, 7, 5, S. 62. Interviews mit 150 Mädchen auf dem ‹Babystrich›

Teil II:
Meinungen
aus der Branche

Im nächsten Teil sind unterschiedliche Meinungsäußerungen, Kommentare und ‹Einsichten› aus der Werbebranche zusammengestellt, sowie Stellungnahmen, die sich damit auseinandersetzen.

«Eine Farfisa-Orgel ist wie eine schöne Frau»

«Eine FARFISA-Orgel ist wie eine schöne Frau . . .
geschmackvoll und sensibel.
Sie heißt Angela, Nicole,
Jaqueline, First Lady
oder Désirée.
Jede FARFISA-Orgel hat
«was Männern Spaß macht»:
Jede hat Rhythmus im Leib
(eingebautes Rhythmusgerät)
jede ist wohl-
proportioniert
(italienische Formgebung)
jede hat Chic
(nußbaumfurniert)
jede ist repräsentativ
(man kann sich mit ihr
sehen lassen»)

Radiothek: «Tja, jetzt können wir gespannt sein, wie die Orgelfirma selber ihre Werbung begründet: Der Geschäftsführer und Werbeleiter der Firma, Michael Sauer, im Gespräch mit Anne Preissner»:

A. P.: «Was haben nackte Frauen mit Orgeln zu tun?»

M. S.: «Nun, die Frau brauchen wir einfach in der Werbung als Blickfang. Es ist eine Erfahrung, daß eine Frau – je nackter, je besser – doch sehr in der Anzeige auffällt. Und Anzeigen sind nun mal sehr teuer.»

A. P.: «Wen wollen Sie denn ansprechen mit so einer Anzeige?»

M. S.: «Ja, hauptsächlich eben unsere Käufer. Der größte Teil unserer Käufer sind eben Männer. Natürlich auch Kinder, aber doch hauptsächlich wird der Kaufentscheid von Männern ausgeführt.»

A. P.: «Und Sie meinen, daß die von solchen Anzeigen angelockt werden, eine Orgel zu kaufen?»

M. S.: «Na doch, sagen wir mal so: die gucken erst mal auf die Anzeige drauf, wegen der Frau, und dann lesen sie erst mal den Text durch. Wir wollen eben vermeiden, daß sie die Seite überblättern.»

A. P.: «Aber daß Sie Frauen dadurch zum Objekt herabwürdigen, überlegen Sie sich nicht dabei?»

M. S.: «Och, das kommt mir schon mal in den Sinn, aber das verdräng ich dann schon. Denn ich meine, wir müssen in erster Linie verkaufen. Und da ist uns doch so jedes Mittel, jedes legale Mittel in der Werbung recht. Und es ist doch so heute einiges erlaubt. – Äh, außerdem brauchen wir die Frau ja nicht nur als Blickfang, sondern es ist doch ein ganz wichtiger Punkt, daß viele Leute ein Produkt, z. B. eine Orgel kaufen, *wegen* der Frau. Warum kauft man z. B. eine Orgel? Man kauft die Orgel, um erst mal selber natürlich Spaß zu haben, aber auch doch, um anderen zu imponieren und vielleicht doch auch oft gerade den Frauen zu imponieren.»

A. P.: «Na, ob mir das imponieren würde. . . .»

Zitat aus der Sendung ‹Radiothek› des WDR vom 4. 3. 1980.

Helmut Schmitz

«Menschenwürdige Einschätzung des Verbrauchers»

«Die Wurzel aller kreativen Arbeit liegt in einer menschenwürdigen Einschätzung des Verbrauchers.

Es ist unerklärlich, wie sonst ganz nette und intelligente Menschen glauben können, daß etwas in einer Anzeige funktioniert, das sie bei einem Menschen albern, unbescheiden dümmlich, verlogen oder verächtlich finden würden.

Sicher nutzt es, sich immer wieder ins Gedächtnis zu rufen, daß Anzeigen sich nicht an eine irgendwie definierte anonyme Masse richten, sondern jeweils an einen einzelnen Menschen. Stellen Sie sich immer vor, Sie selbst säßen diesem Menschen gegenüber, an den sich Ihre Werbung richten soll: Würden Sie sich dann so benehmen, wie Ihre Werbung sich benimmt?

Der größte Teil der Werbung, die heute gemacht wird, richtet sich an Mädchen und Frauen. Verständlich, denn über 80 Prozent allen Geldes wird von Mädchen und Frauen ausgegeben. Eine Frau umwerben aber heißt, sie respektieren. Es ist ganz seltsam zu sehen, wie etwa dieselbe Zielgruppe «Frauen zwischen 18 und 45» von den verschiedenen Herstellern und Agenturen so verschieden behandelt wird.

Die einen halten Frauen für so emotional, dusselig und unintelligent, daß sie glauben, nur mit den größten Hämmern einen Eindruck hinterlassen zu können. Viele in der Waschmittel-, Putzmittel-, Kaffee-, Creme-, Haarpflege-, Zahnpasta-, Nahrungsmittel-, Getränke- und Miederbranche zum Beispiel. Und machen deshalb die zu Recht berüchtigte und angegriffene häßliche und dümmliche Werbung dafür.

Die anderen halten Frauen zwar auch für emotional, wie jeden Menschen, aber auch für so intelligent und lebensklug wie sich selbst. Und machen deshalb eine Werbung, die Frauen respektiert.»

Zitat aus: Schmitz, H.: Kreative Werbung. Wider die Todsünde der Menschenverachtung. Managermagazin 1978, Heft 11

Joachim Kirchmann

Reizwelle.
Sex in der Werbung

In Anzeigen und Fernsehspots geht es so freizügig zu wie nie zuvor. Da fallen nicht nur die äußeren Hüllen, sondern auch die Sprachbarrieren. Mit doppeldeutigen Wortspielen verfolgen die Werbetreibenden ganz eindeutige Ziele – egal, um welches Produkt es sich handelt. Noch sitzen sie und er auf der Couch. Doch wie alles kam, wohin es führen soll und was dabei weiterhilft, schildert der Texter der Werbeagentur Leo Burnett so: «Er rief mich an und bat mich, sich um seine kleine Schwester zu kümmern. Sie sei fremd in der Stadt und ein bißchen schüchtern und so ... Und so rief ich an. Und nun sind wir bereits beim Sekt, dem Sekt mit dem gewissen Extra.»

Die Sektfirma Matheus Müller, die ihr gewisses Extra so inseriert, macht da freilich auf einen kleinen Unterschied aufmerksam. Wenn etwa der Rock der «kleinen Schwester» höher rutscht oder wenn in einer anderen Werbeszene der Sekttrinker mit einer aufreizend posierenden Dame anstößt, dabei «überaus ernste Absichten» hegt und zugleich mutmaßt, ob «auch sie Absichten hat», soll das mit Sex nichts zu tun haben. Vielmehr stellt sich Friedhelm Krauthausen, Werbechef bei Matheus Müller in Eltville, Dezenteres vor: «Unsere Anzeigensujets sind höchstens leicht erotisch, wenn wir versuchen, mit dem Sekt auch die Gelegenheit ins Bild zu nehmen, und das in einer nicht zu steifen Form.»

Mit erotischem Anreiz Kauflust zu erregen ist ein alter, aber ewig junger Reklametrick. Nur werden im Zuge der stetig schwindenden Prüderie die Variationsformen der Darstellung vielfältiger. Zwar gibt es immer noch die unverblümten Anbiederungsversuche im schlichtnackten Pin-up-Look. Aber die reiferen Akteure der Reizreklame zeigen der stupiden Sexpose die kalte Schulter. Sie tasten sich lieber in frivolen, doppeldeutigen Anspielungen, Gesten und Darstellungsformen, oft begleitet von einem kumpelhaften Augenzwinkern, an das heran, was sich wahrhaft zwischen den Geschlechtern abspielt.

Sollte etwa jemand, so geht Mitsubishi Electric Europe aus Ratingen auf Kundenfang, «ein anderes Programm» haben, während eine interessante Fernsehsendung läuft, so sorgt der japanische Unterhaltungselektroniker gern für Erleichterung – mit Hilfe eines Videorecorders. Dann nämlich könnte das ersehnte Feierabendprogramm nach dem Werbetextbuch so ablaufen: «Oft kommt Holger spät nach Haus. Susanne ist bereit zu einem Spielchen. Im Fernsehen läuft ein spannendes Finish im Europa-Cup. Holger spielt mit Susanne.» Was da gespielt wird, läßt die Werbezeichnung deutlich sehen.

«Ein bißchen stark», so kommentiert Mitsubishis Werbeleiter Heinz Kämmer die Spielszene vor dem ausgeschalteten Fernseher, «aber wir wollten nicht die 100000. Geräteabbildung, sondern die Animation zur Anwendung.»

Als Animiermädchen schickten die Jägermeisterwerber der Düsseldorfer Agentur GGK eine gescheiterte Schülerin vor, die dort ihr Schicksal auf die leichte Schulter nimmt: «Ich hab zwar den Numerus Clausus nicht geschafft», albert die Vortrinkerin des Bitterlikörs, «dafür aber die Nummer mit Claus.» Indigniert erklärte daraufhin der Deutsche Werberat die Ehre aller strebsamen Studentinnen für gekränkt.

Und zur jugendfreien Sendezeit im Werbefernsehen läuft derzeit ein Spot für Denim, ein Duftwasser für Männer von der amerikanischen Zahnpasta- und Seifenfirma Elida-Gibbs. Ein frisch geduschter und mit Denim besprühter Jungmann will sich gerade in seine Jeans zwängen, da nähert sich eine energische Frauenhand von hinten und zieht ihn wieder aus. Dazu der Spruch: «Für Männer, die cool bleiben, auch wenn es heiß wird.»

Kühl soll auch die schnoddrige Schauspielerin Helga Feddersen wirken, die ihr Gageneinkommen durch Reklamesprüche für Wrangler-Jeans aufbessert. Ihr legte nämlich Uwe Franzius, der zuständige Werber der Düsseldorfer Agentur DDB, als Ermunterung für einen schlappen Partner eine Wrangler in den Mund. «Dann geht Dir keiner ab», raunzt die Feddersen. Daß damit der Hosenknopf gemeint sein soll, merkt der Rundfunkhörer erst bei tieferem Nachsinnen.

DDB-Mann Franzius: «Wenn wir kalauern und eine Doppeldeutigkeit kommt dabei heraus, dann ist das schon ein bißchen gewollt, aber wir meinen es nicht so tierisch ernst.»

Genauso dachte Harald Dzubilla, Werbechef der «Bild»-Zeitung, als er dem einschlägig vorbelasteten Werbefotografen Werner Bokelberg freie Hand ließ. Dieser präsentierte ihm als Ablichtung ein rankes, fast blankes Mädchen mit der Mütze eines Bahnhofsvorstehers auf dem Kopf. In der Pose eines leichten Mädchens buhlt es bei den Bild-

WAS WIRD DENN HIER EIGENTLICH GESPIELT?
MM – DER SEKT MIT DEM GEWISSEN EXTRA.

AUF SONNE, MOND UND STERNE.
MM – DER SEKT MIT DEM GEWISSEN EXTRA.

betrachtern – zumeist Werbeleute, die Anzeigen zu vergeben haben –
mit der «Bild»-Zeitung als «Zugnummer».
Dzubilla beteuert zwar mit Unschuldsmiene: «Nummer im Sinne des
herkömmlichen Geschlechtsaktes, das war nicht beabsichtigt.» Als
aber dieser Doppelsinn da war, hatte er «auch nichts mehr dagegen».
Denn als Branchenintimus weiß der «Bild»-Mann: «Je höher das Bil-
dungs- und Einkommensniveau, um so eher haben die Leute einen
Blick für den gepflegten Sex.»
Die Erkenntnis, daß Betuchte gerne bloße Mädchen anschauen,
brachte auch die vor zwei Jahren noch völlig unbekannte Zigarettenmarke John Player Spezial hoch. Die Spezialität der Player-Mädchen
war ein durchsichtiges Kleid, das die Konturen eines knappen Slips
erkennen ließ. Damit verknüpfen die Werbetexter mit ihrem Lockvo-
gel verschiedene Versprechungen, zum Beispiel: «Lernen Sie jemanden kennen, der John Player raucht – vielleicht bleibt sie nicht standfest.»
Doch seit die Player vor einigen Monaten von den Austria-Tabakwer-
ken an den Camel-Anbieter Reynolds verkauft wurde, ist Schluß mit
der durchsichtigen Werbemasche. Die «Prestigemarke» (Produktma-

117

nager Jochen Holtkamp) drohte nach Ansicht des Kölner Reynolds-Managers auf die schiefe Bahn zu geraten. Heute geht ihre Freizügigkeit bestenfalls bis zu Hotpants.

Warum sich die Cinzano-Manager mit ihrem neuen Mandellikör Amaretto an eine bloße Brust anlehnten, erklärt Marketingchef Manfred Daunke mit Mangel an anderen Werbeargumenten. Zum Likör, meint er, könne er keine «sachlichen Verkaufsargumente liefern wie bei Bohrmaschinen». Statt dessen zeigen die Cinzano-Italiener als «sizilianische Versuchung» eine verhaltene Schönheit, die ihren Busen bis über die Brustwarzen hinaus zur Schau stellt. «Wir empfinden das als relativ erotisch und keineswegs unästhetisch», sagt Daunke.

Um den Blickfang Busen noch zu vergrößern, wählte Daunke probeweise für das Erotik-Magazin «Playgirl» ein volleres Modell. Doch das demonstrative Mehr fand er dann doch «zu provokativ». Reuig kehrte er zur eingeführten, «relativ flachen Dame» zurück. Denn, so bekennt Daunke: «Wir bevorzugen die sanfte Art.»

Gar nicht flach genug können die Damen den Seifen-, Deodorant- und Duschgelherstellern sein – aus Erfahrung mit kritischen Zensoren. Wenn etwa Henkel für seine Duschlotion Fa ein Mädchen mit entblößtem Oberkörper baden schickt, muß es straff zugehen, wie Produktmanager Björn Jobst berichtet: «Wir mußten schon ein paar Spots rausnehmen, weil der Busen zu sehr hüpfte.» Daran stießen sich nämlich die Fernsehgeräte auf der «Südschiene» (Branchenjargon für Bayern und Baden-Württemberg).

Tatsächlich muß Henkels Jobst auf schmalem Grat taktieren, «weil die Frauen die Fa-Mädchen auf keinen Fall als Sexualkonkurrentinnen empfinden dürfen, denn dann gingen wir selber baden». Deshalb suchte er bewußt Modelle, «die nur eine minimale erotische Ausstrahlung haben». Andererseits wolle man jedoch «rüberbringen, wie die Frische von Fa körperlich erlebt wird». Daher müsse man «den Damen schon das Oberteil ausziehen».

Zugunsten der Seife Atlantik hält Lever Sunlicht nun auch das Bikini-Unterteil für überflüssig. Doch damit die Intimpartie nicht bloßliegt, brechen sich an dieser Stelle im Werbebild die Meereswellen. «Natürlich stimulierend wie eine Meerwasser-Massage», bemüht sich der Texter dafür um verbale Enthüllung. «Für die Darstellung des nackten Frauenkörpers in der Atlantik-Seifen-Werbung», so zieht sich Produktmanager Peter Heuke aus der Affäre, «haben wir durch Verbraucherbefragung abgesichert, daß die gewählte Darstellungsform ästhetisch, natürlich, schön empfunden wird und nicht über die Grenze zum Erotischen geht.»

Wann Bilder die Erotik stimulieren, untersuchte jüngst Dr. Bernd Kessler, Akademischer Oberrat der Universität Saarbrücken. Sein Forschungsresultat: Frauen sehen in ein Bild ihresgleichen so hinein, als wären sie selbst die dargestellte Person, doch eine einzelne Frau in erregtem Zustand finden sie abstoßend. Allerdings zeigen sie, und das hält Kessler für neu, «Stimulationswerte», wenn eine Frau und ein Mann sexuelle Beziehungen ahnen lassen. Dies um so mehr, «je eindeutiger die Stellung ist». Männer fühlen sich «stimuliert, wenn sie viele weibliche Elemente zu sehen bekommen», hat Kessler protokolliert, «und sie beobachten die Bilder so, als wäre die abgebildete Person ihre Partnerin und sie wären mit ihr allein».

Firmen, die mit ihren Produkten vor allem bei Männern vorstellig werden, machen sich gern diesen Effekt zunutze. So kommt es, daß
– die Autofelgenfirma ATS ganz und gar auf die Verführungskünste nackter Mädchen setzt,
– der Autozubehör-Versender D & W eine unbekleidete Dame ins Höschen einsteigen läßt, um darauf hinzuweisen: «Wir ziehen Ihr Auto an»,

- die Firma Compo-Hifi neben einen HiFi-Turm eine Splitternackte ausrufen läßt: «Ich will Sansui! Sie doch auch»,
- der Händi-Opitz-Stahlbau ohne nähere Angabe von Gründen eine nackte Frau ins Hochregal setzt, als verkaufe sich damit das Produkt wie von selbst.

Noch immer aber lassen sich sogar Fachleute von der verkaufsfördernden Wirkung bloßer Bilder und aufreizender Redensarten überraschen. Erst Mitte des Jahres wollte die Karlsruher Werbeagentur Lohse & Partner ein Kontrastprogramm intonieren. Mit einem obszönen Hochglanzprospekt anläßlich ihres fünfjährigen Bestehens wollte sie sich als seriös in Erinnerung bringen.

«Man kann leicht danebengreifen, wenn man sich mit einer Werbeagentur einläßt», so textete Lohse für sein geschäftliches Fortkommen, wobei eine Vergewaltigungsszene ausmalen sollte, wie es einem Kunden in den Klauen roher Agenturleute ergehen kann. Und im Prospektinnern machte er unverbindliche Primitivvorschläge für abzuratende Werbebeispiele. Für Baufirmen etwa gab Lohse den Blick auf das blanke Hinterteil einer Dame frei, die auf einem kratzigen Ziegelstein hockt.

Doch das Echo kam unerwartet. «Das bekamen die Leute von Baumeister-Haus in die Hände und haben es für gut befunden», berichtete Lohse. Jetzt spricht auch er tatsächlich mit leichten Mädchen potentielle Bauherren an, vornehmlich «Akademiker, denn die Fertighäuser von Bauhaus sind nicht billig» (Lohse).

Auch Siegfried Weisser, Werbechef der Heco Hennel GmbH in Schmitten/Taunus, erlebte eine unerwartete Reaktion, freilich innerbetrieblich. Eine entblößte Werbedame, der ein HiFi-Lautsprecher als Sitzplatz dient, sollte laut Weisser «eine Verbindung zwischen Wohnen und Freizeit herstellen», störte alsbald aber den Betriebsfrieden. Weisser: «Einige Frauen haben sich über den Betriebsrat beschwert, weil sie sich beleidigt fühlten.»

Derlei Unbill können der Sektfirma Matheus Müller (MM) kaum passieren. Schon seit 1967 hantieren ihre Werber ohne Unterbrechung im erotischen Umfeld. «Seit zwölf Jahren haben wir diese Schiene exklusiv mit Sekt belegt», so kehrt Werbechef Krauthausen seine erotische Kompetenz hervor.

Deshalb steht die quirlige Sektkellerei auch nicht abseits der modernen Zeitströmung und leistet brav ihren Beitrag zur Emanzipation. Wenn etwa eine Trinkgenossin ihren Kumpanen ans Revers faßt, dann zeigt das, so Krauthausen, «ihre Dominanz». Und wenn sie rücklings mit geschürztem Rock auf der Couch liegt, dann unterwirft sie sich nicht etwa als Lustobjekt dem Manne, sondern sie «lümmelt sich nur».

So findet Krauthausen denn eine ganz neue Deutung für das gewisse Extra: «Bei uns steht die emanzipierte Frau nicht im Abseits.»

Aus: Capital, Das deutsche Wirtschaftsmagazin, 1979, Heft 12, S. 88–91. Alle Rechte bei Gruner + Jahr AG & Co., 2000 Hamburg 36.

Günter Mast

«... wir leben aber nicht von Minderheiten ...»

«Ich muß deshalb vermuten, daß Ihre Äußerung im wesentlichen emotional bedingt ist, so daß es mir wahrscheinlich nicht möglich sein wird, Sie von Ihrer krassen Außenseitermeinung abzubringen. ...
Andererseits sollen Sie durch meine Ausführungen nur davon Kenntnis erhalten, daß Sie mit Ihrer Ansicht ziemlich allein stehen, und ich bin auch der Meinung, daß Sie mit der von Ihnen geplanten negativen Beeinflussung kaum Erfolg haben werden, es sei denn, Sie gehören zu einer Gruppe von Personen, die auf bestimmten Lebensgebieten unserer Gesellschaft eine Meinung vertritt, die konträr zu den Ansichten steht, die von der Masse unserer Mitmenschen vertreten werden.
Wir leben aber nicht von Minderheiten, sondern von der großen Zahl der Verbraucher und müssen uns in unserer Werbung entsprechend einrichten.»

Auszüge aus einem Antwortbrief des bekannten Geschäftsleiters der Firma Jägermeister, Herrn Mast, auf die persönliche Beschwerde einer der Unterzeichnerinnen unserer Beschwerde beim Deutschen Werberat über frauenfeindliche Jägermeister-Werbung. (Vergleiche hierzu Teil III, Beispiel 4)

Helmut Schmitz

«... die Vermarktung der Frau als Hausfrau ...»

«Schlimmer eigentlich aber als die Vermarktung eines weiblichen nackten oder halb angezogenen Körpers finde ich eigentlich die Vermarktung der Frau als Hausfrau, nämlich der Frau in ihrem Beruf, wenn sie als Beruf nur den der Hausfrau ausübt. Denn hier wird die Frau dargestellt als jemand, der nicht in der Lage ist, alleine das richtige Reinigungsmittel zu finden. Und die Familie stürmt auf sie ein und sagt: ‹Das ist ja gar nicht sauber, das ist ja gar nicht weich genug!›, und sie sagt dann voller schlechtem Gewissen: ‹Ach, hätte ich doch nur dies oder das genommen!› – nimmt das dann und wups! ist die Familie glücklich und zufrieden. Richtig schlimm finde ich auch,

Wann machen Sie Schluß mit Ihrer »Alten«?

Die ALNO: Weil Sie mit jedem Tag weniger auf sie verzichten wollen.

wenn eine Firma – hier handelte es sich allerdings um eine sehr große – von der Voraussetzung ausgeht, daß Frauen dumm, dusselig und ungeschickt sind und eine Anzeige macht, die tatsächlich in der Headline sagt: ‹Jetzt werden auch Frauenhände mit Konservendosen fertig!› Als ob sie das vor der Erfindung dieses merkwürdigen Apparates nicht gewesen wären.»

Zitat aus der Sendung ‹Radiothek› des WDR, 4. 3. 1980

Henning Venske

Warum haben Sie nicht Böll gefragt?

Verehrteste,

Sie fragten, ob ich mich für Ihre Zeitschrift nackt fotografieren lassen würde – ich sagte, gewiß: für hundertfünfzigtausend netto oder so – Sie antworteten, mehr als drei- oder maximal fünftausend seien nicht drin – wir haben uns gemeinsam über die Differenz amüsiert und uns dann darauf geeinigt, daß ich Ihnen (gegen ein vergleichsweise bescheidenes Autorenhonorar, versteht sich) die Gründe schriftlich gebe, warum – wenn überhaupt – ein Nacktfoto von mir nur gegen ein mittleres Vermögen zu haben sei.

Je länger ich über diese Gründe nachdenke, um so ärgerlicher werde ich: Sie sind also bereit, dafür, daß ich mich entblöße, auf einem Eisbärenfell drapiere und eine Stunde lang einen hektischen Knipser über mich ergehen lasse, ein paar Tausender zu spendieren; meine Gedanken und die Fähigkeit, diese halbwegs zu formulieren sowie der daraus resultierende intime Einblick in mein Innenleben – das ist Ihnen nur einen Bruchteil dieser Summe wert.

Klar – Sie rufen im Auftrag Ihrer Zeitung an und selbstverständlich steht hinter dieser Anfrage das Interesse, die Auflage und somit das Vermögen des Verlegers zu mehren. Die Überlegung, das mit Hilfe meiner Geschlechtsmerkmale zu bewerkstelligen, ehrt mich. Aber glauben Sie nicht, daß eine noch viel größere Wirkung zu erzielen wäre, wenn Sie Ihr Ansinnen an, zum Beispiel, Heinrich Böll gerichtet hätten? Wenn er, was ich vermute, abgelehnt hätte, sich nackt ablichten zu lassen, hätten Sie für ein etwas höheres Autorenhonorar einen sicher viel qualifizierteren Artikel bekommen – vorausgesetzt, das Thema Pin-up-Boy hätte ihn interessiert. Nun, Sie haben nicht Böll gefragt, sondern mich – was ich bedaure, weil ich Ihnen lange nicht so gut heimleuchten kann wie jener. Aber versuchen kann man's ja mal: Das nackte männliche Wesen ist immer noch ein Objekt der ungetrübten Heiterkeit. Die Flitzer waren nur komisch; sie bewirkten gar nichts, außer, daß sie die Ordnungshüter zum Einschreiten veranlaßten – wodurch bewiesen wird: der nackte Mann ist nicht nur zum Lachen, er ist auch ordnungswidrig.

Wer jemals nackt in einer Strandburg lag und gezwungen wurde, sich mit den «Besitzern» der Strandburg auseinanderzusetzen, die angezogen um ihn herumstanden, der weiß, was Schwäche ist. Der «Ätsch-ich-kann-dich-nackt-sehen»-Effekt macht eine Unterhaltung unter Gleichberechtigten unmöglich. Daher treten Nudisten auch immer in Rudeln auf. Und nun kommen Sie und wollen, daß ich mich ohne schützende Textilien ganz allein den abschätzenden Blicken möglicher Phantasietäter aussetze ... Wenn ich es recht überlege, sind hundertfünfzigtausend netto viel zu wenig als Schmerzensgeld für all die augenzwinkernden Kommentare, die ich mir in der Folgezeit anhören müßte. Ich verdopple!

Ich weiß, Sie argumentieren nun mit der Ästhetik, der Schönheit des menschlichen Körpers, der Kunst der Fotografie. Alles Unfug – denn das wird durch Ihre Geschäftstüchtigkeit pervertiert. Seit Jahren wird mit dem nackten Frauenkörper das Geschäft des Jahrhunderts betrieben. Daß dahinter nicht die Annehmlichkeiten normaler Sinnlichkeit, sondern das Rechnen mit Komplexen und Frustration steckt, wird wohl von keiner Werbeagentur bestritten.

Nun mal ganz abgesehen davon, daß die meisten Frauen diese Situation klaglos über sich ergehen lassen, weil die Verkaufsstrategie sowieso fest in männlicher Hand ist, auch mal ganz abgesehen davon, daß es Frauen gibt, die das System durchschaut haben und versuchen, sich dagegen zu wehren: der Moment ist denkbar, wo wir – entsprechend dem Butterberg oder dem Schweineberg – einen Nackte-Frauen-Berg haben werden. Die dem Berg vorangehende Schwemme ist ja schon da. Dann vorgesorgt zu haben, ist ein ökonomisches Muß, und was bietet sich als Ablösung für den Wirtschaftsfaktor nackte Frau eher an als der nackte Mann ... Dieses rechtzeitig erkannt und in die Wege geleitet zu haben, bietet außer der verkaufsfördernden noch eine andere, höhere, fortschrittliche Perspektive: Kann doch der Vorwurf der emanzipierten Schwestern, die vermarktete nackte Frau sei ein Symbol der Unterdrückung, eindrucksvoll unterlaufen werden, indem man den nackten Mann vermarktet. «Wir sind alle gleichberechtigt» – kann man dann sagen, und man verschweigt, daß es nicht für die Frauen vorwärts, sondern für die Männer rückwärts gegangen ist.

Ich weiß, Sie können jetzt sagen – wenn ich so für die Gleichberechtigung bin, müßte ich schon aus ideellen Gründen mich für ein Nacktfoto zur Verfügung stellen, um meine Solidarität den ausgebeuteten Modellen zu beweisen, die für eine Nacktsitzung meist noch weniger erhalten, als mein Autorenhonorar ausmacht. Falsch – die Damen müßten meine Gagenforderungen übernehmen, dann wäre Ihr Verleger demnächst pleite, und nicht nur der.

Und das, Verehrteste, wäre nicht nur das Ende unserer Gesellschaft – und wir wären an einem Punkt angelangt, wo wir uns überlegen müßten, ob wir wieder von vorn anfangen: Nacktheit tabuisieren und ein Geschäft daraus machen, oder Nacktheit als etwas so Selbstverständliches hinstellen, daß keiner mehr auch nur einen Pfennig dafür zahlt. Vermutlich wird Ihre Zeitschrift dann wegen erwiesener Überflüssigkeit aus den Kiosken verschwunden sein.

Aus: Venske, H.: Das versendet sich oder gesammelte Fettnäpfe. Satire-Verlag Köln, 1979, S. 155–158 (leicht gekürzt) Abdruck mit freundlicher Erlaubnis des Verlags

H. S., Christiane Schmerl

Interview
mit einem weiblichen Ex-Fotomodell

H. S. war von 1968 bis 1974 hauptberuflich Mannequin und Fotomodell in Frankfurt. Das folgende Interview gibt einen Einblick in die Arbeitsbedingungen dieses Berufs.

Es sind keine Horrorgeschichten von lüsternen Fotografen oder hysterischen Modehyänen – obwohl es beide Varianten zu geben scheint. Vielmehr wird ein anstrengender Beruf sichtbar, der überwiegend gekennzeichnet ist durch dauernde Jobsuche, harte Konkurrenz, finanzielle Unsicherheit und physische Anstrengungen – alles Dinge, die sicher auch in anderen Berufen zu finden sind, die aber auf den schönen und ästhetischen Werbefotos nicht zu entdecken sind.

C.: Du bist jetzt 30 und studierst seit 3 Jahren Medizin. Mich interessiert – du warst früher Fotomodell –, wie das so mit deinem Beruf war. Du warst damals 18 – warum hast du diesen Beruf angefangen? Was war da das Reizvolle für dich?

H.: Ja, hm, das war erst mal so, daß ich damals mit meiner beruflichen Situation sehr unzufrieden war. Ich bin mit mittlerer Reife vom Gymnasium abgegangen, hab' dann ein Jahr Berlitz-Schule gemacht – Fremdsprachenkorrespondentin – und war dann im Büro einer amerikanischen Luftfahrtgesellschaft beschäftigt. Ursprünglich schwebte mir der Beruf einer Stewardeß vor, dafür war ich aber noch zu jung und hab' daher versucht, die Zeit bis zum 20. Lebensjahr am Flughafen im Büro zu überbrücken. Da saß ich nun in einem ganz kleinen Kabuff in so einer riesigen Flugzeughalle, wo Sachen verfrachtet wurden. Ich hatte weiter nichts zu tun, als tagaus, tagein irgendwelche Frachtbriefe in Englisch abzutippen. Das war wirklich sehr stumpfsinnig. Ja, und dann bin ich eigentlich drauf gekommen – durch Bekannte, durch Frauen, die das so als Job nebenbei gemacht haben –, als Fotomodell zu arbeiten. Das hat mir schon imponiert, hat mich gereizt, so ein Leben zu führen, wie es die führen.

C.: Was haben die denn davon erzählt?

H.: Ach, man hat mitgekriegt, die sind mal da hingereist und dort hingeflogen, da eine Modenschau gemacht und dort Aufnahmen gemacht. Vorstellungen über eine solche Art von Beruf hatte ich auch nur von dem, was in der Presse darüber berichtet wurde: Modenschauen in exclusiven Häusern, Fotoaufnahmen auf sonnigen Inseln, Reisen, schöne Klamotten ... mit 18 also der Traum von der großen weiten Welt. Ich bin dann auf so ein Institut gestoßen, wo man angeblich die Voraussetzungen dafür erwerben konnte ... Das war eine Mannequinschule – und die hab ich dann erst mal besucht. Obwohl ich heute sagen muß, daß es völlig unnötig war. Die einzige, die davon profitierte, war die Besitzerin des Instituts.

Man hat gelernt, sich zu schminken, Frisuren zu machen, sich auf einem Laufsteg zu bewegen und wie man sich umsieht – die kleinen Tricks – aber es war eigentlich ziemlich schwachsinnig, weil man das überhaupt nicht brauchte.

C.: Wie teuer war das denn?

H.: Ich meine mich zu erinnern, daß das Ganze schon so 1000 DM damals gekostet hat.

C.: Hast du das überhaupt finanzieren können?

H.: Ja, da haben meine Eltern mich noch finanziert. Das Institut hatte nämlich gesagt, wenn man bei ihnen diese Prüfung ablegt, dann wird man auch durch das Institut weitervermittelt. Man bekam zum Abschluß ein Diplom und, was am wichtigsten war, das Versprechen einer Arbeitsvermittlung. Das war aber nur für Mannequintätigkeit, also Modeschauen. Sie hat uns dann auch eine Modenschau vermittelt, so daß man das Gefühl hatte, die Investition hätte sich rentiert. Finanziell war ich jedoch in dieser Zeit sehr auf meine Eltern angewiesen.

C.: Mannequins sind zunächst da, um Kleider vorzuführen, aber nicht unbedingt um fotografiert zu werden?

H.: Ja, ja, das sind zwei verschiedene Sachen. Nur ist es dann automatisch so, daß diejenigen, die Mannequin gemacht haben – das war dann auch bei mir so –, daß man danach strebt, eben auch Fotomodell werden zu können, weil das halt auch lukrativer ist.

Ja, nach den ersten großen Illusionen und der Mannequin-Schule fing die Hauptarbeit erst an. Ich hatte inzwischen gehört, daß das Arbeitsamt Mannequins und Fotomodelle vermittelte. Die haben da so eine Abteilung Künstlerdienst, wo man hingehen mußte, Bilder mitbringen mußte, sagen mußte, wo man schon gearbeitet hat, und dann wurde man in die Kartei aufgenommen. Zu Anfang habe ich auch den einen oder anderen kleinen Auftrag bekommen. Ich habe dort aber auch erfahren, daß die Vermittlung besser klappt, wenn man der Hauptvermittlerin kleine Geschenke macht.

Die Frau, die das damals geleitet hat, wurde von den verschiedenen anderen Frauen immer mit Blümchen bedacht oder auch mal mit Schmuck und Konfekt und anderen Sachen, daß man sich eben eingeschmeichelt hat, um vermittelt zu werden. Das war eigentlich so der erste größere Hammer, weil das Arbeitsamt ja an und für sich eine staatliche Einrichtung ist. Bestechung – das war neu für mich.

C.: Waren das denn tatsächlich handfeste Angebote, die man vom Arbeitsamt bekommen konnte, oder haben die Fotografen sich ihre Mädchen nicht normalerweise anders besorgt?

H.: Das waren so mittelmäßige Angebote, die man da bekommen konnte. Da kamen die Fotografen halt hin und haben sich die Karteien angeschaut, haben mal geguckt, ob irgendwas Neues, was Interessantes da war ...

Man muß dann schon unterscheiden zwischen Fotografen, die sich die Mädchen über das Arbeitsamt aussuchten, und denen, die sich an bekannte Fotomodell-Agenturen wandten. Solche Agenturen hatten feste Preise, unter 500 DM pro Tag gab's da gar nichts. Die über das Arbeitsamt die Mädchen geholt haben, das waren ja nicht die, die für große Modezeitungen Aufträge hatten, sondern vor allen Dingen solche, die für Tageszeitungen Illustrationen zu Berichten oder z. B. diese einliegenden Kataloge machten.

Auf dem Arbeitsamt wartete ein relativ großes Spektrum an billigen Arbeitskräften. Dort wurde so gut wie jedes Preisangebot akzeptiert.

C.: Gut, also das Arbeitsamt war eine Möglichkeit, Jobs zu bekommen oder Fotografen kennenzulernen, die einen vielleicht dann abonniert haben. Gab es dann noch andere Kontakte?

H.: Ja, wie schon erwähnt, gab es die privaten Fotomodell-Agenturen. Da ist man aber ganz schwer reingekommen. Also ich hab das nie geschafft – doch, in eine, da bin ich mal reingekommen. Die haben also ganz hohe Ansprüche gestellt an das Äußere, und die haben halt wirklich nur diejenigen Mädchen genommen, von denen sie wußten, mit denen ist Geld zu machen. Wenn man von denen vermittelt wurde, kassierten sie 10 % von dem jeweiligen Honorar. Es war eigentlich das Bestreben von allen, in einer anerkannten privaten Agentur in deren Liste aufgenommen zu werden. Das Gros der Frauen mußte sich in der Hauptsache selbst um Jobs kümmern. Das hieß, hausieren gehen. Mit der Fotomappe unterm Arm von Fotograf zu Fotograf, von Werbeagentur zu Werbeagentur – fast täglich.

C.: Hat dir das eigentlich was ausgemacht, so hinzugehen und zu fragen: «Ich möchte gerne hier bei Ihnen als Fotomodell arbeiten»?

H.: Ja, das ist am Anfang schon sehr schwierig – gewiß –, weil ich an sich auch nicht so ein selbstbewußter Typ bin. Gut, mit der Zeit bekam ich auch etwas Routine, aber ich muß sagen, daß mir das Anbiedern immer schwergefallen ist. Man hatte so eine Mappe mit verschiedenen Bildern dabei, die man von sich hatte machen lassen. Das war auch so eine Investition, am Anfang. Diese Repräsentationsmappe mußte immer neue und gute Fotos enthalten. Sehr günstig war natürlich, wenn man Arbeitsfotos vorzeigen konnte, d. h. fertige Anzeigen aus Zeitschriften. Das war irgendwie ein Qualitätsnachweis. Damit ist man dann rumgerannt von Hinz zu Kunz.

C.: So nach und nach hat das dann aber was genützt, nämlich, daß die sich dann gemeldet haben?

H.: Ja, im Laufe der Zeit hat sich dann das Herumgerenne gelohnt, je öfter ich mich vorgestellt habe, desto eher bin ich in Erinnerung geblieben. Hat man mal einen Job gekriegt, dann kannte derjenige einen schon, dann wurde man auch wieder gebucht. Je mehr man natürlich gemacht hat, je penetranter man den Leuten auf die Nerven fiel, desto eher ist man auch in Erinnerung geblieben.

C.: Also das heißt, man mußte da immer am Ball bleiben?

H.: Ja, also unbedingt! Ich glaube, dazu muß ich noch sagen, daß – wenn man sich überlegt, wie oft man es versucht hat und wie oft es geklappt hat –, daß das ein unheimliches Mißverhältnis war. Es gab sehr viel mehr Enttäuschungen als Erfolge. Ich war sehr oft unglücklich, weil sich die Hoffnung auf ein gutes Angebot nicht erfüllt hat. Man hat dann weniger lukrative Angebote ausgeschlagen, um die Termine freizuhalten, und zum Schluß stand man da und hatte gar nichts.

C.: Aber trotzdem hat in der Zeit, wo diese normalen Anfangsschwierigkeiten waren, dich die Sache selbst doch so begeistert, daß du das ganz klar weitermachen wolltest?

H.: Ja, ja. Der Grund weiterzumachen war eigentlich immer die Hoffnung, doch noch den großen Sprung zu schaffen.
Ich sah, wie Frauen, die mit mir anfingen, plötzlich in kurzer Zeit sehr viel Geld verdienten. Das machte genauso Mut wie ein guter Auftrag, ein Bild in der Zeitung oder in einem Warenhauskatalog. Oder ich habe auch Modenschauen in Paris, Rotterdam und Brüssel gemacht – das hat mich dann wieder bestärkt weiterzumachen.

C.: Wenn du jetzt an die Arbeitsbedingungen im einzelnen denkst, was mußte man da machen, wieviel Stunden hat man da in welchen Stellungen rumstehen müssen?

H.: Das war unterschiedlich. Es hing davon ab, ob der Fotograf ein klares Konzept für die Aufnahmen hatte oder ob auch er erst mal rumprobiert und mit dem Modell zusammen versucht, den Auftrag am besten auszuführen.

C.: Vielleicht kann man das mal an einem Beispiel anschaulich machen? Also der Fotograf gibt dir eine bestimmte Anweisung, in welcher Stellung du dich hinstellen sollst. Klappt das dann sofort, oder wie lange wird an dir herumkorrigiert, bis er zufrieden ist?

H.: Also er steht hinter der Kamera; dann gibt es bei den Katalogsachen z. B. zwei Frauen, die die Kleider entsprechend hinten zusammenstecken, daß da keine Falte oder kein Zipfel hängt. Ja, und da muß man eben die ganze Zeit ruhig stehen, bis Bluse, Rock und Strümpfe keine Falten mehr werfen und die Position stimmt und der Fotograf das Ganze ausgeleuchtet hat und immer wieder Rücksprache nimmt mit dem Kunden, der meistens auch noch dabei steht und auch noch was dazu zu sagen hat. Bis eben alles stimmt, steht man da also gut zwei Stunden für eine Aufnahme.

C.: Und wie ist das mit Pausen zwischendurch? Wenn man z. B. sagt: «Ich kann nicht mehr stehen, kann ich mich mal hinsetzen?»

H.: Das kommt auf den Fotografen an. Also die meisten sagen dann: «Noch fünf Minuten, wir machen das jetzt noch gerade fertig, und dann machen wir eine Pause.» Aber es gibt natürlich auch welche, die da keine Rücksicht drauf genommen haben. Da gab es z. B. die Sache mit einem Institut, wo ich mich von Kopf bis Fuß mit so einer weißen Farbe anstreichen mußte und dann also auch in einer sehr ungünstigen Stellung ziemlich lange im heißen Licht stehen mußte. Da bin ich auch schon ein paarmal umgefallen, weil die Haut nicht mehr atmen konnte und ich überhaupt nicht mitgekriegt hab, wie schlimm das ist, so total den Körper einzulackieren. Ja, dann wurde man wieder aufgepäppelt, hat ein bißchen Sekt gekriegt – und «das geht schon wieder», und dann hat man einen wieder dahin gestellt, so lange, bis halt die Aufnahme dann endlich geklappt hat.

C.: Was sind eigentlich so typische – wie sagt man – Berufsaufgaben in dieser Branche? Was für Arten von Bildern waren denn da verlangt?

H.: Also am erstrebenswertesten war natürlich irgendwie was Längerfristiges zu bekommen, z. B. eine Serie über ein paar Tage hinweg, das waren dann meistens Katalogsachen. Da hat man am meisten verdient, weil die einen dann eben für vier Tage z. B. hintereinander gebucht hatten, und das bedeutete, vier Tage 500 DM pro Tag. Das waren aber wirklich sehr langweilige Sachen und auch sehr anstrengende, weil man den ganzen Tag eben in irgendwelchen Kleidern rumstehen mußte. Bei Aufnahmen für Warenhauskataloge ist der Katalog vollständig im Lay-out vorkonzipiert, und die Fotomodelle müssen haargenau nach diesem Schema vor der Kamera stehen. Das dauerte oft Stunden, bis auch die letzte Handbewegung stimmte.

C.: Wie war denn der Umgangston zwischen den Fotografen und den ganzen Leuten, die da zusammenarbeiten mußten für solche Bilder?

H.: Ach, das war eigentlich im großen und ganzen eine ganz lockere Atmosphäre: lässig und oberflächlich – viel Schein, wenig Sein.

C.: Und wie war das, wenn ihr so rumgereist seid? Wie lief das so ab, was mußte man da tun?

H.: Während der Kleidermessen hatte man entweder den ganzen Tag an dem Stand einer Firma zu tun oder mehrmals am Tag eine Modenschau. Bei Tourneen, die ich mit der einen Firma regelmäßig im Frühjahr und im Herbst drei Wochen gemacht hab, hatten wir nicht nur Kleider und Schuhe vorzuführen, sondern wir mußten jeweils auch die Schau vorbereiten. Das bedeutete, riesige Schuhkoffer und Kleidersäcke aus dem Bus ausladen, die Sachen auspacken, auf Ständer hängen, die passenden Schuhe dazuordnen. Dann mußte man zusehen, daß alles in Ordnung ist. Wenn was war, mußte man auch schon mal selber irgendwas bügeln. Also das war immer sehr anstrengend. Dann ins Hotel zurück, schnell duschen, Haare waschen, Locken machen, Perücken vorbereiten usw., dann wieder zum Ort der Modenschau, schminken, frisieren. Dann hat man die Modenschau gemacht, und danach mußte man sofort am selben Abend, wenn man schon fix und fertig war, die ganzen Sachen wieder einpacken und sie wieder in den Bus räumen. Dann zum Hotel. Das wurde dann meistens 1 Uhr, 2 Uhr nachts. Meist war dann erst Zeit, etwas zu essen. Am nächsten Morgen ging's dann weiter in die nächste Stadt – der gleiche Ablauf. Das waren anstrengende Zeiten. Für die drei Wochen bekamen wir eine Pauschale von 2.400 DM. Das war im Vergleich zu dem, was man mit Aufnahmen verdienen konnte, viel weniger, aber es war ein fester Job, den ich zweimal jährlich einplanen konnte.

C.: Ja, als du dann in dem Geschäft schon so ein bißchen mehr drin warst und dann auch die Leute kanntest, war das dann eigentlich immer noch so, daß man den Jobs hinterherlaufen mußte?

H.: Ja, das hat nie aufgehört. Du bist als Fotomodell so leicht auswechselbar. Wenn ich mal Urlaub machte, mußte ich mich anschließend wieder bei allen bekannten Adressen melden, um mich wieder in Erinnerung zu bringen.

C.: Wie war denn die «Erfolgsquote»? Wie oft mußte man etwas hinterherrennen, bis man eine Sache hatte?

H.: Ich kann mich erinnern, daß ich fast täglich auf Achse war, mich irgendwo vorzustellen, dafür hatte ich dann im Monat zwei/drei größere Angebote und viel Kleinkram, wie zum Beispiel Aufnahmen für Presseagenturen, die wirklich jeden Mist mit einem Foto garnierten, auf dem möglichst viele Frauenbeine zu sehen waren.

C.: Es wird ja immer gesagt, da verdient man schnell das große Geld mit solchen Werbeaufnahmen. Wie sah das von deinen Erfahrungen aus? Wenn man eine größere Sache hatte, wieviel Geld gab das, und wie lange mußte man damit auskommen?

H.: Also es gab da so einen Festpreis. Für Werbeaufnahmen konnte man 500 DM pro Tag verlangen. Für Modeschauen, was natürlich viel häufiger vorkam, bekam man dann für einen Abend 150 DM, oder wenn es eine gute Sache war, hat man auch 250 DM bekommen.

C.: Und wenn du eine ganze Woche wegen so einer Modenschau unterwegs warst?

H.: Dann wurden Festpreise gemacht. Damals bei dem Institut haben wir wie gesagt für drei Wochen jeden Abend auftreten 2400 DM bekommen.

C.: Also nicht mehr pro Abend 150 DM, sondern weniger dann.

H.: Ja. Aber das hat trotzdem jeder angenommen, weil das einmal wieder ein fest eingeplantes Einkommen war. Und sonst habe ich halt auch viele kleinere Sachen gemacht. Montagmorgens habe ich anfangs für 25 DM, später für 40 DM für eine Haarkosmetik-Firma gearbeitet. Dort wurden die neuesten Frisuren vorgestellt. Ich hatte danach oft Schmerzen auf dem Kopf durch die Lockenwickler, die heiße Luft der Trockenhaube und auch durch die Friseure selbst, die mit viel Schau und ziemlich brutal frisierten. Einmal hat mir einer eine Haarnadel in die Kopfhaut gerammt, daß es blutete.

C.: Wurden dann die eigenen Haare nachher wieder in den ursprünglichen Zustand zurückversetzt, oder mußte man dann mit dieser jeweiligen Frisur herumlaufen?

H.: Ja, ja, damit mußte ich erst einmal herumlaufen. Zu Hause habe ich mir dann den ganzen Kleister wieder runtergewaschen.

C.: Du hast vorhin von körperlichen Anstrengungen geredet, auch mal vom Umfallen oder so. Gab es da noch andere Beeinträchtigungen?

H.: Also, die eigenen Haare haben mit der Zeit ganz schön darunter gelitten. Genauso, wie andererseits die ganze Schminkerei der Haut geschadet hat. Oft hatte ich entzündete Augenlider durch den Klebstoff der falschen Wimpern. Am meisten Schwierigkeiten machten mir meine Beine. Oft hatte ich abends starke Schmerzen durch langes Stehen, denn Stehen war eine Hauptbeschäftigung.

C.: Noch mal zurück zu diesen Geldsachen. Gab es da Zeiten, wo man gut verdient hat und dann wieder längere Zeiten mal nichts? Kam man da auf einen bestimmten Schnitt?

H.: Ja, das war saisonbedingt. Im Sommer war Flaute. Ich mußte also versuchen, mir für die magere Zeit etwas zurückzulegen.

C.: Hast du so viel verdient, daß du einen bestimmten Mindestbetrag im Monat hattest?

H.: Mit einem festen, regelmäßigen Monatsgehalt konnte ich selbstverständlich nie rechnen. Ich hatte, aber erst nach zwei Jahren Anlaufzeit, so im Schnitt 1000 DM brutto monatlich – mal mehr, mal weniger. Aber es gab dann wirklich auch Monate, wo gar nichts war, und dann mußte ich schon zusehen, wie ich weiterkomme.

C.: Wie war eigentlich bei solchen Jobs das Verhältnis zwischen den weiblichen Fotomodellen? War das ein ganz angenehmes Arbeitsklima, oder hat man sich z. B. heimlich taxiert, wer das schönere Fotomodell ist?

H.: Ach ja, sicher. Die Konkurrenz, die war schon hart, und da gab es auch ganz schöne Kämpfe untereinander. Ich blieb davon auch nicht verschont.

C.: Wie sah das denn aus?

H.: Es wurde viel getratscht und oft kursierten üble Gerüchte. Das hat sich nicht so offen abgespielt, sondern das waren halt so permanente Existenzkämpfe untereinander, gegeneinander. Es gab auch Frauen, mit denen man gut auskam, wo so ein freundschaftliches Verhältnis bestanden hat. Sehr verletzt hat mich einmal, daß eine Kollegin beispielsweise überall verbreitet hat, ich würde aus Karrieresucht mit allen Fotografen schlafen, nur um an Jobs ranzukommen. Das war eins der beliebtesten Gerüchte, die die Frauen unter sich verbreiteten. Meist wußte aber jeder, was er davon zu halten hatte, weil wir uns relativ gut kannten. Trotzdem konnte so was die Atmosphäre vergiften. Und da gab es dann schon Frauen, die sehr exaltiert waren, sehr ausgeflippt und immer unheimlich Show machen mußten während der Arbeit und zwischendurch auch.

C.: Auf welchen Ebenen spielten sich eventuelle Konflikte denn ab? Während der Arbeit oder mehr hintenrum, was das Ausstechen bei irgendwelchen Fotografen anging?

H.: Das gab es schon. Daß man z. B. gedacht hat, man hätte den Job offiziell gebucht, und dann hieß es: Ach nein, wir haben doch die und die genommen. Ich nehme an, daß dann eine andere Frau noch ein-

mal hingegangen ist und sich besser präsentieren konnte als man selbst. Und dann war das eben weg.

C.: Würdest du eigentlich sagen, daß man aus diesem Konkurrenz-gefühl gegenüber den anderen Frauen so eine Einschätzung entwikkelt hat, wie die eigene Marktlage ist oder wie man sich selbst in diesem «Spektrum der Schönheiten» einschätzt?

H.: Ja, also sehr selbstbewußt war ich eigentlich nie. Eigene Einschätzung ... das kam ganz auf die Auftragslage an. Wenn ich einen tollen Job hatte, kam auch das Gefühl, aha, du wirst doch auch auf höherem Niveau anerkannt – was man damals so glaubte, was ein höheres Niveau ist: irgendein bekannter Fotograf oder eine große Werbeagentur. Die Rangliste war eigentlich klar: es gab die, die die kleinen und mittelmäßigen Aufträge bekamen, und es gab die, die fast nur große Sachen machten.

C.: Es gibt ja ab und zu groß aufgemachte Meldungen, daß irgend so ein deutsches Fotomodell den Sprung geschafft hat, in die bekannte Pariser Agentur so und so zu kommen.

H.: Das war natürlich für alle immer der Anreiz, immer *die* Hoffnung, den Sprung in die internationale Scene zu schaffen. Naiverweise bin ich dann auch mal nach Paris gefahren mit meiner Mappe unter dem Arm. Aber das war aussichtslos.

C.: Wie war denn so das Verhältnis Männer – Frauen bei der Arbeit? Wurde man als Frau oft angemacht von irgendwelchen Typen oder war das eigentlich nicht so?

H.: Doch, doch, das haben die schon probiert. Also ich weiß noch – da war ich auch noch ganz am Anfang –, da war ein relativ bekannter Modefotograf hier in Frankfurt, wo natürlich jede erst mal wild drauf war, mit dem mal arbeiten zu können. Da hab ich mich vorgestellt, und er hatte mich für eine Aufnahme vorgesehen. Jedenfalls bin ich da in das Studio gegangen und saß da so mutterseelenallein, und der kam dann immer mal so hervor und hat gemeint, er würde noch einen Kaffee machen, und ich weiß gar nicht, was war. Auf jeden Fall kam der dann irgendwann plötzlich mit einem Bademantel um die Ecke, und da habe ich alle meine Siebensachen geschnappt und bin davongelaufen, weil ich jetzt dachte, was weiß ich, der macht mich um, da in seinem Studio. Der war schon so ein bißchen bekannt, daß er sich an die Frauen alle ranmachte. Ich hatte eine wahnsinnige Angst damals. Ich bin halt abgehauen und bin da nie wieder hin. Es gab da schon so Typen, die halt die Situation ausgenutzt haben: sie haben einen Job zu vergeben, und die Frau, die auf ihre Wünsche eingeht, hat ihn bekommen.

C.: Hatte eigentlich deine Berufstätigkeit spürbare Einflüsse auf dein Privatleben? Also auf Freundeskreis und so?

H.: Ja, also im großen und ganzen ist das bestimmt so gewesen. Ich fand's natürlich auch toll, auf ganz bestimmte Feste eingeladen zu werden. Aber ich muß sagen, ich war nicht sehr darauf angewiesen, weil ich einen eigenen, langjährigen Freundeskreis hatte, in dem ich mich wohler fühlte als unter den Werbefreaks.

C.: Ist dir, wenn du an deine damaligen Einstellungen zurückdenkst, eigentlich so ein Gegensatz aufgefallen zwischen, sagen wir mal, dieser Alltagswelt, die man ja selber kennt und aus der man auch kommt, und dieser Welt der Fotos?

H.: Also, so ein direktes Problem war das für mich nicht. Man hat nur halt selbst bemerkt, wie so was vermarktet wird, daß alles schon ziemlich verlogen ist, weil man ja selbst mitbekommen hat, wie so eine Aufnahme entsteht. Wie z. B. irgendein Produkt angepriesen wird oder ein Kleid wahnsinnig toll zurechtgesteckt. Und man selbst weiß, daß hinten zwei Meter mit Nadeln irgendwie zusammengefummelt wurden. Aber ich habe da irgendwie nicht so die Konsequenz daraus gezogen. Man hat das gemerkt und hat dann gedacht: Na ja, da kann man ja mal sehen, wie die Leute angeschmiert werden.

C.: Ich meinte das auch mehr auf einer menschlichen Ebene. Nicht nur, daß die Produkte nicht so sind, wie sie auf den Fotos aussehen, sondern daß man feststellt, daß jemand, der sich schminkt und sich zurechtmacht, um abgelichtet zu werden, natürlich nicht so aussieht, wie die Leute auf der Straße aussehen. Also, daß die normale Frau, die solche Bilder sieht und sich daran orientiert, eben gerade nicht so aussieht wie die Frauen auf den Bildern. Sind euch solche Sachen irgendwie mal aufgefallen?

H.: Nein. Da war man viel zu sehr mit sich selber beschäftigt. Das einzig Wichtige war: Gefalle ich mir auf dem Foto, sehe ich vorteilhaft aus, kann ich es für die Präsentationsmappe benutzen?

C.: Wie war denn eigentlich das Verhältnis von dir und den Frauen, mit denen du da zu tun hattest, zu so normalen Frauen? Die vielleicht in euren Augen unmöglich aussahen? Man taxiert ja Leute nach dem Äußeren, und in so einem Beruf lernt man wahrscheinlich noch stärker, darauf zu achten. Wie seid ihr eigentlich Frauen gegenübergetreten, die nicht so aussahen wie ihr?

H.: Gar nicht. Da gab es gar keine Verbindung. Da ist nicht drüber gesprochen worden.

C.: Aber darüber, daß normale Frauen oder sagen wir mal der größte Teil der normal rumlaufenden Frauen ganz anders aussah als

Elbeo-Beine. Erfrischend weiblich. Aufregend elegant.

**Plastikshorts aus New York City.
Beine von Bi.**

ihr, das ist überhaupt nicht bemerkt worden? Auch nicht in bezug auf eure Mütter oder weiblichen Verwandten?

H.:   Nein, nein, das war einfach eine ganz andere Welt. Ein wahnsinniges Interesse war, wie gut man selbst auf den Fotos aussah.

C.:   Was ich gerne noch mal wissen würde, wär', was du eigentlich zu der Zeit, als du diesen Beruf gemacht hast, so für Vorstellungen hattest, wie dein Leben so weiter aussieht?

H.:   Also, als ich damit anfing, da bin ich so reingestolpert und hab' erst mal überhaupt nicht an irgendeine Zukunft gedacht. Und das hat bestimmt auch ein paar Jahre angehalten, daß ich das einfach so von heute auf morgen gemacht hab. Man hat dann später schon mal so überlegt, na ja gut, wenn man älter wird, muß man halt ein paar Pfund zunehmen, dann kann man mehr so Mutti- und Hausfrauentypen repräsentieren. Aber richtig ernsthaft hatte ich mir das nie überlegt.

C.:   Und warum hast du dann beschlossen, diesen Beruf nicht weiterzumachen? Du hast ja nun nicht aus Altersgründen oder aus Figurgründen aufgehört?

H.:   Im Laufe der Zeit hat sich gezeigt, daß dieser Beruf nie eine sichere Existenz bieten kann. So mit 23 habe ich angefangen, darüber nachzudenken, wie das weitergehen soll. Wenn man das ein paar Jahre mitgemacht hat, verliert sich auch der Reiz. Dieses ewige Herumgerenne, dieses Anbiedern, das fast Prostitution gleichkommt – es paßte mir nicht mehr. Finanziell war ich nie abgesichert, da waren immer noch meine Eltern, die mir oft über die Runden helfen mußten. Mein Schulabschluß und meine Berufsausbildung ließen wenig Möglichkeiten offen, einen anderen Beruf auszuüben, als irgendwo in einem Büro zu landen, und das wollte ich auf gar keinen Fall – dazu war ich wohl doch schon zu unabhängig geworden. Also hauptausschlaggebend war dann der nähere Bekanntenkreis, den ich hatte, die zwei Frauen, mit denen ich damals doch relativ eng befreundet war. Die eine hatte die Idee, das Abitur nachzumachen; und da hab' ich gleichzeitig angefangen, mit ihr zusammen das zu machen.

C.:   Wie ist es denn bei den anderen Frauen gewesen? Was haben die denn gemacht, wenn sie älter wurden?

H.:   Die haben weitergemacht und machen es auch heute noch. Und viele waren ja auch verheiratet. Ich nehme an, daß die irgendwann dann wieder in ihre Ehe reingeschlittert sind und heute das sind, was alle anderen Ehefrauen auch sind. Es gibt sehr wenige, die wirklich den Beruf so intensiv gemacht haben, daß sie noch heute dabei sind. Und das sind wirklich dann nur zwei oder drei von 100 vielleicht, die das dann auch finanziell ganz gut zusammenkriegen.

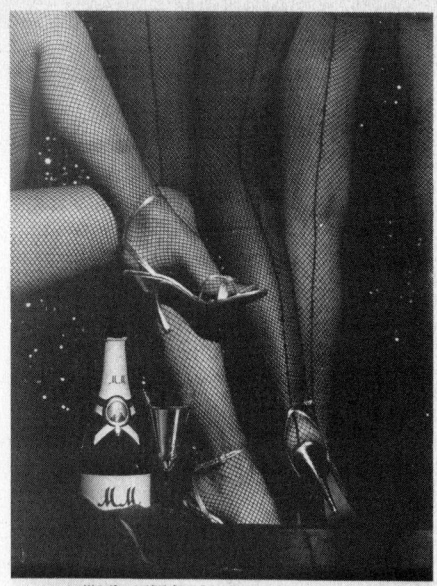

Ich hatte mit Bic gewettet, daß ich ihre Beine unter Hunderten wiedererkennen würde. Und nun habe ich seine Schreiergletten bei 24, ist sie die ganz recht? Die zweite von links? Die dritte von der Mitte? Ich glaube, sie gewinnt. Und ich verliere viel Zeit mit dem gewissen Suite.

$\mathcal{M}\mathcal{M}$

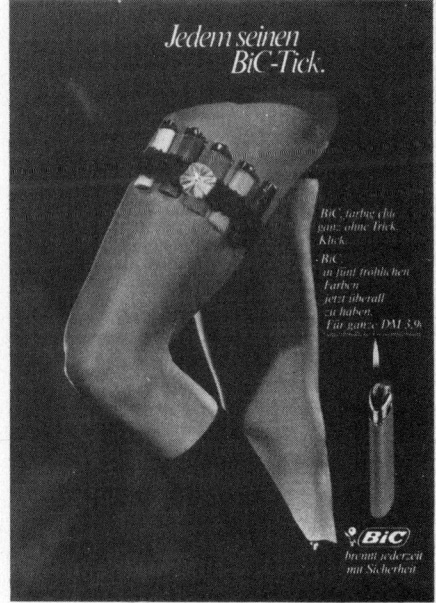

*Jedem seinen
BiC-Tick.*

*BiC, farbig ichs
ganz ohne Trick.
Klick.*

*BiC
in fünf fröhlichen
Farben
jetzt überall
zu haben.
Für ganze DM 3,9.*

BiC

*brennt jederzeit
mit Sicherheit*

C.: Wie siehst du eigentlich heute die Zeit, in der du diesen Beruf gemacht hast? du hast dir sicher eine Meinung darüber gebildet, wie du das einschätzt?

H.: Das ist ganz schön schwierig heute für mich, weil ich heute eigentlich gegen diese Art von Beruf irgendwo schon eine ablehnende Haltung habe.

C.: Warum?

H.: Ich weiß es nicht, irgendwie ist mir das heute unangenehm, daß ich das mal mitgemacht habe.

C.: Kannst du das ein bißchen beschreiben?

H.: Ich merke das daran, daß ich z. B. bei den ganzen Bekannten, die ich heute hab, so unter den ganzen Studenten, die ich heute kenne, keinem einzigen verraten habe, was ich gemacht hab. Wenn die mich heute fragen: «Was hast du eigentlich davor gemacht?», dann habe ich immer große Schwierigkeiten, diese Zeit zu überbrükken. Ich sag dann halt immer, na ja, ich hab da so rumgejobt und so. Ich hab da irgendwie ein schlechtes Gewissen heute, daß ich das mal mitgemacht hab. Aber auf der anderen Seite finde ich auch ... Damals, als ich den Job da ausgeübt hab, war das so, daß bürgerliche Leute die Nase gerümpft haben, weil sie Fotomodell in so eine anrüchige Ecke gestellt haben. Und heute ist es halt so, daß ich halt mehr unter linken Leuten bin, und da ist so ein Beruf ebenfalls einfach undenkbar. Also, daß man diesen ganzen Konsum-Scheiß und diese ganze Werbesache auch mal selber mitgemacht hat, wo man das alles so verdammt, ich glaube, das ist schon ein Grund, warum ich das verheimliche. Ich weiß nicht.

C.: Ich wollte einfach nur wissen, welche Gedanken du dir heute über solche Sachen machst oder ob du eher sagst: «Das ist für mich abgeschlossen.»

H.: Ich hab mir da sicher Gedanken gemacht, weil, als ich dann aufgehört hab, hab ich ziemlich radikal aufgehört.

Das weiß ich noch, auf einmal hab ich dann gesagt: nee, wenn schon, denn schon. Und dann habe ich ganz aufgehört. Und dann habe ich auch gar nichts mehr wahrgenommen. Und dann habe ich auch dieses ganze Drumherum abgebaut, was es da gab. Und das war schwierig. Ich habe mir anfangs etwa zwei Jahre lang ganz absichtlich keine neuen Klamotten gekauft, keine Schuhe, nichts. Bin durch die Stadt gegangen, hab mir alles angeschaut und war stolz, nach Hause zu kommen und auf nichts reingefallen zu sein. Ich selbst für mich bereue die Zeit nicht, daß ich das gemacht hab, weil es mal eine ganz andere Seite war, die ich kennengelernt hab, eine ganz andere Lebensform. Also nicht was Positives, das überhaupt nicht, aber ich habe das einfach mal kennengelernt. Und auf der anderen Seite bin ich aber auch irgendwie in so einem Konflikt, weil ich das heute unheimlich ablehne. Diese exzessive Werbung für irgendwelche Produkte, die überhaupt keinen Sinn erfüllen. Also ich könnte das heute nicht mehr machen, und ich finde auch, wenn man irgendwann mal so ein Bewußtsein entwickelt hat, dann kann man nicht mehr in so einem Beruf arbeiten.

Im großen und ganzen muß ich sagen, daß ich mich heute wesentlich wohler fühle ohne diesen Druck, immer nach der neuesten Mode gekleidet sein zu müssen oder immer morgens das perfekte Make-up auflegen zu müssen. Daß ich mich überhaupt auf die Straße getraut hab, war nämlich am Anfang ganz schwierig für mich, als ich endlich mal nicht mehr geschminkt war. Ich konnte ja kaum in ein Geschäft gehen, um was einzukaufen, ohne daß ich mich total nackt fühlte und dachte, alle Leute denken: Wie sieht die denn aus?! Das war schon schwierig. Ich mein, ich schmink mich heute auch noch manchmal, aber das ist so selten, und das macht mir dann auch Spaß.

C.: Kannst du beurteilen, ob sich das Werbegeschäft heute im Vergleich zu vor zehn Jahren, als du dabei warst, verändert hat?

H.: Ich kann das nur daran beurteilen, wie die Werbeanzeigen heute sind. Nackte Frauen sind heute schon eine Selbstverständlichkeit – das war vor zehn Jahren noch nicht so. Damals war es sogar so, daß Frauen, die Aufnahmen für Miederwaren machten, Schwierigkeiten hatten, andere Jobs zu kriegen. So prüde ging das manchmal zu. Ich könnte mir denken, daß heute jedes Modell prinzipiell bereit sein muß, sich nackt fotografieren zu lassen. Offensichtlich ist das so selbstverständlich, daß wahrscheinlich gar nicht erst gefragt wird – die Anforderungen insgesamt sind sicherlich härter geworden. Frauen alleine sind wohl nicht mehr zugkräftig genug – nackt oder wenigstens andeutungsweise nackt müssen sie schon sein ...

Christiane Schmerl .

Einige lose Bemerkungen zu der Behauptung eines relativ bekannten Werbefritzen, kommerzielle Werbung sei «Kunst»

Ich muß zuvor bemerken, daß ich selbst in meiner Jugend mit Kunst edelster Art derart vollgestopft worden bin, daß es für drei Leben reichen würde. Der Effekt davon ist, daß ich heute mit ‹Kunst› nicht mehr allzuviel im Sinn habe (jedenfalls nicht um ihrer selbst willen) und daß – in diesem Zusammenhang wohl wichtiger – mir Gott sei Dank kein hochachtungsvoller Schauer über den Rücken geht, wenn irgend jemand behauptet, dieses oder jenes sei «Kunst».
Ich möchte im folgenden nun dieser Behauptung, ‹Werbung ist Kunst›, widersprechen. Nicht weil ich glaube, daß sie so gefährlich überzeugend ist, daß die Leute gleich scharenweise auf diesen offensichtlichen Unsinn hereinfallen, sondern weil ich es für wichtig halte, daß man den Stellenwert solcher ‹frappierend originellen› Behauptungen beleuchten sollte und die Funktion deutlich machen muß, den solche anscheinend ‹provokanten› Äußerungen haben.
Man könnte dieser Behauptung vielleicht zustimmen, falls sie so gemeint sein sollte, daß Werbung etwas durch und durch Künstliches ist in dem Sinne, daß sie das Gegenteil von Wirklichkeit ist, oder daß die von ihr gezeigten Inhalte künstliche sind, also nicht der Realität entsprechen. Aber so will die Behauptung ja nicht verstanden sein. Ausdrücklich betont wurde die Analogie zwischen klassischer, hoher Kunst incl. Mäzenatentum und Werbung incl. industriellen Auftraggebern.
Nun kann ich mir zwar mit etwas Einfühlungsvermögen ganz gut zusammenreimen, wie ein halbwegs bekannter Werber auf so einen Ausspruch verfällt:
Der von der Kunsthochschule her noch irgendwo vorhandene Anspruch, ‹gut› oder ‹progressiv› zu sein, steht in ständigem Widerspruch zu dem, was man tagtäglich macht, macht gegen viel, viel Geld. Irgendwann schleicht sich das unangenehme Gefühl ein, sich zu verkau-

**«Werbung ist die Kunst,
auf den Unterleib zu zielen …**

... und die Brieftasche zu treffen», hat der Komiker Peter Sellers festgestellt. Daß dies für einen Teil der Werbung zutrifft, zeigen die Beispiele in diesem Buch. Man(n) kann verstehen, daß viele Frauen das überhaupt nicht komisch finden. Es gibt auch Werbung, die auf die Brieftasche zielt, ohne sie unseriös zu entleeren, sondern honorig zu füllen.

Original:
Reklame ist die Kunst,
auf den Kopf zu zielen
– und die Brieftasche zu treffen.

Vance Packard
amerikanischer Verkaufspsychologe

Pfandbrief und Kommunalobligation

Meistgekaufte deutsche Wertpapiere - hoher Zinsertrag - schon ab 100 DM bei allen Banken und Sparkassen

Verbriefte Sicherheit

fen, sich zu prostituieren. Was keineswegs ein abwegiges Gefühl ist, wenn man an das bei sogenannten erfolgreichen Werbern vorhandene krasse Mißverhältnis zwischen den relativ bescheidenen Ausbildungskosten und den beruflichen Verdienstspannen denkt. Die Tatsache, daß man dauernd – im Vergleich zur eigenen Alters- und Bildungsgruppe – schwindelerregende Verdienste einstreicht, und das für Kreation, pardon, Creation von Ideen für inhaltlich belanglose, überflüssige oder sogar haarsträubende Produkte, muß auf die Dauer zu einem verkorksten Bewußtsein führen, zu einem kaputten Selbstwertgefühl, zu Zynismus, Arroganz und vermutlich – uneingestandenermaßen – zu Angst. Was bleibt, wenn man unter diesen Verhältnissen nicht mehr ‹creativ› ist??

Offensichtlich hat sich in der besagten Aussage der permanente Zwang zu creativen Sprüchen verselbständigt. Mit der gleichen Berechtigung und Beliebigkeit hätte man auch behaupten können, «Werbung ist Religion» oder «Werbung ist Medizin». Wichtig aber für den Creator dieser Idee und seine Kollegen ist: Man kann sich ab sofort – Verkorkstheit hin oder her – als ‹Künstler› fühlen, wenigstens als verkannter. Aber lassen wir das Psychologisieren … Was in dem angesprochenen Zusammenhang interessiert, ist die Funktion und der Effekt einer solchen Aussage. Die Funktion solcher Behauptung wird zunächst sein, daß sich außer den geschmeichelt zustimmenden creativen Kollegen alle ‹wahren› Künstler und solche, die sich dafür halten, mit dieser Behauptung auseinandersetzen werden, um sie mit klugen und begründeten Argumenten zu widerlegen. Es wird ihnen sicher nicht an Argumenten fehlen, angefangen davon, daß jene Künstler, die auf profane oder klerikale Bestellung arbeiteten, keinesfalls die heute üblichen Geldmittel zur Verfügung hatten, über den Hinweis, daß klassische Kunst einen Gebrauchswert hatte und keine Wegwerfkunst war, bis zu der Feststellung, daß die klassischen Fürsten-Mäzene die von ihnen bezahlte Kunst größtenteils für das *Innere* ihrer Schlösser und Paläste herstellen ließen, wo sie der Bevölkerung *nicht* zugänglich war, während die heutige Werbe‹kunst› nicht nur allen zugänglich ist, sondern der Bevölkerung hinterherläuft, sich aufdrängt, sie berieselt, daher sich auch an ihrem – vermeintlichen – Geschmack orientiert, nicht an dem des (Wirtschafts-)Fürsten, und schließlich und hauptsächlich profitiere der Wirtschaftsfürst direkt und ausschließlich von dem durch diese Art von ‹Volkskunst› propagierten Verkauf seiner Produkte – im Gegensatz zum Renaissancefürst, der von der Produktion seiner Leibeigenen lebte.

Wie gesagt, solcherart Argumente sind vermutlich zu hören. Es kann hin- und hergehen, jede Seite hat ihre Pro und Kontras. Was bei der ganzen Diskussion vernebelt bleibt bzw. ausdrücklich nicht thematisiert wird, sind die *Inhalte* der Werbe‹kunst›. Gerade die Inhalte bzw. die Gleichförmigkeit der Inhalte aber sind es, die an der heutigen Werbung interessant sind, nicht die künstliche Frage, ob Werbung nun Kunst sei oder nicht!

Ich möchte das an einem Beispiel verdeutlichen: Es ist hinreichend bekannt und in neuerer Zeit auch mit wissenschaftlichen Methoden aufgezeigt worden, daß Werbung nicht nur überwiegend auf Frauen zurückgreift, um auch noch das letzte Produkt an den «Mann» zu bringen, sondern daß es in zunehmendem Maße bestimmte, überwiegende negative Frauenstereotype sind, die immer ausschließlicher Verwendung finden, um die Aufmerksamkeit des umworbenen Publikums zu erregen. Das geile Nuttchen, die dumme Blondine, der häßliche Hausdrachen, die stets bereite Sexgespielin, die blasiert-dekorative Vorzeige-Frau etc. etc. So wirbt die preisgekrönte Jägermeisterreklame (war es etwa ein Kunstpreis??) bekanntlich mit Busenfrauen und Sprüchen wie: «Ich trinke Jägermeister, weil bei mir alle Männer die Kurven kratzen wollen ... weil er meinen sexten Sinn weckt ... weil ich ihn sexy finde ... weil ich der große Preis von Monte Carlo bin» und mit Buh-Frauen, die Hausdrachensprüche oder Dümmliches produzieren. Um beim Beispiel zu bleiben: Für von solchen preisgekrönten Sprüchen und Bildern Betroffene, nämlich die stereotypisierte Gattung Frauen, interessiert nicht, ob diese mehr oder weniger gelungenen Abbildungen von entsprechenden Animierschönheiten oder abschreckenden Buh-Frauen «Kunst» sind oder nicht, sie interessiert in diesem Zusammenhang auch nicht, ob solcherart Werbung nun profitsteigernd ist, sondern es interessiert, daß hier – scheinbar nebenbei – permanent bestimmte frauenfeindliche *Inhalte* in der millionenhaft aufgelegten und eindringenden Werbung immer und immer wieder übermittelt werden. Frauen‹typen›, die weder etwas mit dem Produkt noch mit der Lebensqualität der weiblichen Hälfte der Bevölkerung zu tun haben, sondern schlicht und einfach immer wieder dieselbe Funktion erfüllen: die Fabrikation von Ideologie über Frauen. Die Ideologie, die hierin übermittelt wird, liegt in den zum Ausdruck gebrachten Verwendungszwecken (Sexualität, Haushalt), der Daseinsberechtigung (Dekoration) oder der Suggestion (Frauen *sind* so, Frauen *müssen* so sein), die unabhängig vom jeweiligen Produkt als Botschaft übermittelt werden. Die Effekte dieser millionenfach gleichgerichteten Botschaften sind in der Tat beachtenswert: sie verbiegen die Vorstellungen von Männern und Frauen (und Kin-

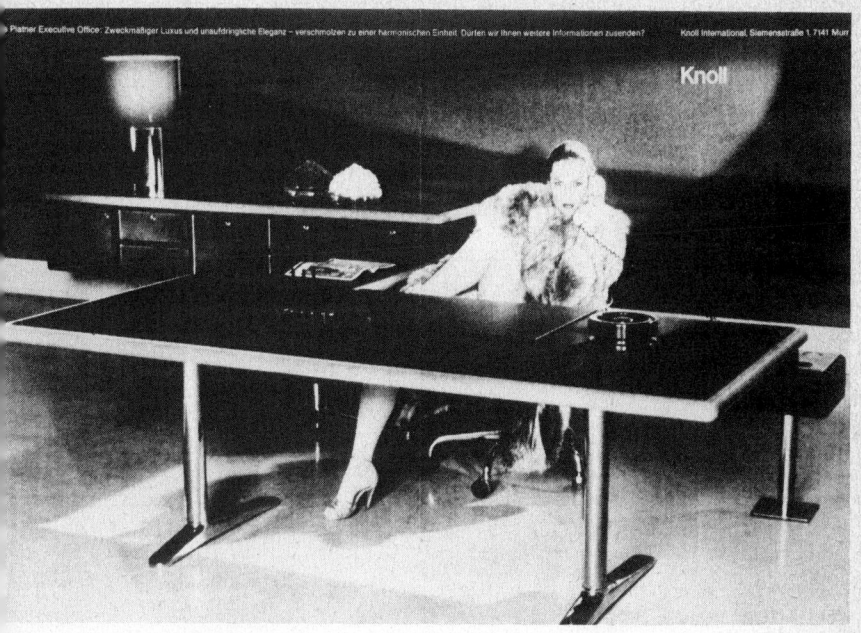

Platner Executive Office: Zweckmäßiger Luxus und unaufdringliche Eleganz – verschmolzen zu einer harmonischen Einheit. Dürfen wir Ihnen weitere Informationen zusenden?   Knoll International, Siemensstraße 1, 7141 Murr

Knoll

dern) über das, wie Frauen sind, wozu sie da sind und was ihre Leistungen und Lebensbereiche sind.

Übrigens sind es diese ideologiefabrizierenden bzw. -potenzierenden Effekte, die Werbung m. E. tatsächlich mit manchen Funktionen der klassischen Kunst teilt.

Bekanntlich diente z. B. die Kunst in den Kirchen und öffentlichen Bauten des Mittelalters dazu, dem des Lesens unkundigen Volk die Geschichten und moralischen Sentenzen der damals herrschenden Ideologie – des Christentums – überzeugend und anschaulich nahezubringen. Bezeichnenderweise wird aber genau diese auf der Hand liegende Gemeinsamkeit zwischen den Aussagen sakraler Kunst und den Botschaften der Massenwerbung – nämlich die ideologische Berieselung – in der o. a. Behauptung gerade *nicht* genannt.

Meine These ist, daß die Behauptung «Werbung ist Kunst» die Funktion hat, eine mehr oder weniger abgehobene und akademische Diskussion zu entfachen, die den Effekt hat, daß über die wichtigeren *inhaltlichen* Gesichtspunkte von Werbung, aber auch über deren gesellschaftliche Funktionen unterschiedlichster Art, zumindest *innerhalb* der Werbebranche überhaupt nicht mehr diskutiert wird. Mit dem Erfolg, daß Werbung so bleibt wie bisher ... oder noch mieser wird.

Bezug: M. Schirner (Geschäftsführer von GGK Düsseldorf, einer der führenden Werbeagenturen in der BRD): Werbung ist Kunst. In: Format, Zeitschrift f. verbale und visuelle Kommunikation, 1977, 13, 17–20

Teil III
Sich wehren – wie?

Im folgenden letzten Teil soll anhand praktikabler und gebrauchsanleitender Beispiele veranschaulicht werden, daß und wie man sich gegen Leitbild-Indoktrination und Frauendiskriminierung in der Werbung wehren kann:

– Vorschläge für Unterrichtsmaterialien und -gestaltung können natürlich zum eigenen Gebrauch aktualisiert, abgewandelt oder ‹ganz anders› entworfen werden.

– Daß selbstgemachte Ausstellungen ein besonders von Frauengruppen (aber auch von Schulklassen) leicht und mit Spaß herstellbares Kommunikationsmittel sind, um auf Werbeideologien aufmerksam zu machen, haben z. B. viele Frauen mit Aktionen in letzter Zeit gezeigt: es gab und gibt schöne und ‹erfolgreiche› Ausstellungen dieser Art (z. B. Stuttgart, Paderborn, Erding, Berlin u. a.). Die Resonanz ist meist lebhaft.

– Ebenso sind Beschwerden bei werbungstreibenden Firmen oder beim Deutschen Werberat, der ‹Selbstkontrolleinrichtung› der Werbewirtschaft, ein Mittel, die Produzenten frauenfeindlicher Werbung unter Druck zu setzen. In der Regel werden solche Beschwerden beantwortet. Auch wenn spöttische und abwehrende Kommentare darunter sind – auf die Dauer ist dies als Strategie recht erfolgversprechend, weil die Herren Unternehmer auf das Wohlwollen der verehrten Konsumentinnen doch recht angewiesen sind.

Beispiel 1

Angelika Wagner, Heidi Frasch

Frauen und Männer in der Werbung ... und Vorschläge für didaktisch-methodisches Vorgehen

Eine Selbstverständlichkeit unseres Alltagslebens, die wir ohne viel darüber nachzudenken hinnehmen, ist die Werbung: die Werbeanzeigen in Zeitschriften, Illustrierten und auch Tageszeitungen, die Werbeplakate auf der Straße und die Werbespots in Fernsehen und Radio. Und diese Werbung vermittelt uns *implizite Aussagen* über Männer und Frauen, d. h. es wird uns ständig suggeriert, wie Frauen und Männer von Natur aus «sind» oder zu sein haben.

Da Kinder – und nicht nur sie – häufig die Fernsehwerbung ansehen, da sie die eingestreuten Filme und Fortsetzungen der Filmserien nicht versäumen wollen, wird im folgenden als Beispiel eine Stichprobe aus einer Fernsehwerbung (August 1977) herausgegriffen.

Beispiel

Liste von Angaben und Aussagen der Fernsehwerbung an einem einzigen Abend (August 1977)

Frau	implizite Aussage	Mann	implizite Aussage
kriegt schlechtes Gewissen, weil sie nicht «das» Mittel verwendet hat	weil sie keine richtige «Frau», d. h. Hausfrau ist	macht Vorwürfe, weil die Frau nicht richtig geputzt, gewaschen, gespült hat	ohne ihn klappt nichts richtig, er muß sich um alles kümmern, er hat ein Recht auf gute Versorgung
ist restlos selig über Weichheit der Wäsche, Bodensauberkeit, Glanz im Bad	jetzt hat sie's endlich geschafft, sie kann auf Anerkennung und höchstes Lob rechnen	löst technische Probleme	er kann halt systematisch denken

150

Frau	implizite Aussage	Mann	implizite Aussage
ist uninformiert, fragend, unaufgeklärt oder ein bissel dumm – redet wie ein Buch	Frauen sind von Natur aus unwissend, sie brauchen jemanden, der ihnen das Richtige beibringt	überlegt und plant, erteilt souveränen Rat	Dominanz und Macht in Männerhänden ... nur Männer wissen, wo's lang geht
hilft bei den Hausaufgaben der Kinder, richtet das Frühstück, schenkt Kaffee ein, winkt den «Lieben» nach	Frauen sind, indem sie im Hause wirken und für die anderen da sind, erst richtig «Frau»	kommt im dunklen Anzug, feiert mit Cognac seine Verdienste ... stapft als einsamer Cowboy durch die Lande	sein eigentliches Leben findet «draußen» statt, wo's um Bewährung geht
ist verführerisch, strahlend, kokett, bewundernswert	Frauen legen alles darauf an, einem Mann zu gefallen, ihn herumzukriegen	Männer gestatten dies großmütig	Männer nehmen in milder Nachsicht entgegen, was ihnen «zusteht»
läßt sich Kleider und Schmuck und überhaupt Schönes schenken	das eben ist es, wonach es Frauen begehrt	schenken Schmuck etc., gewähren ersehnte Freude	Männer verfügen über die Finanzen, sie sind die «huldvoll» Gebenden

Ein weiteres Beispiel ist der Song, der Aussagen darüber macht, wie wohl ein «richtiger» Junge sich verhält:

«Müssen Jungen immer raufen?
Ja, ein echter Junge muß so ein ...»
(natürlich!)

Die Werbung in den verschiedenen Massenmedien manipuliert mit massiven Mitteln oder sehr subtil nach wie vor das Bild vom Mann und von der Frau in unserer Gesellschaft. Die Manipulation zielt in Richtung auf konventionelle *Geschlechtsstereotype*, wobei zunehmend auch Kinder und Jugendliche als Konsumenten in ihren «natürlichen» Bedürfnissen angesprochen werden. Die Männer-Frauen-Klischees in der Werbung übertreffen allerdings die soziale Wirklichkeit noch bei weitem an Starrheit.
Wie zeichnet Werbung die Frauen und das Bild des Weiblichen, wie die Männer und das Bild der Männlichkeit? Die Erwartungen und Gebote, wie man zu sein hat («echt Mann», «typisch Frau»), treten

hier oft in beinahe grotesk übersteigerter Form und deshalb um so deutlicher auf. Urs Jaeggi hat die «schiefen Bilder» von der Frau in der Werbung zu charakterisieren versucht:

Die braven Hausfrauen und die lieben Mütter

Lebensaufgabe und Lebenserfüllung wird durch die Verwendung der richtigen Wasch- und Pflegemittel definiert, Schuld- und Minderwertigkeitsgefühle beeinflussen die Hausfrauen. Die Mütter samt ihren Kindern werden in der Werbung als reine Harmonieverkörperungen dargestellt: die Fernsehmutter liebt ihre Kinder heiß und innig und hat sogar noch zärtliche Gefühle, wenn sie heimkommen wie die Ferkel, denn sie hat ja Mittel «X» dagegen.

Die Reduktion der Frauen auf Dienerinnen und Serviererinnen für ihre Familie ist oft nahezu widerwärtig: der «Dank» der Familie als fast zwanghaft zu erjagendes Lebenselixier entschädigt für alle Unbill. Was in den (Werbe-)Frauen selber vorgeht, schimmert an keiner Ecke durch, sie werden als einheitlich reagierende emotionale Ungeheuer hingestellt.

Die Velo- und Frischwärts-Mädchen

Das sind die meist recht jungen, sehr dynamischen Mädchen, die – auf ihren Fahrrädern oder so – inmitten zauberhafter Atmosphäre mit ungehemmter Lebenslust und Sinnenfreude das entsprechende Produkt an den Mann bzw. an die Frau bringen sollen. Weiblichkeit wird hier reduziert aufs Hervorkitzeln von prickelnder Quasi-Erotik. Bei anderen Werbe«aussagen», die noch mehr auf den Anreiz durch weibliche Geschlechtsmerkmale spekulieren, kann diese Tendenz ins Extrem gesteigert sein: Busen, Beine und Po («die Beine ihres Autos»), weibliche Haut in Nahaufnahme, Zunge, die über feuchte Lippen leckt ...

Die Ungeschickten und die Superklugen

Diese beiden Untertypen sind ein häufiges, allzu häufiges Thema der Werbung. Entweder schauen die Frauen in dümmlich-treuherziger Manier zu dem auf, der sie über irgendein Produkt aufklärt und die Erleuchtung bringt, oder sie reden selber ... sehr viel und äußerst trocken und wie auswendig gelernt. Wenn wir uns vergegenwärtigen, was alles von den Werbefrauen «nicht kapiert wird» (bis sie in die rechte Richtung gestubst werden), erkennen wir das gängige düstere Bild vom weiblichen Intelligenzniveau, womit in der Werbung gearbeitet wird.

Ergänzend zu Urs Jaeggi könnte vielleicht noch ein Typ herausgestellt werden, wie er vor allem in der Werbung für «gehobene» Ansprüche vorkommt:

Das Luxusgeschöpf oder die Konsum-Hyäne

Sie sind nicht mehr ganz so jung, immer aber damenhaft und anspruchsvoll, mit einem Mann in vermutlich hoher Position im Hintergrund. Sie kaufen immer das Kostspieligste und Beste («lassen nur eine bestimmte Seife an ihre Haut»). Dieser Typ ist wählerisch und erhaben über alles Rohe – erhaben über den Alltag, ein Ausbund an Unwirklichkeit ... was aber nicht ausschließt, daß ein solches Bild sich unbewußt in den Köpfen festsetzt! Auch eine im Grunde reduzierte, frauenfeindliche Vorstellung vom weiblichen Wesen? Diese Geschöpfe dienen letztlich als Zierde des Mannes, der sie «sein Eigen» nennt!

Kommt nun der Mann besser weg in der Werbung? Ist das Bild der Männlichkeit nur das Gegenteil des Frauenbildes, die Umkehrung des Negativen ins Positive? Oder ist es viel differenzierter und enthält eigene, ähnlich rigide und überzeichnete Forderungen?

Der Mann in der Werbung:

Er ist stark und überlegen, gibt nicht auf, ist erfolgreich im Beruf (die Frau dagegen ist oft berufslos) und bei der Durchsetzung im Leben. Er entscheidet, und dies ist immer richtig. Er ist selbstsicher, weiß alles und belehrt andere. Er ist Experte (z. B. für Kaffee, Zahnputzmittel) oder Wissenschaftler, meistens kompetent. Er ist einsam, aber hart und hat eine nie ermüdende körperliche Kondition. An seinen Fehlern (er ist z. B. gereizt, weil das Hemd kratzt, hat beruflichen Mißerfolg, weil er nicht das Richtige anhat) ist dann die Frau schuld.

Es ist aber die Frage, wie der reale Mann mit dem Bild, was ihm von der Werbung vorgeführt wird, fertig wird. Bekommt er Angst, wenn er sich mit dem überlegenen, starken Werbe-Mann insgeheim vergleicht?

Aus dem, was bisher über die Darstellung von Männern und Frauen in der Werbung gesagt wurde, ergeben sich folgende *Leitfragen* für die Analyse von Werbung im Unterricht:

Fragen	Kommentar
Was ist «typisch Frau», «typisch Mann»? Was tun Männer, was tun Frauen? Wie und was denken Männer und Frauen? Was können Männer und was die Frauen? Was dürfen Männer, was dürfen Frauen? Wo kommen Männer vor, wo die Frauen (typische Schauplätze, Situationen)? Welche Substantive, Adjektive, Verben usw. werden bei der Kennzeichnung männlichen/weiblichen Verhaltens verwendet?	Bei den Fragen geht es um die *sozialen* Zusammenhänge, in denen Frauen/Mädchen und Männer/Jungen in der Werbung gesehen und dargestellt werden: den Frauen/Männern zugestandene Lebensräume, Handlungsmöglichkeiten, spezielle Aufgaben ... samt den zugehörigen inneren Zuständen

Fragen	Kommentar
Gibt es Schlüssel- und Symbolwörter, die immer wieder auftreten? Welche Wortkombinationen und «stehenden Redewendungen» (Standardsätze) lassen sich in Verbindung mit Mann/Frau feststellen? Welche Schriftanordnung, Drucktypen, Farben-Auswahl usw. werden verwendet, wenn in erster Linie Frauen/ Männer angesprochen werden sollen?	Hierbei soll herausgearbeitet werden, welche sprachlichen und nichtsprachlichen *Mittel* in der Werbung eingesetzt werden, um die angestrebten Ziele zu erreichen.

Beispiel für ein Arbeitsblatt zur Werbung in Zeitschriften und Illustrierten

	Männer	Frauen
Die abgebildeten Personen befinden sich am Arbeitsplatz bei der Hausarbeit in der Freizeit Sie haben offensichtlich/wahrscheinlich folgende Stellung: Hausfrau/-mann untergeordnete Hilfskräfte Angestellte höhere Positionen Die abgebildeten Männer und Frauen gehen partnerschaftlich miteinander um Frauen stehen im Abhängigkeitsverhältnis zu den Männern Männer stehen im Abhängigkeitsverhältnis zu den Frauen		Bei den Fragen geht es um die *sozialen* Zusammenhänge, in denen Frauen/ Mädchen und Männer/Jungen in der Werbung gesehen und dargestellt werden: den Frauen/ Männern zugestandene Lebensräume, Handlungsmöglichkeiten, spezielle Aufgaben ... samt den zugehörigen inneren Zuständen

Anweisungen für die Arbeitsgruppen:

1. Benütze verschiedene (3–4) Illustrierte oder Zeitschriften.
2. Ordne die Bilder und Texte in eine Strichliste nach oben stehendem Muster ein (du kannst das Schema natürlich ergänzen oder abändern).

3. Fasse das Ergebnis kurz zusammen. Suche ein Beispiel, das typisch für das erarbeitete Ergebnis ist.

Weitere Anregungen zur Analyse von Werbung im Unterricht:
Hier geht es vor allem darum, herauszufinden, wie die Werbung das Image des Mannes und der Frau *unterschiedlich* beeinflußt.
– Für welche *Produkte* wird in typischen Frauenzeitschriften und solchen Blättern, die eher von Männern gelesen werden, geworben? Z. B. «Brigitte», «Petra», «Für Sie», «Spiegel», «Konkret», Sportmagazine.
Es kann eine Liste von Gegenständen oder eine Bildmontage hergestellt werden zur Frage: «Wofür wird bei Männern und Frauen geworben? Was sagt das aus?»
– Auf welche *Bedürfnisse* (Interessen, Vorlieben, Wünsche, Sehnsüchte) des einen oder anderen Geschlechts wird jeweils spekuliert? Wollen Frauen – laut Werbung – vor allem schön und anziehend sein, sich pflegen?
Was ist in der Werbung den Männern wichtig? Wollen Männer basteln, Auto fahren etc.?
– Unterscheiden sich Werbeaussagen für das *gleiche* Produkt, wenn sie in Zeitschriften «für Frauen» oder «für Männer» erscheinen?
Hier sind Produkte herauszugreifen, die eigentlich Männer und Frauen gleichermaßen benützen (sollten!), die aber von der Werbung geschlechtsspezifisch angepriesen werden.
Z. B. Werbung für Zigaretten, Autos, Waschmittel in Männer- und Frauenzeitschriften. Wie wird die Frau, wie wird der Mann in der Werbung für Autos dargestellt?
– Wie sind die Werbeaussagen und -appelle jeweils unterschiedlich *aufgemacht*, z. B. einmal sachlich-informativ, ein andermal gefühlsbetont? Steht dies etwa in Beziehung dazu, ob Frauen oder Männer angesprochen werden sollen?
Wie *beeinflußt* Werbung Männer und Frauen? Wie oft macht man z. B. davon Gebrauch, bei Frauen über die Auslosung von Schuldgefühlen («Mein Gott, das ist ja gar nicht sauber!») den Kaufwunsch auszulösen? Gibt es solche schuldeinflößende Werbung auch in Richtung auf männliche Konsumenten?
– Anzeigen mit Abbildungen von Frauen werden häufiger von Frauen gelesen, Anzeigen mit Bildern von Männern eher von Männern beachtet. Was bedeutet dies für das Bild, das die Geschlechter *von sich selber* haben – was können Männer und Frauen aus der Werbung über sich «erfahren»?

Für die Aufarbeitung von *Bild- und Textmaterial* aus der Werbung im Unterricht sind die *Collagentechnik* und die Herstellung von *Bildmontagen* geeignete Methoden. Je nach Fragestellung können dadurch bestehende Vorurteile und stereotype Vorstellungen über Mann und Frau plastisch dargestellt werden und im Unterrichtsgespräch analysiert werden.

Mögliche Themen:
«Dufte Typen»
Was gehört zu einem «richtigen» Mann und zu einer «richtigen» Frau? Verkehrte Welt: Was kauft Frau X, und was kauft Herr X? Wünsche und Wirklichkeit.
Wichtig ist, daß möglichst vielfältiges Material gesammelt und bereitgestellt wird: Texte, Fotos, Illustrierte aller Art, Zeitschriften, Tageszeitungen, überregionale Zeitungen, Reklameplakate, Mitschriften aus Fernsehwerbungen, dicke und dünne Filzstifte, Leuchtfarben, Plakatfarben, Pappe, Karton, Holz, Werkzeug aller Art. In einer ersten Phase sollte alles gesichtet werden, ohne sofort als passend–unpassend, geeignet–ungeeignet bewertet und vielleicht verworfen zu werden. Bei der Verarbeitung des Materials in den Gruppen ergibt sich für den Lehrer Gelegenheit, die Interaktionen von Jungen und Mädchen zu beobachten und vielleicht später durch geeignetes Feedback bewußt zu machen (Tonband, schriftliche Notizen). – Wie gingen wir, Jungen und Mädchen, in unserer Gruppe miteinander um? Wer plant und bestimmt, wer führt aus (Junge/Mädchen)? Wer setzt sich durch (Junge/Mädchen)? Wer redet mehr? Wer antwortet vorwiegend?
Werbeaussagen aus *Radio- und Fernsehsendungen* können mit dem *Tendenzspiegel* untersucht werden. Das ist eine Methode aus der politischen Bildung, die geeignet ist, versteckte Vorurteile aufzudecken. Dabei geht es darum, Wörter, die im Zusammenhang mit Männern und Frauen in der Werbung verwendet werden, zu sammeln und danach aufzulisten, je nachdem ob sie positive oder negative Wertungen ausdrücken (Beier 1971).
Vorgehen: Man nimmt eine etwa halbstündige Werbesendung auf Band auf. Beim Abspielen können die Begriffe und Wörter – möglichst einzeln und genau –, die bei Mann und Frau genannt werden, in einer Tabelle eingetragen werden. Es sollten sowohl Substantive als auch Adjektive und Verben gesammelt werden, die sich dann je nach der Spalte, in der sie eingeordnet werden, zu einem Gesamteindruck über Tendenzen in der Bewertung von Mann und Frau in der Werbung formen können:

	Mann		Frau	
positiv	**negativ**	**positiv**	**negativ**
wild	wütend	sanft	traurig
Beruf	nachlässig	weich	Vorwurf
Sicherheit	.	sie schenkt ein	.
.	.	Haut	.
.	.	.	.
.	.	.	.

Rollenübertreibung und Rollenumkehr
als Mittel der Werbeanalyse:
Rollenübertragung im szenischen Spiel

Das szenische Spiel mit Fernseh-Werbematerial zielt darauf ab, durch Übertreibung der starren Rollenmerkmale Werbungsinhalte und Wirkungen einerseits plastisch hervortreten zu lassen, andererseits in ihrer Absurdität zu entlarven. Z. B. «Familie General» spielen (siehe die bekannte Reinigungsmittel-Werbung): Wie müßten sich Vater, Mutter und Kinder in einer solchen «Familie» verhalten? Wie wirkt dieses Verhalten auf die zuschauenden Schüler?

Rollenumkehr bei einseitigen Werbebildern

Ein Beispiel für einseitige Werbebilder ist ein Plakat der chemischen Reinigungen, das damit wirbt, daß ein Kaminfeger einer Frau im weißen Rock auf den Po tatscht und seine Hand einen sehr deutlichen Abdruck hinterlassen hat. Mit dem Instrument der Rollenumkehr (Kaminfegerin klatscht Mann in weißer Hose, der recht hilflos guckt, auf den Po) wird das Diskriminierende solcher Werbe«witze» deutlich.

Mögliche Ausweitung auf anderes Material:
Stellenanzeigen und -gesuche

Tageszeitungen und überregionale Wochenzeitungen durchsehen, ob die Stellenangebote bereits durch die Ausschreibung geschlechtsspezifisch zugeordnet werden. Ergebnisse in einer Liste eintragen und Prozentanteile ausrechnen lassen. In welchen Stelleninseraten werden nur Frauen angesprochen (z. B. Sekretärin)?
Wie viele Stellen werden speziell für Männer angeboten (z. B. Direktor)?
Wieviel Stellenanzeigen machen keine Angaben darüber, ob ein Mann oder eine Frau gesucht wird, oder lassen es offen? Welche Stel-

Zum Glück gibt's die Chemisch-reinigung

Für Reinigung und Pflege mit Henkel Qualitätsprodukten Henkel

len im Stellenkegel werden Männern und welche werden Frauen angeboten (Stellenkegel kann nach Gehaltsstufe oder Ausbildungsvertrag aufgestellt werden)? Wie viele Stellen werden ohne die Anforderung einer beruflichen Qualifikation angeboten?
– für Männer
– für Frauen

Analyse von Heiratsanzeigen
Mit welchen Vorzügen bieten sich Männer und Frauen an? Was für einen Partner suchen sie? Welche sprachlichen Mittel werden hierbei verwendet?
Aus mehreren Zeitungen und Zeitschriften Inserate mit unterschiedlichen Zielgruppen sammeln und vergleichen lassen. Es ist auch mög-

lich, fiktive Heiratsanzeigen mit «Personentausch» formulieren zu lassen (z. B.: «Herr, 32/176, attraktiv, romantisch veranlagt, kinderlieb, perfekter Koch, sucht ...»)

Selbstbild und Fremdbild von Jungen und Mädchen
Einen größeren Eigenbezug mit einem Anteil an Ich-Erfahrung hat eine Lernübung, in der die Selbstwahrnehmung von Jungen und Mädchen untersucht wird.

Anhand des Bild- und Textmaterials oder in Form freier Einfälle können folgende Fragen angegangen werden:

Jungen	Mädchen
Wie sehen uns die Mädchen?	Wie sehen uns die Jungen?
Was glauben wir, halten die von uns?	Was glauben wir, halten die von uns?
Wie sehen wir uns?	Wie sehen wir uns?
Wie meinen wir, sind wir wirklich?	Wie meinen wir, sind wir wirklich?

Wie wollen wir gesehen werden?

Analyse dieser Aussagen und – falls es sich anbietet – Vergleich mit den Werbestereotypen

Aus: Wagner, A., Frasch, H., Lamberti, E.: Mann – Frau. Rollenklischees im Unterricht. Urban und Schwarzenberg, München 1978, S. 89–99. Abdruck mit freundlicher Genehmigung des Verlags.

Beispiel 2

Winfried Trabert

«Ein Mann darf Falten haben, eine Frau nicht.»

Frauenrollen in der Anzeigenwerbung.
Unterrichtsmaterialien für das
9. bis 12. Schuljahr

Unterrichtsmaterialien für das 9. bis 12. Schuljahr

1. Gegenstand

Bereits eine oberflächliche Betrachtung von Anzeigenwerbung in beliebigen Publikumszeitschriften zeigt die Frau als bevorzugtes Leitbild der Konsumwerbung. Geht man davon aus, daß die Werbung im allgemeinen Leitbilder benutzt, die sich auf vorhandene Vorstellungen und Einstellungen zurückführen lassen, ist zu vermuten, daß sich in der Werbung solche Frauendarstellungen finden, die in der Gesellschaft verbreitete Rollenvorstellungen und -erwartungen, kaum aber die reale Situation der Frau widerspiegeln.

Diese Situation wird oft als unbefriedigend erlebt. Auf Grund der traditionellen Rollenverteilung in Haushalt und Familie wird die Frau z. B. noch immer in ihren beruflichen Möglichkeiten eingeschränkt. Entschließt sie sich trotzdem, berufstätig zu sein, ist sie vielfach einer Doppelbelastung ausgesetzt. Zusätzlich erschwerend wirkt sich die Unterprivilegierung der Frau in Ausbildung und Beruf aus. Es ist deshalb kaum verwunderlich, wenn sich im Bewußtsein der Frauen und in der Gesellschaft noch immer Rollenerwartungen erhalten, die die Frau auf Haushalt und Familie verweisen. Solche tradierten Vorstellungen verhindern die Entfaltung ihrer Möglichkeiten, eine gerechtere Rollenverteilung und eine Emanzipation der Frau in Ausbildung und Beruf.

Eine genaue Analyse von Anzeigenwerbung zeigt denn auch, daß der Frau im wesentlichen zwei grundlegende Rollen zugewiesen sind: die der Hausfrau und Mutter und die der Partnerin des Mannes. Das Bild der berufstätigen Frau fehlt nahezu vollständig; es beschränkt sich auf wenige Beispiele von attraktiven Stewardessen und Sekretärinnen im Vorzimmer des Chefs (sog. «Traumberufe»). Die Situationen, in denen die Frauen gezeigt werden, kennzeichnen sie als abhängig und unselbständig. (Wieweit diese Rollen im einzelnen variieren, wird die Analyse der jeweiligen Werbebeispiele ergeben.)

Für den Unterricht stellen sich vor allem drei Fragen:
1. Welche Rollen zeigt die Werbung?
2. Wieweit entsprechen sie der Realität?
3. Wie sind die dargestellten Rollen zu bewerten?

Darüber hinaus ist zu fragen, welchen Interessen die Ideologie vom «Wesen der Frau» und die von der Werbung propagierten Rollen dienen. Dabei wäre u. a. festzustellen:

1. Die Verhinderung einer qualifizierten Berufsausbildung erleichtert die Ausbeutung der Frau als billige Arbeitskraft.
2. Die Eingrenzung auf die Rolle der Hausfrau, Ehefrau und Mutter erleichtert die Ausbeutung der Frau als Konsumentin, da sie über wichtige Anschaffungen für Haushalt und Familie entscheidet und für den Mann attraktiv sein muß (Kosmetikwerbung).
3. Die Festlegung der Frau auf die Rolle eines vom Mann abhängigen Objektes erleichtert den Absatz von Produkten, die sich an den Mann als Zielgruppe wenden.

2. Bedingungen

Die hier besprochenen Anzeigen erschienen von Juli 1970 bis Juli 1971 in verschiedenen Publikumszeitschriften (hier reproduziert nach «Brigitte» und «Stern»).

Sie werden für den Unterricht nur noch in Einzelfällen verfügbar sein; an vergleichbarem Material herrscht freilich auch heute kein Mangel. Auf die Strukturierung einer Unterrichtssequenz mit konkreter Verlaufsplanung wird verzichtet, da vorauszusetzen ist, daß die Schüler der Sekundarstufe II im allgemeinen den Unterricht stärker mitbestimmen als Schüler jüngerer Altersstufen. Die Unterrichtsplanung des Lehrers sollte darum so variabel sein, dabei jedoch die Formulierung von Lernzielen, eine gründliche Analyse des Unterrichtsgegenstandes und die Bereitstellung von Materialien für den Unterricht in die Überlegungen einbeziehen.

Analysen von Anzeigenwerbung lassen sich sowohl im Unterrichtsgespräch mit der ganzen Klasse als auch einzeln oder in Gruppen erarbeiten. Bei der Untersuchung sollte versucht werden, alle Aussagen, die im Zusammenhang mit Frauenrollen gemacht werden, möglichst an visuellen Belegen festzumachen.

Die Anzeigen können je nach der methodischen Absicht original verwendet oder als Dias projiziert werden. Zur Bewertung der erarbeiteten Rollen und zum Vergleich der Rollendarstellungen mit der realen Situation der Frau eignen sich alternierende oder konfrontierende Texte; Beispiele dazu sind als Belege für den Unterricht angeführt (vgl. auch Literatur).

Es ist nicht erforderlich, alle Frauenrollen, die die Werbung benutzt, im Zusammenhang zu erarbeiten, obwohl dies im Rahmen einer größer angelegten Unterrichtssequenz denkbar ist. Unter Umständen genügt es aber auch, Einzelbilder zur Charakterisierung einer bestimmten Rolle oder Rollenvariante zu verwenden oder zum Unterrichtsgegenstand in anderen Schulstufen zu machen (z. B. Sekundarstufe I). Wieweit die ökonomischen Bedingungen und Funktionen von Werbung im Unterricht miteinzubeziehen sind oder bereits vorausgesetzt werden können, hängt vom Informationsstand der jeweiligen Klasse ab.

3. Ziele

– Merkmale der dargestellten Rollen erkennen und kritisch bewerten
– Erkennen, wie diese Rollen asthetisch vermittelt sind
– Erkennen, daß solche Rollen rational nicht zu begründen sind

4. Frauenrollen

4.1 Die Ideologie vom «Wesen der Frau»

Bild 1: «Leisten Sie sich das Echte»
Die Anzeige zeigt ein Bild der Frau, das an der Vergangenheit orientiert ist, z. B.: Fensterszene als romantisches Bildzitat; Butzenscheiben, geschwungene Stuhllehne, Kristallvase usw. sind Chriffren, die auf tradierte Wohnformen (und Lebensweisen!) hindeuten.
Beide Frauen sind passive Luxusgeschöpfe, die als Objekt für Pre-

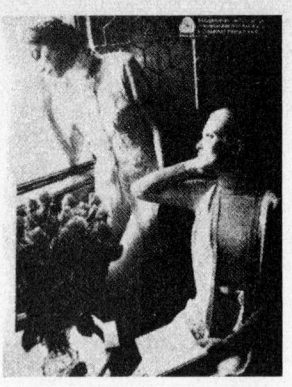

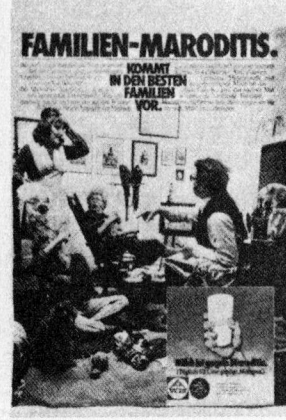

stige und Repräsentation dienen, z. B.: gepflegte, elegante, moderne Kleidung, Orchidee in der Hand der am Fenster stehenden Frau; eingefrorene Pose, dekorative Haltung und Gestik; keinerlei Aktivität: der Vorgang des Lesens ist unterbrochen, das Buch ruht aufgeschlagen auf dem Schoß der sitzenden Frau.

Das Arrangement wird durch den Werbetext als das «Echte» ausgewiesen (dessen man durch den Erwerb der Strickkleidung teilhaftig wird), eine Welt, die jeden Gedanken an Unterprivilegierung oder gar Entfremdung ausschließt: der Rahmen, in dem das «eigentliche Wesen» der Frau sich voll entfalten kann, ein Bild zur Selbstidentifikation, das Möglichkeiten über dieses Bild hinaus ganz und gar einschränkt.

164

Die Begrenztheit des Eigenraums nötigt sie zu einem «sehnsuchtsvollen Blick in eine vage Ferne. Diese bleibt ihr aber verschlossen, da es ihrem «Wesen» nicht gemäß ist, Aktivität, Eigeninitiative und Dynamik zu entwickeln.

In den Grenzen ihres engen Kreises wird sie zum Opfer einer Ideologie, die sich von der Welt des Mannes abschließt. Eingeengt auf diese Vorstellung ist sie vom Manne abhängig und wird zu seinem Prestigeobjekt, dessen Aufgabe es ist, Luxus, Wohlstand und Kultur zu repräsentieren.

Das «Wesen der Frau»

«Von Hause aus seien Frauen passiv, mehr emotional als rational, praktisch und konkret, aber nicht zu theoretischem Denken befähigt. Abstraktionsfähigkeit und Sachlichkeit seien ihnen versagt. Schöpferische Begabungen fehlten, desgleichen technische Talente und politischer Verstand.» (Helge Pross, Über die Bildungschancen von Mädchen in der Bundesrepublik, Frankfurt 1970[3], S. 407)

«Die am häufigsten vertretene Auffassung von der Natur der Frau ist eine mit traditionellen Elementen durchsetzte romantische Geschlechterrollenideologie, die die Frau zwar nicht mehr offen abwertet, sie aber als grundsätzlich anders geartet als der Mann auffaßt und ihr die dementsprechend in der Gesellschaft – auch über die eigentlichen biologischen Geschlechtsfunktionen hinausgehend – andere Aufgaben zuweist als ihm. Dabei wird auf das bewährte Schema von aktiv–passiv, gebend–nehmend, erobernd–bewahrend usf. zurückgegriffen, woraus sich unschwer die Rolle der Bewahrenden, hegenden, pflegenden Frau postulieren läßt.» (Ingrid Langer-El Sayed. Frau u. Illustrierte im Kapitalismus, Köln 1971, S. 52)

4.2 Hausfrau und Mutter

Bild 2: Familienmaroditis

Das Werbebeispiel zeigt eine Familienszene, die, wenn auch karikaturistisch überzeichnet, typische Elemente einer bürgerlichen Familie der gehobenen Mittelschicht trägt, z. B.: Interieur mit Familienbildern, Stehlampe, Kamin, Fernsehgerät, Nippes, verschnörkeltes Kaffeegeschirr, technisches Spielzeug, unterschiedliche Stilmöbel; Haustiere: Papageien und Katze; Familie mit nur einem Kind; Rollenkonstellation in der Familie: Strickweste und Pantoffeln tragendes

Familienoberhaupt, mit Zeitung im Lehnstuhl sitzend; Großmutter strickend im Schaukelstuhl; Mutter mit Schürze, Obsttörtchen servierend.

Aus der Rollenkonstellation ergibt sich, welche Aufgabe die Frau zu erfüllen hat; als Hausfrau bedient sie die Familie und garantiert ein harmonisches Familienleben; herabfallende Obsttörtchen können dabei nur als Fehlleistung gewertet werden. Wenn die Frau aus der «Rolle» fällt, wird sie zur Angeklagten: der Zeigefinger des Vaters ist mahnend ausgestreckt; Empörung zeigt sich im Gesicht der Großmutter; die Frau selbst greift sich mit angstvoll-entsetztem, schuldbewußtem Blick an die Stirn.

Im Text heißt es: «Bei dem einen hängen die Nerven schlaff. Bei dem andern sind sie überspannt. Ergebnis: ‹trauter Familienkrach›. Und wer hat Schuld? Die Maroditis. Maroditis ist alles, was uns heutzutage kaputtmacht. Was uns marode macht und was uns auf den Wecker fällt.»

Nach den tieferen Ursachen des Familienkrachs wird im Werbetext nicht gefragt. Dieser Zustand wird vielmehr als etwas beinahe Normales hingestellt, weil es ja in den «besten Familien» vorkommt. Außerdem ist es ein leichtes, Abhilfe zu schaffen. Alles, was der Mensch zum Fitsein braucht, zeigt das Bild im Bild: ein Glas Mich, denn: «Milch ist gegen Maroditis.»

Indem der Werbetext suggeriert, daß man mit Milch alles runterspülen kann, unterschlägt er weiterführende Fragen nach möglichen Ursachen des Übels, deren Beantwortung sicher weniger parodistisch, dafür aber genauer ausfiele. Zu untersuchen wäre z. B. u. a., ob die gezeigte Rollenverteilung nicht auch als Ursache des Familienkrachs angesehen werden kann. Und ein mögliches Ergebnis enthielte vielleicht die Erkenntnis, daß die Kleinfamilie mit ihrer typischen Rollenverteilung nicht unbedingt die «beste Familie» ist, wie dies der Werbetext unterstellt.

Bild 3 und 4: Fürsorge und Aufopferung

Die Anzeigen bringen weitere Aspekte der Hausfrauen- und Mutterrolle: der Mann wird innerhalb der Familie zu einer weitgehend passiven Rolle gezeigt, die Frau dagegen ist die Aktive, die Mann und Kind verwöhnt und umsorgt. Die Rolle schreibt ihr Fürsorge und Aufopferung vor.

Bild 3: (Multibionta)

Der Mann im Lehnstuhl wirkt pflegebedürftig: im Hausmantel und

eingehüllt in Decken sitzt er in einem bequemen Sessel, ein aufgeschlagenes Buch auf den Knien. Auf dem Tisch stehen eine gefüllte Kaffeetasse, Arzneimittel und ein Fieberthermometer im Glas. Seine Tochter überreicht ihm einen Blumenstrauß. Hinter den beiden steht leicht herabgebeugt und lächelnd die Mutter, die beide Arme um Mann und Kind legt. Das volle Bücherregal und die Bücher auf der Ablage neben dem Sessel sind Chiffren für Bildung, Kultur und sozialen Status. Die gepflegte Erscheinung der Frau paßt sich diesem Rahmen an. Ihr Lächeln, die umschließende und bergende Geste sowie die herabgeneigte Haltung weisen sie als diejenige aus, die Mann und Kind pflegt und beschützt und die behagliche Atmosphäre schafft, in der der Mann sich von seiner Krankheit erholen kann.

Bild 4: (Poket Coffee)
Die Frau im Bild ist gepflegt und modern gekleidet, also keine «typische» Hausfrau. Dennoch verraten das leicht angespannte Gesicht und die herabfallende Haarsträhne die Anstrengung der Hausarbeit. Während sie mit dem Hemdenbügeln beschäftigt ist, wird sie gleichzeitig von dem Kind beansprucht, das an ihrer Schulter zerrt. Im Hintergrund erscheint lächelnd der Mann, um ihr als Lohn für ihre Mühe eine Schachtel Poket Coffee zu überreichen. Indem beide Anzeigen die Frau in der Rolle der fürsorglichen und sich aufopfernden Hausfrau und Mutter zeigen, wird anderes Verhalten ausgeschlossen.

Bild 5: «Keine Experimente»

Inmitten einer Gruppe von Frauen und Kindern verschiedenen Alters steht der Waschmaschinenlieferant und erklärt die Funktion der Waschmaschine; gleichzeitig empfiehlt er, wie der Sprechblasentext verrät, Prodixan als gründlich erprobt. Die im Werbebeispiel gezeigte Situation ereignet sich laut Werbetext «siebentausendmal täglich». Das Foto zeigt die Frau als technisch unbegabt; sie durchschaut nicht was geschieht. Rat empfängt sie vom Mann, der sie aufklärt, der ausgerüstet ist mit der Autorität einer noch höheren Instanz: «Die müssen's ja wissen, da mach ich lieber keine Experimente ... bei so einem guten Stück». Die genannte höhere Instanz sind die Waschmaschinenhersteller: «AEG, BBC, Bauknecht ...», die sich bei dieser Gelegenheit nachhaltig in Erinnerung bringen.

Auch in ihrer Hausfrauenrolle ist die Frau von der Hilfe des Mannes abhängig; eigene Erfahrungen darf sie nicht machen, denn sonst würde sie u. U. entdecken, daß es keine rationalen Gründe gibt, ausgerechnet Prodixan zu benutzen, zumal sich die Zusammensetzung der verschiedenen Waschmittel kaum voneinander unterscheidet. Deshalb auch ist Autorität notwendig, um Prodixan als das geeignete Waschmittel auszuweisen. Interessant ist in diesem Zusammenhang die Parallele zur politischen Werbung. Der Wahlslogan «Keine Experimente» hat sich in der Vergangenheit als wirksam erwiesen; auch er richtet sich vorwiegend an Frauen. Diese Werbung setzt einen Frauentyp voraus, der nicht in der Lage ist, Zusammenhänge zu durchschauen.

Bild 6: «Zarte Haut weckt Zärtlichkeit» (Penaten-Milch)

Das Foto vermittelt das Bild einer Frau, die zart, jugendlich und kindlich ist.

Mutter und Kind sind eng aufeinander bezogen: sie sitzen einander gegenüber, lächeln sich an, das Kind streichelt das Gesicht der Mutter, beide sind nackt. Weitere Merkmale der Darstellung sind z. B.: Ähnlichkeit des Typs von Mutter und Kind; weiche hellblonde Haare, Weichzeichnung und Licht verwischen die Konturen der Körper; die Körper werden nicht deutlich modelliert, die Körperformen bleiben – vor allem bei der Frau – unbestimmt.

Der Eindruck von Zartheit, Jugendlichkeit und Kindlichkeit wird durch den Text verstärkt: «Zarte Haut – Zärtlichkeit – Zum Streicheln weich – blühende Zartheit – jugendliche Frische.»

Das Zusammenwirken von Bild und Werbeslogan charakterisiert die Frau als unselbständig und auf Zärtlichkeit angewiesen: «Zarte Haut weckt Zärtlichkeit.»

168

Die rechtliche Stellung der Frau

Artikel 3/2 GG:
«Männer und Frauen sind gleichberechtigt.»
In § 1356 BGB heißt es:
«Die Frau führt den Haushalt in eigener Verantwortung. Sie ist berechtigt, erwerbstätig zu sein, soweit dies mit ihren Pflichten in Ehe und Familie vereinbar ist.»
Der Arbeitsplatz Nr. 1 der Frau liegt also nach gesetzlicher Vorschrift im Haushalt. Erst, wenn sie «ihren Pflichten in Ehe und Familie» ausreichend nachgekommen ist, darf sie eine Berufstätigkeit ausüben.
Andererseits heißt es in § 1360 BGB:
«Die Frau erfüllt ihre Verpflichtung, durch Arbeit zum Unterhalt der Familie beizutragen, in der Regel durch die Führung des Haushalts; zu einer Erwerbstätigkeit ist sie nur verpflichtet, soweit die Arbeitskraft des Mannes und die Einkünfte der Ehegatten zum Unterhalt der Familie nicht ausreichen.»
Also: Wenn der Mann genügend verdient, die Frau nach ausreichender Hausarbeit noch freie Zeit hat, dann darf sie noch berufstätig sein (§ 1356). Wenn der Mann nicht genügend verdient, dann muß die Frau nach gesetzlicher Vorschrift zu ihrer Hausarbeit auch noch berufstätig sein. (Dagmar Holzer/Renate Reder/Juliane

Schuler: Frauenemanzipation in der Bundesrepublik, in: Kürbis-kern 1/71, München, S. 126).

Hausfrau und Mutter

«Elisabeth Pfeil unterschied in ihrer Untersuchung zur Kennzeich-nung der Bewußtseinslage und Einstellung der berufstätigen Müt-ter und Hausfrauen bestimmte Typen. Sie fand, daß die familien-verbundenen Mütter (‹Hausmuttertyp extremer Ausprägung› und ‹modifizierter Hausmuttertyp›), d. h. die Frauen, die auf die Frage, ob sie ihren Beruf aufgeben würden, wenn jede wirtschaft-liche Nötigung wegfiele, mit ‹ja› antworteten, den weitaus größten Teil der Befragungspersonen stellten. Die Grundeinstellung dieses Frauentyps schildert sie wie folgt: «Der häusliche Kreis wird gan-zen Herzens bejaht, auch wenn er klein ist: selbst in der Etagen-wohnung mit einem Kind gewährt er Erfüllung. Sie (die Hausfrau) findet genug zu tun, aber sie mißt ihr Dasein auch nicht an der Leistung, sondern an deren Werten. In unreflektierter Weise glaubt die Frau dieses Typs, daß im Grunde keine Frau etwas an-deres will, als sich im häuslichen Kreis bewegen: ‹Wohl jede Mut-ter wäre überglücklich, wenn sie ganz bei ihrem Kinde sein könnte.› Nur so führt sie ‹ein richtiges Familienleben›. Die Identi-fikation mit der Rolle der Familienmutter ist vollkommen; diese Frauen haben das Gefühl, ihr eigenstes Wesen darzulegen, wenn sie sich entsprechend der gesellschaftlichen Rollenerwartung ver-halten, und für die meisten von ihnen ist es wohl auch ihr eigenstes Wesen. ‹Die Frau gehört ins Haus› – der Topos bedeutet für sie: ‹Die Mutter gehört zu ihren Kindern›, ‹sie hat für ihre Kinder da zu sein›, ‹das Haus braucht die Frau›. Ohne die Familienmutter ist es kein richtiges Haus, ist es keine richtige Familie: ‹Wer lieber arbei-ten will, soll nicht heiraten› … (Ingrid Langer-El Sayed, a. a. O., S. 56)

Aus dem Ifas-Report «Frau und Öffentlichkeit»

«Hier antworten 53 % der berufstätigen Frauen, sie zögen, falls sie es sich erlauben könnten, die Hausfrauentätigkeit vor. Von den Nur-Hausfrauen waren 56 % mit ihrem Los zufrieden und gaben vor, nicht in den Beruf gehen zu wollen: «Nimmt man die Wünsche

der Berufstätigen und die der Hausfrauen zusammen, so ergibt sich, daß mehr als die Hälfte (55%) am liebsten zu Hause sein möchte und zwei Fünftel am liebsten im Beruf. Letztlich geht also vom Haus immer noch die größere Anziehungskrft aus.» (zitiert in: Ingrid Langer-El Sayed, a. a. O., S. 58)
«Die allgemeinen Normvorstellungen sind dagegen noch stark an der traditionellen Rollenauffassung orientiert: von den positiv zum Beruf eingestellten Frauen, die gern berufstätig sind und bleiben möchten, und von den Hausfrauen, die den Beruf ihrem Hausfrauendasein vorziehen würden, behaupteten 61%, sie hielten die Berufstätigkeit der Frau ‹eigentlich für nicht normal›. Von den hausorientierten Frauen waren es 73%. Insgesamt entschieden sich damit 68% der befragten Frauen dafür, die Berufstätigkeit der Frau als nicht normal, also als nicht der Norm entsprechend, anzusehen.» (Ingrid Langer-El Sayed, a. a. O., S. 59)
«Will die verheiratete Mutter im Erwerbsleben ihren Status gewinnen, so wird sie im Normalfall ‹unterprivilegiert› sein, denn sie muß hinter ihren Möglichkeiten zurückbleiben, weil sie (bei sinkendem Heiratsalter) durch Schwangerschaft, Geburt und Betreuung der Kinder gerade die wichtigsten beruflichen Entwicklungsjahre verliert. Gehobene Tätigkeiten setzen kontinuierliche Berufserfahrung voraus, bei einfachen Arbeiten, die manuelles Geschick und Schnelligkeit verlangen, kommt man in späteren Jahren oft nicht mehr mit. Die verheiratete Frau, die Kinder zu haben wünscht, muß sich für die Familie und gegen den Beruf oder für den Beruf entscheiden.» (Reinhold Junker, Die Lage der Mütter in der Bundesrepublik Deutschland, Köln 1965, in: Ingrid Langer-El Sayed, a. a. O., S. 60)

4.3 Partnerin des Mannes

Bild 7 und 8: Schönsein für den Mann
Beide Reklamebeispiele verlangen von der Frau, schön und gepflegt zu sein.

Bild 7: (Wellamed)
Die Anzeige zeigt eine Frau, die allein im Doppelbett sitzt; der Platz neben ihr ist leer. Der Reklametext behauptet: «Einsam, weil sie Schuppen hat.»

Bild 8: (Endocil)
Das Reklamefoto zeigt die Gesichter eines Mannes und einer Frau.
Während das Gesicht der Frau glatt, faltenlos und gepflegt ist, sind
bei dem Mann deutlich Falten zu erkennen. Der Werbetext sagt: «Ein
Mann darf Falten haben. Eine Frau nicht.»
Beide Werbebeispiele machen deutlich, daß es für die Frau wichtig
ist, vom Mann anerkannt zu werden. Weil sie von ihm abhängig ist,
muß sie sich seinem Urteil fügen und anpassen.

Bild 9: Beuteobjekt des Mannes (Honda)
«Eingeengt in die Monotonie der routinemäßigen Vergnügen, die sie

172

im Grunde genommen längst leid sind, denken die erfolgreichen Männer von heute zurück an eine Zeit, in der sie frei und ungebunden waren – in der sie zupackten und sich nahmen, was ihnen gefiel – in der sie in jeder Minute dem Leben seine besten Seiten abgewannen.»

Einen der Männer, der so zurückdenkt, zeigt die Reklame. Er lehnt sich lässig an seine Honda und ist gerade dabei, sich mit konzentriertem Gesichtsausdruck eine Zigarette anzuzünden. Seine Figur schafft die optische Verbindung zwischen dem unteren Teil der Reklame, in der das Motorrad vorgestellt wird, und dem oberen Teil, dem Himmel, in den das konkret hinprojiziert ist, was im Textteil allgemein ausgesagt wird. Als gleichzeitige und wohl auch gleichrangige Objekte männlichen Zupackens erscheinen galoppierende Pferde mit wehenden Mähnen und ein vergleichsweise überdimensioniertes Frauengesicht. Pferde und Frau werden als Beute der Männer gezeigt, die sich «nahmen, was ihnen gefiel». Die Rolle des Mannes ist die des Jägers; mit Hilfe seiner Honda – so suggeriert die Werbung – wird die Jagd gelingen: «Als ob man diese Zeiten nicht jederzeit zurückholen könnte.»

Freiheit in einem so verstandenen Sinne schließt eine Partnerschaft zwischen Mann und Frau aus. Die Frau wird zum Beuteobjekt.

Bild 10: Die romantische Partnerbeziehung (Stock Vermouth)
Die Reklame zeigt ein Liebespaar vor der Kulisse des Trevibrunnens in Rom. «Wundervoll ist Rom» behauptet der Werbetext.

Diese Aussage des Textes soll durch das Bild illustriert werden. «Wundervoll» bezieht sich sowohl auf die Brunnenarchitektur wie auch auf die Assoziation, die durch das Wort Rom ausgelöst werden und dem Arsenal eines tradierten Bildungskanon entnommen sind. Schlager, Reiseprojekte usw. garantieren eine allgemeine Verbreitung klischeehafter Vorstellungen von Rom, der «Ewigen Stadt». Diesem Rahmen entspricht das Liebespaar in Kleidung, Haltung und Gestik. Die Kleidung ist festlich und kostbar. Der Mann trägt einen dunklen Abendanzug; die Frau in rosafarbenem Kleid und faltenreichem Cape weckt klischeehafte Vorstellungen wie «märchenhaft», «Prinzessin» usw., zumal ihre Kleidung nicht eindeutig einer bestimmten Mode zuzuordnen ist und mit ihrem fließenden Faltenwurf an Bilder aus der Kunstgeschichte erinnert.

Theaterkleidung und theatralische Kulisse lassen an eine Bühnenszene denken, in der die beteiligten Partner eine romantische Liebesszene spielen: die Frau lehnt ihren Kopf an die Stirn des Mannes, er umfaßt mit beschützender Geste ihre Hand. In dieser scheinbar gleichberechtigten Partnerbeziehung weisen Haltung und Gestik beider Partner die Frau als die Schutzbedürftige aus, die Geborgenheit beim Mann findet.

Bild 11 bis 16: Die Freizeitpartnerin (Lord Extra)
Die dargestellten menschlichen Figuren sind Hauptmotiv der Lordwerbung. Sie posieren beim Rauchen von Lord Extra und bei der Ausübung verschiedener Sportarten: Angeln, Strandsegeln, Eishokkey, Wellenreiten, Autorennen ...
Hauptmerkmal ihres Images ist Sportlichkeit. Dies dokumentiert sich außer in der Ausübung des Sportes selbst und in den gezeigten Sportgeräten in einer durchgehend sportlichen Kleidung.
Sportlichkeit signalisieren auch die sonnengebräunten Gesichter und die schlanken, wohlproportionierten Figuren, die Ruhe, Überlegenheit und Lässigkeit ausstrahlen. Das Lachen auf den Gesichtern läßt auf intensive Lebensfreude und Genuß schließen. Zu all dem passen harte, aktive und kontrastreiche Farben.
Die Frau scheint als gleichberechtigter Partner einbezogen zu sein. Erst ein zweiter Blick zeigt, daß es Unterschiede gibt. Die Gesichter der Männer sind wesentlich kantiger und faltenreicher («Ein Mann darf Falten haben, eine Frau nicht»).
Auch in anderer Hinsicht unterscheiden sich Mann und Frau. Wirklich unbeschränkt Sport treiben darf der Mann; die Frau ist lediglich zum Skifahren zugelassen (Bild 16) und wird in einem anderen Beispiel (Bild 13) beim Wellenreiten gezeigt – allerdings weit im Hintergrund.
Bei gefährlicheren Sportarten wie Autorennen (Bild 14) oder Strandsegeln (Bild 12) erscheint die Frau als teilnehmende und helfende Gefährtin des Mannes, die ihn mit Zigaretten versorgt und die gefahrenen Zeiten notiert (Bild 14). Selbst beim Angeln nimmt die Frau nicht aktiv teil, sondern hält lediglich das Netz (Bild 11).
Die Frauen werden zu Luxusartikeln und Repräsentationsobjekten – genau richtig für Männer, deren Erfolg im Leben sich im Konsum von Freizeit, Urlaub und Lord Extra und in der Ausübung meist exklusiver Sportarten dokumentiert.

Partnerin des Mannes
«Die Ausbildung der Strukturtypen der Gattenbeziehungen ist abhängig von der sozialen Schicht und der Berufsausbildung. Interessant dabei ist, daß außer den Bauern und der Landbevölkerung, die noch am stärksten der patriarchalischen Autoritätsstruktur in der Fa-

milie zuneigen, das Patriarchat vor allem in den höheren Schichten und Akademikerkreisen verbreitet ist. Dabei spielen die tatsächlichen Macht- und Autoritätsverhältnisse in Familien der höheren Schichten, die ihren sowohl materiellen als auch immateriellen Status dem Vater verdanken, die entscheidende Rolle. Es ist gerade in diesen Fällen nicht so sehr ausschlaggebend, wenn die Ehegatten oder insbesondere der Ehemann sich zu einer partnerschaftlichen Haltung bekennen. Das wirtschaftliche und geltungsmäßige Übergewicht des Mannes zieht de facto eine ihn begünstigende Autoritätsstruktur nach sich.» (Ingrid Langer-El Sayed, a. a. O., S. 75/76)

«Die Familienquote, die selbst für das partnerschaftliche Verhältnis der Ehegatten einräumt, der Mann besitze ‹häufiger ... ein (personales) Übergewicht› ..., die Familienenquete also, weist z. B. darauf hin, daß sich Tendenzen ‹einer partiellen ... innerfamilialen Dominanz der Frau› zeigen. Diese würden verstärkt ‹durch die gestiegenen Freizeit- und Konsummöglichkeiten, wie durch die wachsenden Aufgaben der Erziehung und schulischen Betreuung der Kinder als Betätigungsfeld der Frau›. Die Untersuchung ‹Ehe und Elternschaft 1964› fand z. B. im Bereich der Kindererziehung einen wesentlich stärkeren Einfluß der Mutter als des Vaters.» (Ingrid Langer-El Sayed, a. a. O., S. 76)

«Der schon erwähnte Ifas-Report ‹Frau und Öffentlichkeit› fand allerdings nicht einmal eine stärkere innerfamiliäre Entscheidungsvollmacht der Frauen als der Ehemänner. Diese Erhebungen ergaben, daß nur ein Drittel der befragten Ehefrauen und dann hauptsächlich ‹bei größeren Einkäufen› den Ton angeben. Bei allen weiteren befragten Gebieten – Erziehung, Urlaub, Stimmabgabe, Zeitungsabonnement – stellten sich ihre Entscheidungsmöglichkeiten noch geringer dar. Der Ifas-Report behauptet ausdrücklich, die heute so viel beschworene Form eines innerfamiliären ‹Matriarchats› nicht gefunden zu haben: es stellte sich hier sogar heraus, daß ‹die Mütter durch ihre Berufstätigkeit für die untersuchten Bereiche innerhalb der Familie keine weiterreichenden autonomen Entscheidungsbefugnisse erhalten.» (Ingrid Langer-El Sayed, a. a. O., S. 77)

Die Frau in Ausbildung und Beruf

«Obwohl sich viele junge Mädchen und ihre Eltern soweit von den herkömmlichen Vorstellungen gelöst haben, daß sie eine über die Volksschule hinausgehende Bildung und Ausbildung wünschen, bleiben sie doch im Bann der Tradition, insofern sie sich überwiegend für Berufe entscheiden, von denen sie meinen, sie seien dem weiblichen

176

«Wesen» am ehesten adäquat. Diese Tendenz dominiert auf allen Stufen, sowohl bei der Wahl einer Lehre, als auch bei der Festlegung auf ein Fachgebiet in Hochschulen und berufsbildenden Schulen. Unabhängig von Begabung und Fähigkeit engt sie von vornherein den Bereich ein, in dem gewählt werden kann, und stellt damit eine nur Mädchen behindernde Schranke dar.» (Helge Pross, a. a. O., S. 24)

«Trotz der günstigen Marktsituation blieben die Mädchen in herkömmlichen Bahnen. Das zeigt die Liste der zehn Berufe, die 1963 am stärksten besetzt gewesen sind: Verkäuferin, Friseuse, Industriekaufmann, Bürogehilfin, Rechtsanwalts- und Notargehilfin, ländliche Hauswirtschaftsgehilfin, Bürokaufmann. Die überwiegende Mehrheit strebte also eine Tätigkeit als Verkäuferin, als Büroangestellte oder als Friseuse an. Technische Berufe fehlten also ganz.» (Helge Pross, a. a. O., S. 25)

«Die Masse der Studentinnen bewegt sich ebenfalls in den Bahnen der Konvention. Im Sommersemester 1963 nahmen die Fächer Humanmedizin, Germanistik und neue Sprachen über 50 % aller Studentinnen auf. Etwa die Hälfte will Ärztin oder Lehrerin werden.» (Helge Pross, a. a. O., S. 27)

«Fast 40 % aller berufstätigen Frauen arbeiten im Büro, ergab unsere Untersuchung. 26 % verdienten in einer Fabrik, knapp 10 % in einem Laden ihr Geld. Die übrigen sind in Krankenhäusern, Labors, Schulen, Verkehrsbetrieben und anderswo beschäftigt.» (Brigitte, 19/72, S. 107)

«Arbeiterinnen haben das niedrigste Einkommen. Von allen befragten Arbeiterinnen und Angestellten verdienen im Monat 50 % weniger als 600 DM, 25 % bis zu 800 DM, 20 % bis zu 1200 DM, 4 % mehr als 1200 DM. Bei den Angaben handelt es sich um den Nettoverdienst. Von den Arbeitnehmerinnen, die weniger als 600 DM verdienen, sind zwei Drittel Arbeiterinnen. Zu den Frauen mit einem «Spitzeneinkommen» über 800 DM gehören nur 8 % der Arbeiterinnen.» (Brigitte, 19/72, S. 109)

«Nur 4 % aller berufstätigen Frauen arbeiten regelmäßig mehr und länger als unbedingt notwendig ist. Zu einer intensiveren Berufstätigkeit lassen ihnen ihre ‹Hauptrollen› Ehefrau, Hausfrau, Mutter keine Zeit. Auch junge, ledige Arbeitnehmerinnen arbeiten nicht für Erfolg im Beruf oder gar für eine Karriere – weil sie vor allem heiraten wollen. 18 % aller berufstätigen Frauen leisten nur Teilzeitarbeit. 50 % leisten nie Überstunden. 75 % sind an allen Wochenenden zu Hause. 90 % arbeiten nie an Sonn- und Feiertagen.» (Brigitte, 19/72, S. 111)

«Die Frauen verdienen überall schlechter als die Männer. Das zeigt auch ein Vergleich der Stundenlöhne in der verarbeitenden Industrie.

	Männer	Frauen	
Belgien			
Belg. Francs	81,7	55,4	= 32% weniger
Bundesrepublik			
Deutsche Mark	7,29	5,15	= 29% weniger
Frankreich			
Franz. Francs	7,17	5,41	= 24% weniger
Niederlande			
Gulden	5,88	3,56	= 39% weniger
Italien			
Lire	784	596	= 24% weniger
Luxemburg			
Luxemb. Francs			
	97,7	56,3	= 42% weniger

(Brigitte, 21/72, S. 115)

Aus: Ehmer, H. (Hrsg.): Kunst/Visuelle Kommunikation. Unterrichtsmodelle. Anabas Verlag Gießen 1976⁴, S. 109–120. Abdruck mit freundlicher Erlaubnis des Verlags.

**Lernen Sie jemanden kennen,
der John Player Special raucht –
vielleicht steigt sie um auf Tandem.**

Die neue King-Size-Packung: 20 Filter für DM 3,–
Jetzt überall: im Automaten, Tabakwaren- und Lebensmittelgeschäft.

**Lernen Sie jemanden kennen,
der John Player Special raucht –
vielleicht verrät sie Ihnen den Trick mit dem Vögelchen.**

Die neue King-Size-Packung: 20 Filter für DM 3,–
Jetzt überall: im Automaten, Tabakwaren- und Lebensmittelgeschäft.

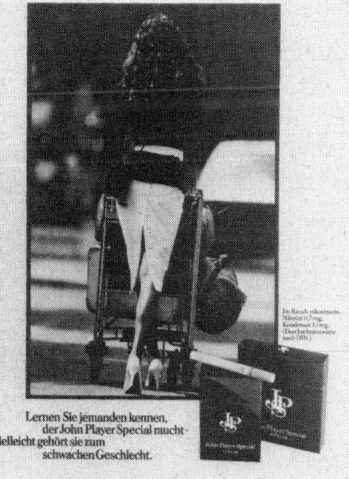

**Lernen Sie jemanden kennen,
der John Player Special raucht –
vielleicht gehört sie zum
schwachen Geschlecht.**

**Lernen Sie jemanden kennen,
der John Player Special raucht –
vielleicht bleibt sie nicht standfest.**

Beispiel 3

Christiane Schmerl, Gerd Fleischmann

Die Spitze des Eisbergs – Frauenfeindlichkeit in der Werbung

Eine Ausstellung

Die Ausstellung ist als Wanderausstellung konzipiert und umfaßt 50 Tafeln im Format Din A 1, Pappe lackiert, im Siebdruck bedruckt, Original-Anzeigen aufkaschiert, verpackt in einer Versandkiste ca. 90×70×20 cm.
Die einzelnen Tafeln können an Wänden, Raumteilern oder frei aufgehängt werden. Sie sind hier bis Tafel 43 verkleinert und einfarbig wiedergegeben.
Verleih durch
Elefanten Press Verlag GmbH
Dresdener Str. 10
1000 Berlin 36
Telefon 030/6147704

Frauenfeindlich

Die Spitze d

Eine Ausstellung v
und Gerd

es Eisbergs

Christiane Schmerl
eischmann

as würden Sie sagen, wenn
ine bestimmte Gruppe, z.B.
die' Juden oder 'die' Neger
tändig in der Werbung als
esonders raffiniert, tech-
isch dumm, sexuell auf-
eizend, putz-, streit- und
ratschsüchtig, naschhaft
nd diebisch dargestellt
ürde?

Warum denn die Neger?"

arum denn die Frauen?!

Frauenfeindliche \
die die 'normale'(!) Verwendun
zynisch auf di

Die Ausstellung zeigt eine Auswahl
solcher 'Spitzen', zum größten Teil
aus Publikumszeitschriften wie
Stern, Spiegel, etc...

Wir meinen, das ist lediglich die
sichtbare Spitze des ganzen Eisbergs.

Die massierte Darstellung solcher
negativer Frauenbilder soll unsere
Aufmerksamkeit auf ein durchgängiges
und charakteristisches Merkmal der
Werbung lenken: auf die menschenverachtende Verwendung von Frauen
zu Werbezwecken.

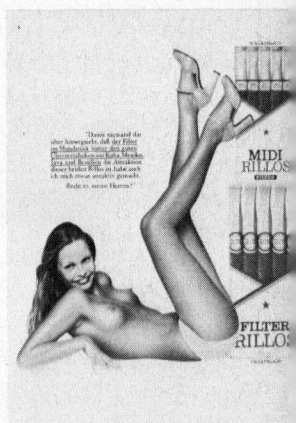

Die hier gezeigten, off
sollen auf die permanente Verwendu
hir

Dieses millionenfach verbreite
prägt unsere Vorstellungen über Da
Bei Männ

Un

3.

ung ist Werbung
n Frauen und Frauenklischees
itze treibt

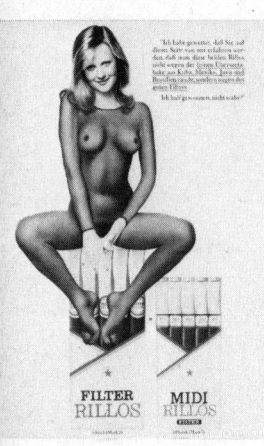

FILTER RILLOS   **MIDI RILLOS**

Diese zwei Anzeigen aus einer Serie
für 'Rillos' zeigen beispielhaft
gleich mehrere Arten von Frauenfeindlichkeit in der Werbung:

1. <u>Sexuelle Anzüglichkeiten</u> auf
Kosten der Frau: "Aufmerksamkeit" =
<u>sexuelles Interesse des Mannes</u>,
"attraktiv machen = sich ausziehen.

2. Gleichsetzung von 'Frau' mit
bestimmten Produkten: eine spärlich
bekleidete Frau sitzt oder liegt
auf oder neben einem Produkt für
den <u>Mann</u> – den <u>weißen</u> Mann!

3. Männlicher <u>Zynismus</u>: das unver-
blümte Eingeständnis, daß man mit
einem ausgezogenen Mädchen alles
'an den Mann' bringen kann.
Und darin besteht dann der <u>Witz</u>.

"Recht so, meine Herren?"

uenfeindlichen Anzeigen
Frauenklischees in der Werbung
.

überall angebotene Frauenbild
und Verwendungszwecke von Frauen.
Frauen.

lindern.

185

Die Rezepte

1 Frau=Sex

2 Frau=Produk

3 Haushalt=Fr

4 Typisch Frau

5 Kosmetische

6 'Emanzipatio

7 Männlicher Z

/Produkt=Frau
u

wangsjacken
|'

nismus

Rezept No.1: F

Sexuelle Anzüglichkeiten auf Kosten der Frauen

Offenbar läßt sich mit weiblicher
Sexualität alles 'an den Mann'
bringen: Eiscreme, Kräuterlikör,
Autoreifen, Ferienreisen, etc.,etc.
Der Effekt ist: die Gleichung
Frau=Sex wird gründlich gelernt.

Aus der Art, wie diese Gleichung
immer wieder inszeniert wird, ergibt sich: Frauen an sich sind
reduzierbar auf Sexualität. Was
an ihnen interessiert und wesentlich ist, ist ihre Verwendbarkeit
als sexueller Gebrauchsgegenstand.
Für den Mann.

Hier wird auf vielfache Art zum Aus-
druck gebracht, daß Frauen sexuelles
Spielzeug für Männer sind. Diese
Masche ist die durchgängigste in der
Werbung überhaupt; sie taucht in
allen anderen Rezepten als beliebte
Zutat wieder auf.

Wer hat die Verantwortung
für die Kleidung Ihrer Mitarbeiter?

"... die Kleidung Ihrer Mit(!)arbeiter":
Was liegt näher als der Gedanke an un-bekleidete
weibliche Untergebene - an junge natürlich, wo
käme Mann sonst hin?

Chefs interessieren sich nun mal kraft ihrer
Stellung und dank ihres Augenmaßes für das An-
und Ausziehen ihrer weiblichen Betriebsangehörigen.
Weibliche Untergebene wissen dieses sportliche
Interesse dankbar zu schätzen - und die Werber
sorgen dafür, daß es nicht vorzeitig erlahmt.
Unzucht mit Abhängigen?

189

Rezept No.1
Frau=Sex

Die Kurven der Frauen ...

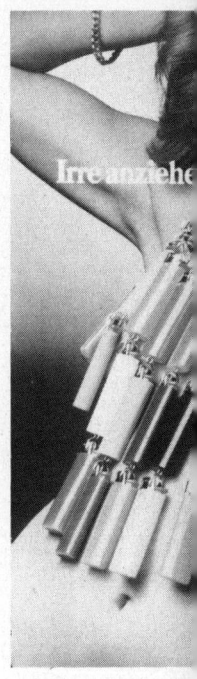

"Anziehend" ist, wenn frau sich auszieht - für den Mann.
Wenn Mann ihr dann das Produkt 'anzieht', gibt's ein
geistreiches Wortspiel, das selbst ganz dumme Männer
gleich verstehen - Gott sei Dank!

... welch unerschöpfliches Thema für den Mann ...

... welch unerschöpfliches Thema für die Werbung!

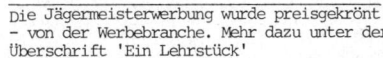

Die Jägermeisterwerbung wurde preisgekrönt
- von der Werbebranche. Mehr dazu unter der
Überschrift 'Ein Lehrstück'

191

Rezept No.1
Frau=Sex

Busenfetischist?
Nein, männliche
Umgangssprache –
zumindest in der
Werbung.

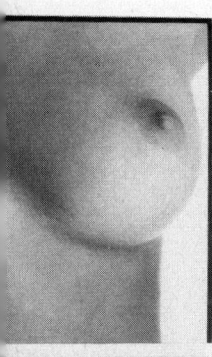

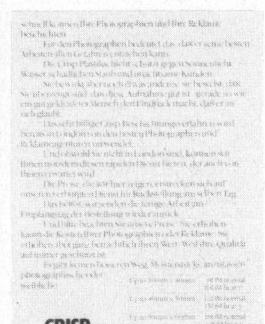

EBER ANFASSEN?

**CRISP
BESCHICHTUNGSVERFAHREN**

Diese Werbung richtet sich
- wie man dem Text entnehmen
kann - an <u>eine</u> bestimmte
<u>Berufsgruppe</u> : an Werbefoto-
grafen.

Werbung, die gezielt eine
Berufsgruppe ansprechen soll,
ist um einiges härter, zyni-
scher und frauenverachtender
als das, was an die breite
Öffentlichkeit gerichtet ist.

Vergleiche dazu "Werber
unter sich"

Facit:
- Frauen sind zum Anfassen da.
- Der wesentliche Teil einer Frau
  ist der Busen.
- Frauen faß man am Busen an.
  Mann.

Rezept No.1
Frau=Sex

Busen als Blickfang.
Wohin schaut ein Mann bei
einer Frau zuerst? Auf den
Busen! Was liegt näher, als
den Informationen, die Mann
als Werber loswerden will,
gleich einen prallen Busen
zu unterlegen?

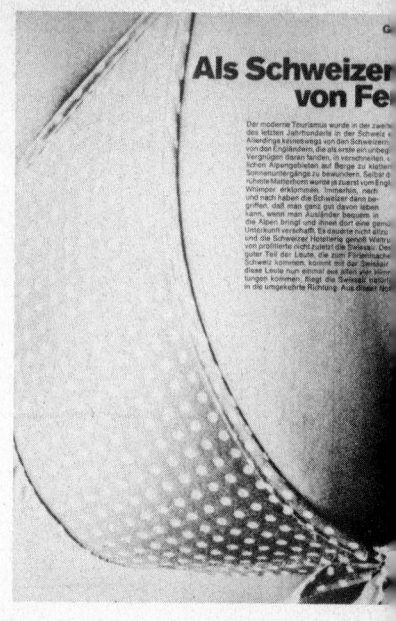

tehen wir was
ndern.

wald
as dran
Gehn wir mal rüber...
Wienerwald
...der gemütliche Weg, gut und preiswert essen zu gehen.

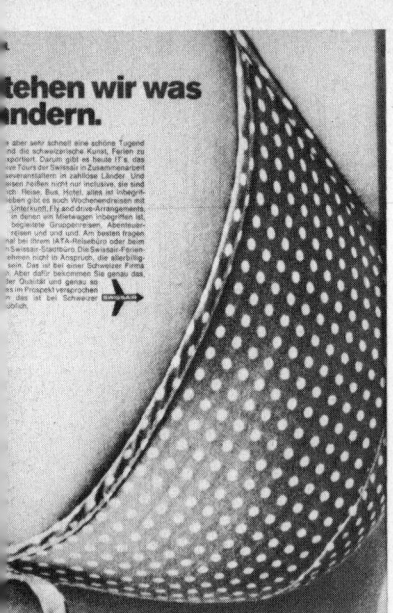

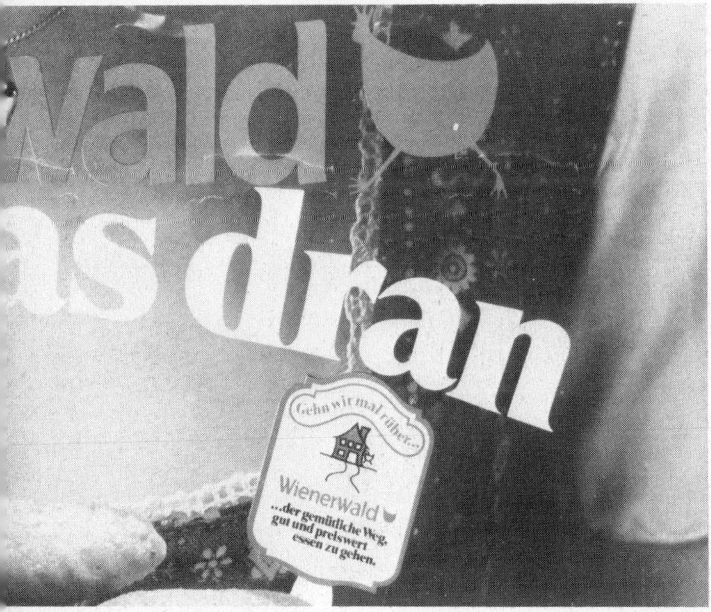

Rezept No.1
Frau=Sex

Ob schwarz,

ob weiß –

Frauen dienen dem kultivierten Genuß des Mannes.

"Australien ist riesig" - so riesig wie eine
riesige, nackte, blonde Frau mit einem Riesen-
busen. Wenn das kein Riesenspaß wird ...

Rezept No. 2: F

Gleichsetzung von Frauen mit Produkten und Konsumartikeln

Produkte werden mit Frauen verglichen; Frauen werden zu Produkten. Die Gleichsetzung von Produkt und Frau soll auf vermeintlich originelle Weise die positiven Eigenschaften der jeweiligen Ware veranschaulichen, wobei ein kräftiger Schuß vom Rezept No.1 (Frau=Sex) wieder mit dabei ist. Die Gleichung Produkt=Frau heißt außerdem: Frauen haben wie andere Konsumartikel auch stets taufrisch und unverbraucht zu sein. Aufreißen, reinbeißen, wegwerfen - eine neue Packung bitte! Frauenfeindlich? Menschenverachtend!

Goldschmuck

au=Produkt/

...t Frau.

...nste Art Gold zu besitzen.

Echt Frau.
Echt Gold.

Goldschmuck – die schönste Art Gold zu besitzen.

Frauen sind hochkarätiger Zierrat -
für Männer von Welt.

199

Produkt=Frau

Reiß mich auf! Vernasch mich! Wirf mich weg!
Waren sind wie Frauen. Man kann sie kaufen,
benutzen, verbrauchen. Prostitution? Oder...

... eine besonders gelungene Form von Schmeichelei?

Sony's geheime Verführer

DER NEUE SONY VORVERSTÄRKER TA-E 86 B UND
DER NEUE SONY A-CLASS/B-CLASS/MONO-ENDVERSTÄRKER TA-N 86 B.

Mit HiFi-Anlagen – man gestatte uns diesen gewagten Vergleich – verhält es sich wie mit Frauen: Ob man auf die Dauer mit ihnen glücklich wird, entscheiden nicht immer attraktive Äußerlichkeiten, sondern des öfteren die inneren Werte und die damit verbundenen Fähigkeiten.

Soweit es HiFi betrifft, möchten wir von Sony Ihnen den angenehmen Fall vorstellen, bei dem äußere wie innere Qualitäten gleichermaßen uneingeschränkte Bewunderung verdienen: Den Sony Vorverstärker TA-E 86 B und den Sony Kraftverstärker TA-N 86 B.

Hinter ihrem funktionalen Design verbergen diese beiden schlanken Schönheiten ein Innenleben, das auch den Anspruchsvollsten in dauerhaftes Entzücken versetzen muß.

Um nur einige delikate Details zu nennen: Der Vorverstärker Sony TA-E 86 B verfügt über einen Tonabnehmereingang mit einstellbarer Impedanz. Was dem Mittelmäßigkeiten verabscheuenden Kenner – für den wir den Leser dieser Anzeige selbstverständlich halten – sogar den Anschluß dynamischer Tonabnehmersysteme gestattet.

Und der Endverstärker Sony TA-N 86 B dürfte mit seinem wahlweisen A-Class/B-Class- und Mono-Betrieb jedem alten HiFi-Hasen erwartungsvoll das Wasser im Munde zusammenlaufen lassen. Ganz zu schweigen von den 2 x 80 Watt Sinus bei B-Class-Betrieb oder gar den 200 Watt Sinus bei Mono-Betrieb, dem Pulse-locked-power-Supply und dem Geräuschspannungsabstand von mehr als 120 dB.

Lassen Sie sich den aufregenden Flirt mit Sony's heimlichen Verführern nicht entgehen. Auch nicht, wenn Sie sich bereits für eine andere Stereoanlage entscheiden wollten.

Gehen Sie zu Ihrem Fachhändler. Spätestens, wenn Ihre Frage nach dem Preis beantwortet wurde, werden Sie Ihre guten Vorsätze vergessen. Und Sie werden es nicht bereuen.

SONY

Sony GmbH, Hugo Eckener Str. 20, 5000 Köln 30

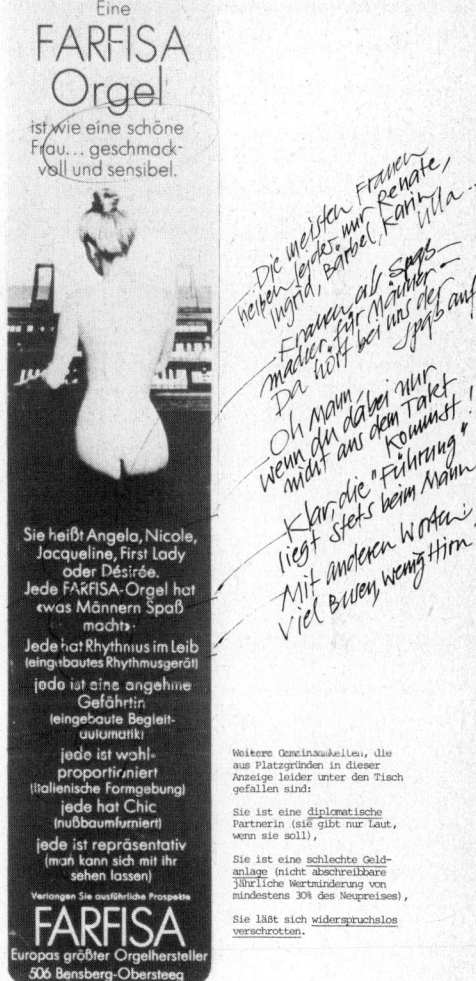

Eine
FARFISA
Orgel
ist wie eine schöne
Frau... geschmack-
voll und sensibel.

Sie heißt Angela, Nicole,
Jacqueline, First Lady
oder Désirée.
Jede FARFISA-Orgel hat
«was Männern Spaß
macht»
Jede hat Rhythmus im Leib
(eingebautes Rhythmusgerät)
jede ist eine angehme
Gefährtin
(eingebaute Begleit-
automatik)
jede ist wohl-
proportioniert
(italienische Formgebung)
jede hat Chic
(nußbaumfurniert)
jede ist repräsentativ
(man kann sich mit ihr
sehen lassen)

Verlangen Sie ausführliche Prospekte

FARFISA
Europas größter Orgelhersteller
506 Bensberg-Obersteeg

Die meisten Frauen
heißen leider nur Renate,
Ingrid, Bärbel, Karin, Ulla...

Frauen als Spaß-
macher für Männer —
Da hört bei uns der
Spaß auf!

Oh mann
wenn du dabei nur
nicht aus dem Takt
kommst!

Klar, die "Führung"
liegt stets beim Mann.

Mit anderen Worten:
Viel Busen, wenig Hirn?

Weitere Gemeinsamkeiten, die
aus Platzgründen in dieser
Anzeige leider unter den Tisch
gefallen sind:

Sie ist eine diplomatische
Partnerin (sie gibt nur Laut,
wenn sie soll),

Sie ist eine schlechte Geldanlage (nicht abschreibbare
jährliche Wertminderung von
mindestens 30% des Neupreises),

Sie läßt sich widerspruchslos
verschrotten.

203

Rezept No.2
Frau=Produkt/Produkt=Frau

Frauen, die einen kalt lassen,

Frauen, die nichts aushalten,
Frauen die nicht auszuhalten sind,

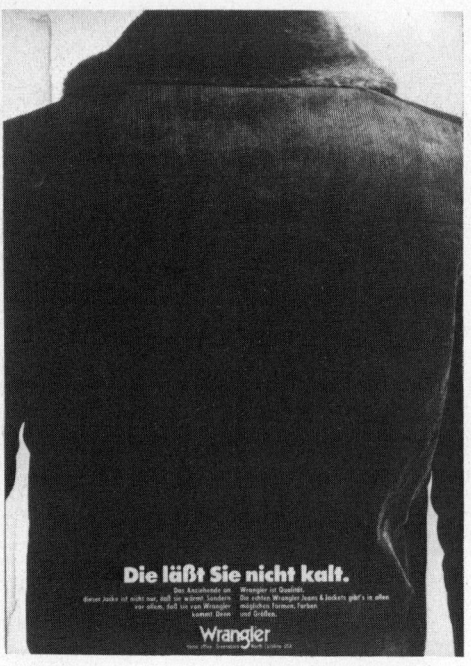

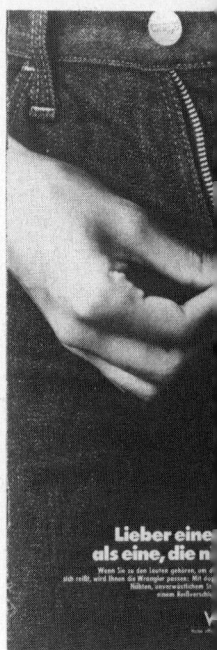

sind nichts.

sind beides nichts.

Frauen sind wie Tabak: blond oder schwarz,
kühl oder temperamentvoll.

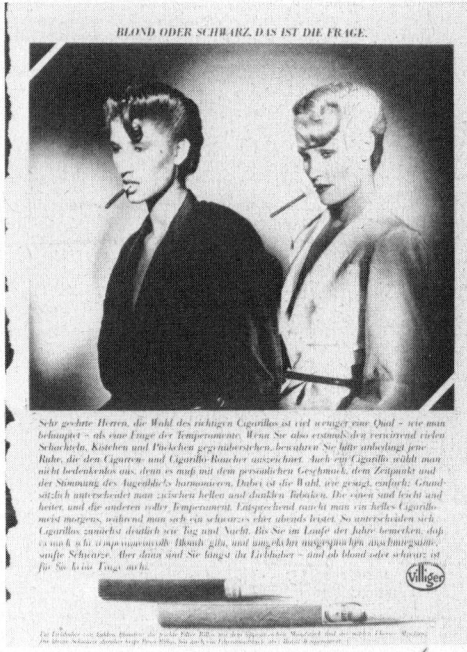

BLOND ODER SCHWARZ, DAS IST DIE FRAGE.

"Bis Sie im Lauf der Jahre bemerken, daß es auch
sehr temperamentvolle Blonde gibt, und umgekehrt
ausgesprochen anschmiegsame, sanfte Schwarze.
Aber dann sind Sie längst ihr Liebhaber - und ob
blond oder schwarz ist für Sie keine Frage mehr."

Rezept No.2
Frau=Produkt/Produkt=Frau

Für den weißen Mann war es schon immer etwas reizvoller, eine
"farbige" Frau zur Verfügung zu haben. Die reizenden Frauen
in Afrika, Asien und Südamerika können ein Lied davon singen.
Kokette Verniedlichung der Kolonialherrschaft des weißen Mannes...

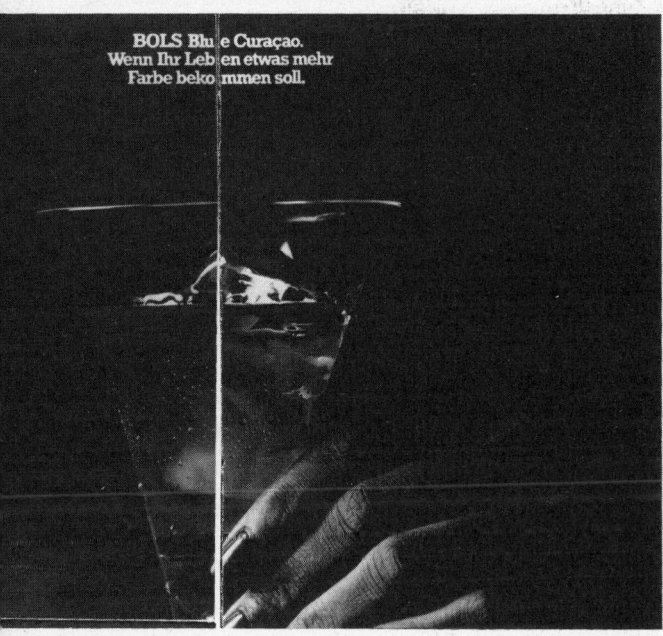

... oder nur ein exotischer Scherz?

Rezept No. 3: H

Frauen haben nur Haushalt im Kopf

Tatsächlich wird der Haushalt bei
uns überwiegend von Frauen erledigt.
Eine Infas-Umfrage von 1979 ergab,
daß sogar von den berufstätigen
Frauen 94% kochen müssen! Deswegen
ist die von der Werbung ständig
eingehämmerte Assoziation von
Frauen mit Küchen und Haushaltsgeräten schon schlimm genug.

Als frauenfeindlich wurden hier
jedoch nur solche Anzeigen aufgegriffen, die über diese beschämenden Verhältnisse hinaus glorreiche
Lügenmärchen über Frauen und Haushalt verbreiten:
- der Haushalt als einzige Erfüllung von Frauen,
- Arbeit im Haushalt als Luxusbeschäftigung oder 'Hobby',
- Hausfrauen als Empfangsdamen,
- Haushaltsgeräte als höchste
  Zeichen von 'Liebe' und 'Verwöhnung' durch den Ehemann.

Hausfreunde sind selten. So manche frustrierte Hausfrau
muß sich daher mit einem Teewagen begnügen.

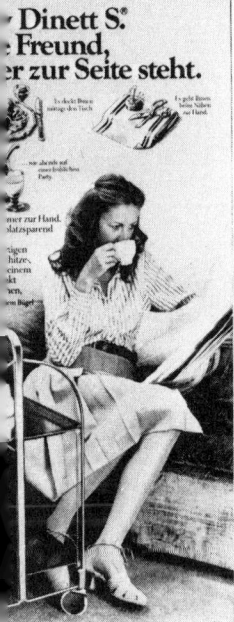

"Kavaliere" und "Freunde" für "sie"
und "ihre" Hausarbeit?

Rezept No.3
Haushalt=Frau

Wenn Ihre Fra
die Küche wünscht,
nicht etwas fü

Frauen gehören in die <u>Küche</u>

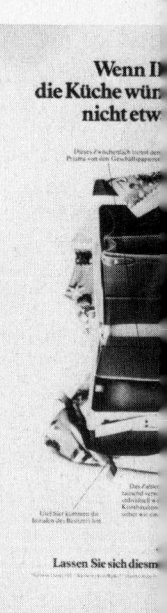

Hausfrauen machen seit Jahren mit Constructa die besten Erfahrunge

Sind wir Hausfrauen „Saubermänner"?

ich etwas für
um sollten Sie sich
Büro wünschen?

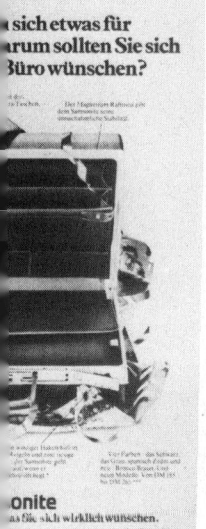

sich etwas für
arum sollten Sie sich
Büro wünschen?

onite

as Sie sich wirklich wünschen.

Männer ins Büro

Wie Sie
und New Y

Rezept No.3
Haushalt=Frau

"Nur Anne S. schaut verträumt auf den
Teppichboden ..."

Eigentlich sollte sie das Meisterwerk betrachten -
doch ihr Interesse gilt GIRLOON.

GIRLOON
Teppichboden

Männer haben Kunstverstand - Frauen haben
Haushalt im Kopf

Der Traum ein

Traum oder Alptraum? Wenn die Hausfrau zur"Küchenprinzessin"
befördert wird, dann läuft 'ihr' Haushalt gleich nochmal so
gut. Und dann sind "für die Frau in der Küche" auch wieder
"Lorbeeren zu ernten".

...en Küchenprinzessin...

"Auch wenn es um einen Geschirrspüler
geht, fürchten Männer nichts so sehr
wie Frauen auf dem Kriegspfad. Nutzen
Sie diese Indianer-Regel. Drohen Sie
ihm damit, sein Auto zu martern, wenn
Sie nicht endlich Ihren Bauknecht ..."

Rezept No.3
Haushalt=Frau

Hausfrauen heutzutage sind ja so
verwöhnt ...

... während die perfekte Küchentechnik
von allein läuft, amüsiert sich die
Hausfrau auf dem Tennisplatz.

Merke:

Der Übergang von einer Hausfrau
zur eleganten Empfangsdame ist
bei einer idealen Ehefrau
nahtlos ...

Hokus Pokus!

In einer so fantastischen Küche kann die gepflegte
Hausfrau nur noch tatenlos zusehen - mit Kaminrock
und Punschglas.

Rezept No. 4: T

"Typisch weibliche" Unarten in mancherlei Gestalt

hilflos,

Diese Art von Werbung bezieht ihren nie ausgehenden Stoff aus dem Bereich jener weiblichen 'Schwächen', Laster und Unausstehlichkeiten, unter denen die geplagte Männerwelt offenbar seit Generationen zu leiden hat - wenn man den abgestandenen Witzen darüber glauben darf.

So sind die Frauen! Offensichtlich ist Mann sich darüber einig. Und die Frauen? Wieviele dieser Vorurteile haben sie im Lauf der Zeit selbst übernommen?

pisch Frau!

(technisch) dumm,

Keine Ahnung vom Tippen,

aber den Herren Chefs stets
fleißig zu Willen?

Rezept No.4
Typisch Frau!

naschhaft, unbeherrscht, zu dick,

uflisch, <u>schlampig</u>,

219

Rezept No.4
Typisch Frau!

verwöhnt, maßlos, modisch überdre

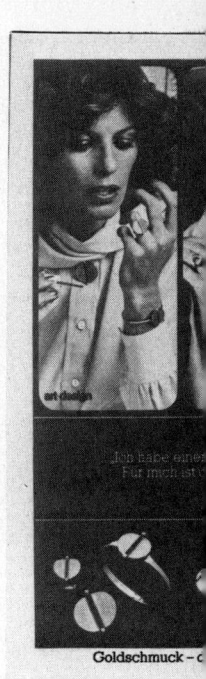

...hen Geschmack
...ade gut genug.

...rt, Gold zu besitzen.

Allen Frauen, die schon eine
Montags-, Dienstags-, Mittwochs-,
Donnerstags-, Freitags-,
Samstags-Tasche haben.
Hier finden Sie Ihre Sonntags-Tasche.

GOLD-PFEIL.
Der exclusive
Unterschied.

Rezept No.4
Typisch Frau!

albern, tratschsüchtig, unvernünf

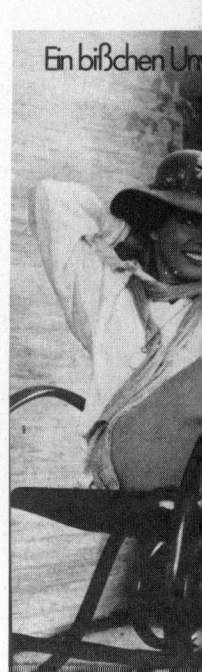

"Ist es nicht herrlich, als Freundin unter
Freundinnen über Freundinnen zu reden? Durch
nichts unterbrochen, als durch ein Stückchen
Kuchen, ein Schlückchen Kaffee, ein Löffelchen
Bols Advokaat? Männer verbringen einen Abend.
Aber Frauen verkichern einen Nachmittag.

Rezept No.4
Typisch Frau!

raffiniert, diebisch, Sklavenhalt

er für alle.

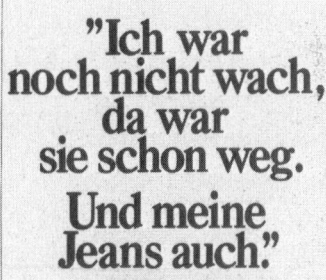

"Ich war
noch nicht wach,
da war
sie schon weg.

Und meine
Jeans auch."

Eine Rifle-Jeans ist
schon eine große Ver-
suchung. Sie sitzt so gut,
daß man sie einfach
nicht liegen lassen kann.
Keine sitzt besser.

Rifle-Jeans gibt es jetzt
endlich auch hier.
Kaufen Sie sich eine.

Girls tun unheimlich
viel, um an eine echte
Rifle-Jeans zu kommen.
Manche tun sogar alles,
sagt man.

...fühl doch mal,
wie gut sie sitzt.

Neu-Einführung
ab jetzt in Deutschland: Rifle Jeans

"Girls tun unheimlich viel, um an echte
Rifle-Jeans zu kommen. Manche tun sogar
alles, sagt man." Mann?!

Rezept No. 5: K

Rigorose kosmetische Forderungen an Frauen

Da Frauen auch heute noch das 'schöne' Geschlecht sind und sein müssen (während 'Mann' älter, dicker, schlaffer werden darf und dabei an Interessantheit gewinnt), geht es hier in erster Linie nicht um das 'normale' tägliche Trommelfeuer von Schönheitswerbung für Frauen. Deren Ideologie ist zwar fatal, aber ungebrochen.

Um sie jedoch zu verdeutlichen, sind hier nur solche Beispiele dargestellt, wo diese Ideologie ganz unverblümt, ganz schrill und ganz un - verschämt sagt, was Sache ist:
- ein Mann darf Haare haben, eine Frau nicht.
- ein Mann darf dick sein, eine Frau nicht.
- ein Mann darf ungepflegt sein (Naturbursche!) eine Frau nicht (Schlampe!)

Ein Mann
darf Falten haben.
Eine Frau nicht.

Endocil

Haut soll jung bleiben. Endocil hat die Formel.

Was Männer
unter nackt verstehen

VEET...die zärtliche Enthaarung

Veet

Männer entscheiden: schöne Haut ist ohne
Haare, weich, seidenweich, ...

"Was einen Mann interessanter macht, macht eine Frau
älter."

Zwangsjacken

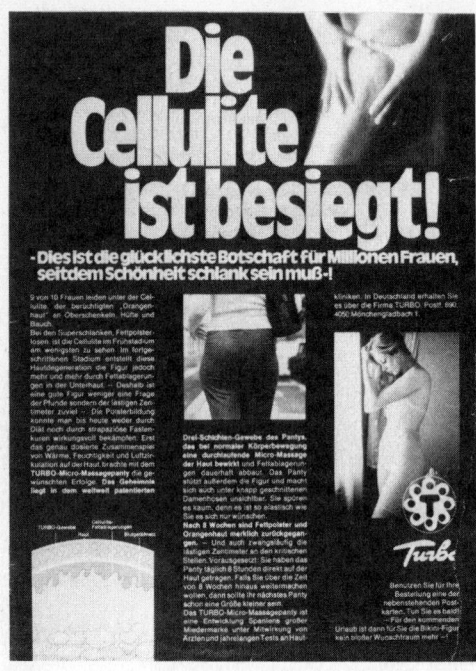

Schönheit <u>muß</u> schlank sein.

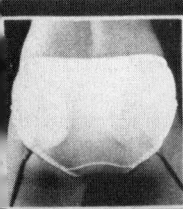

Schlaffes Gesäß

Schlaffe Gesichtshaut

obleme ?

ne
wenden !

Das ist der Moment, da Ihnen
Slendertone helfen kann.
Regelmässige Slendertone-
Behandlungen verbessern die
Muskelform, beseitigen Er-
schlaffungen des Gewebes und
lassen die wulstigen Partien
verschwinden. Und all das
während Sie in Ruhe lesen,
schreiben oder fernsehen.

D-7750 Konstanz

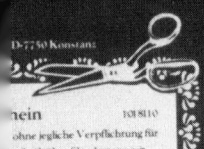

hein   1018110
ohne jegliche Verpflichtung für
schrift über Slendertone mit
ber eine Zehntage-Erprobung
besuch)

Merke:

Um 'seine' Erwartungen von
einer aufregenden und re-
präsentablen Mieze nicht
zu enttäuschen, ist Frau
kein Korsett zu eng, kein
Tiegelchen zu teuer und
keine Chemie zu gefährlich,
denn 'er' ist ja das Maß
aller Dinge ...

"Für jede Frau kommt die Zeit ..."
Für Männer nie?

229

Rezept No.5
Kosmetische Zwangsjacken

Liebe unverstandene Eva, reiß dich zusammen, schließlich gehen seine Wünsche vor.

Liebe unverstandene Eva,

wenn auch Du einen Mann hast, der abends nicht so gerne hören will, wie Du Dich den lieben langen Tag abgerackert hast, sondern nur eine zufriedene, hübsche Eva sehen möchte:

ein walnußgroßes Flöckchen »Schaum-Maske« – nicht unpraktischer als Dein üblicher Cremetupfer – läßt Dich jeden Tag in wenigen Minuten so ausschauen, als ob Du einen Sonntagvormittag lang ausgeschlafen hättest und nach einem fürstlichen Frühstück zwei Stunden in Wald und Feld spazierengegangen wärst.

»Schaum-Maske« von Merz macht Dein Mädchengesicht im Nu wieder lebendig.

Wenn frau zu fett wird, braucht sie einen ordentlichen
Klaps - zur 'Korrektur'.

So bleibt Ihr BUSEN auf der Höhe

Sind Sie mit Ihrem Busen zufrieden? Damit Sie es bleiben, sollten Sie diesen Beitrag sehr aufmerksam lesen und unsere Tips beherzigen. Am besten schon morgen. Haben Sie Busen-Probleme? Dann müssen Sie sofort etwas dagegen tun und mit der speziellen Pflege beginnen. Am besten noch heute . . .

Rezept No. 5
Kosmetische Zwangsjacken

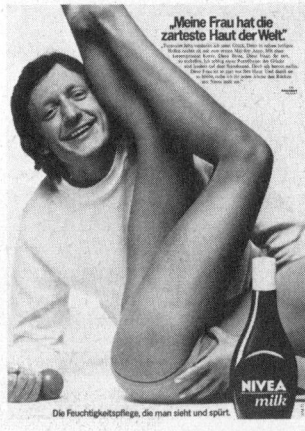

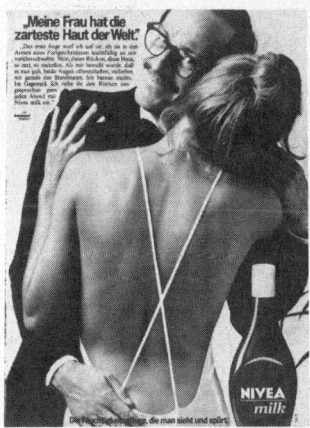

Rezept No.5
Kosmetische Zwangsjacken

Schiesser garantiert Ihnen zwei Jahre lang einen schönen Busen.

Schiesser ⊕

Unsere Masche ist Qualität.

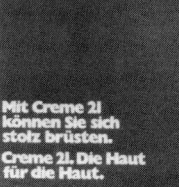

Mit Creme 21 können Sie sich stolz brüsten.

Creme 21. Die Haut für die Haut.

und danach?

Wehe, der Busen, unser Fetisch No.1, wird nicht so
'hübsch gemacht", wie Mann in der Miederindustrie
es will!

Miss Ski.
Wer sagt denn, daß ein Nahtloser keinen hübschen Busen machen kann?

Wenn man sich Gedanken macht, wie ein hübscher BH aussehen sollte muß man sich vorstellen, wie ein hübscher Busen aussieht: leicht gerundet. Auf keinen Fall spitz, aber auch nicht zu flach. Schön geteilt. Busenspitzen ein klein wenig nach außen. So ist unser heutiges Schönheitsideal.

Wenn Sie dann mit uns einig sind, sollten Sie unseren neuen Miss Ski einmal anziehen. Er gibt Ihrem Busen jenen leichten Halt, den er braucht. Daß sich keine Naht abzeichnet, versteht sich von selbst. Die Körbchen sind ja vorgeformt.

Wie reizvoll Sie aussehen, werden Sie merken, wenn Sie ein hauchzartes Kleid anziehen. Oder wenn Sie es ausziehen.

Miss Ski – hauchzart durch Lycra®

Miss Ski. Die neue, leichte Linie von Ski.

235

Rezept No.6: 'F

Vermarktung und Pervertierung des Emanzipationsbegriffs

Emanzipation ist 'in'; was liegt näher, als sie zu Werbezwecken zu vermarkten! Und da die Emanzipation von Frauen in einer Männergesell- schaft schon immer zum Schreien komisch war, darf hier herzlich gelacht werden, denn Werbung ist schon eine lustige Sache.

'Emanzipation','Mitbestimmung', 'Freiheit' und dergleichen haben aber für die Werbung noch einen anderen Vorteil: sie lassen sich käuflich erwerben, wenn frau sich nur all diese Waschmaschinen, Strümpfe, Hosen, BHs, etc.,etc. kauft.

Die Profitinteressen der Her- steller seien gesegnet: Bei ihnen ist die Emanzipation der Frau in den allerbesten Händen!

Lee. M

Die klassischen Co sie zu tragen. Das Der hautnahe Sch machen.

Lee. Freier k uuxodo

"Jeder Popo soll die gleiche Chance haben, in Hosen gut auszusehen", damit "alle Frauen mal richtig die Hosen anhaben, Zumindest in der Mode."

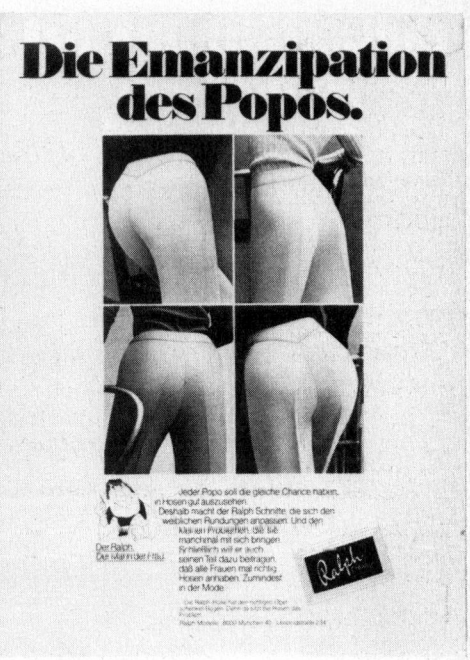

Klar, wo denn sonst?!

Mode, die frei macht - zum Freiwild?

»Ich trinke Jägermeister, weil mein Mann sagt, ich sei auch gleich berechtigt, aber nicht sofort.«

Jägermeister. Einer für alle.

Rezept No.6
'Emanzipation'

Der Geschmack von Freiheit und Abenteuer ...

... besteht für Frauen im Anlegen von Korsetts und Reizwäsche.

Hol'dir diese Freiheit, Mädchen!

Rezept No.6
'Emanzipation'

"Die sogenannte Entscheidungsfreiheit der Frau ist zu
einem Politikum geworden. ... Diese einseitige Entscheidungsfreiheit, die als Form der extremen Emanzipation gewertet werden muß, führt vor allem zu einer
eindeutigen Überforderung der Frau, die dieser Be-
lastung nicht gewachsen ist." (CDU-MdB Hanna Neu-
meister am 25.4.74 vor dem deutschen Bundestag)

**Wir brauchen die Klugheit
und Menschlichkeit der Frauen
für unsere Politik.***

CDU
sicher, sozial und frei

"Aufgrund der hormonellen Umstellung des Körpers sind
schwangere Frauen zu rationalen Entscheidungen nicht
fähig." (CDU-MdB Roswitha Verhülsdonk am 17.5.73 vor
dem deutschen Bundestag)

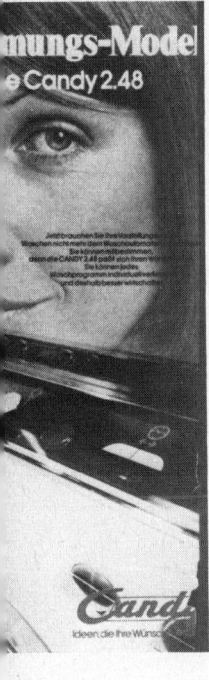

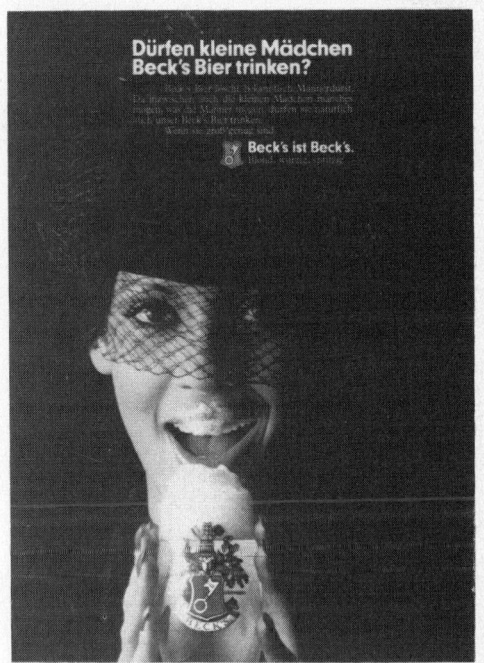

"Da inzwischen auch kleine Mädchen manches mögen, was
die Männer mögen, dürfen sie natürlich auch unser
Beck's Bier trinken. Wenn sie groß genug sind."

Rezept No.6
'Emanzipation'

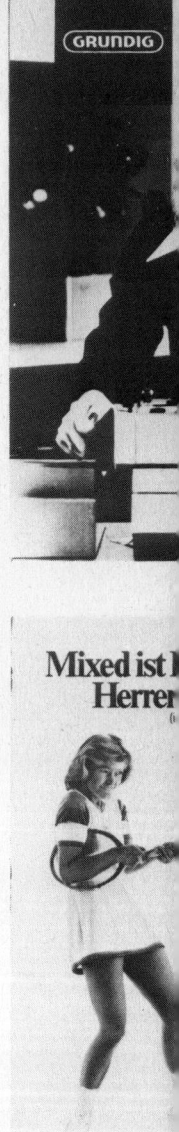

Liebe emanzipierte Eva,

gestern Abend ist es bei Dir ein bißchen spät geworden und wie die Dinge bei einem Mädchen Deiner Art liegen, könnte es sein, daß Du heute Abend wieder auf die Pauke haust:

ein walnußgroßes Flöckchen Schaum-Maske – nicht unpraktischer als Dein üblicher Cremetupfer – läßt Dich jeden Tag in wenigen Minuten so ausschauen, als ob Du einen Sonntagvormittag lang ausgeschlafen hättest und nach einem fürstlichen Frühstück zwei Stunden in Wald und Feld spazierengegangen wärst.

Wir sind sauer und protestieren.
Denn wir müssen rennen, schreiben, warten, stenografieren.
Dann wieder rennen. Von „Diktator" zu „Diktator". Und dann mal
schreiben. Jeden Brief gleich 2 x. Einmal ins Stenogramm.
Dann in die Maschine. So geht der Wahnsinn Tag für Tag.
Sinnlos wird viel Zeit vertan.

Wir wollen eine arbeitsfreundliche Büro-Umwelt. Wir wollen
endlich Diktiergeräte. Ist ja auch klar: Ein Diktiergerät spart Zeit.
So um die 40 %, wie man weiß. Wir können mehr schaffen mit
weniger Streß. Wir können die Arbeitseinteilung selbst bestimmen.

Wir wollen also endlich Diktiergeräte haben. Die stehen bei uns
fortschrittlichen Mitarbeiterinnen nämlich viel höher im Kurs als
manche Chefs denken.

Sekretärinnen-Emanzipation

Die Steno-Cassette 30. Erste
Mini-Cassette der Welt mit
Minuten-Anzeige.

Stenoretten
Nummer 1
im Markt

Sekretärinnen sind <u>Frauen</u>, die einen <u>Beruf</u> haben, der
<u>nur von Frauen</u> ausgeübt wird, und der darin besteht,
acht Stunden am Tag und mehr <u>für Männer zu arbeiten</u>.

Die Lösung dieses Emanzipationsproblems liegt eindeutig in der Verwendung von Grundig-Diktiergeräten.

einzel mit
...erung

Babs ist eine bemerkenswerte Frau.
...so bemerkenswert wie ihr Aussehen in dem
...sportiven Tretorn-Dress, ist ihre knallharte
...nd mit Recht gefürchtete Vorhandpeitsche.

Knallhart kann sie auch argumentieren.
...ört sich dann so an: „Mit Tretorn-Bällen kann
...man sehr lange spielen. Also spiele ich
...Tretorn-Bällen. Denn ich bin so scharf darauf
...zu sparen, um es für schöne Dinge wieder
...ausgeben zu können!"

...für schönere Dinge als Tennis? Au, das tut
weh, Babs!

... moralisch werden wir sie trotzdem zur Frau
...ahres wählen. Babs hat nämlich in ihrem Club
...durchgesetzt, daß die Berufstätigen berücksich-
...spielen können, wenn sie mal Zeit zum Tennis-
spielen haben.

Wir wünschen jedem Club eine Babs.

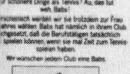

TRETORN
macht Tennis

Die Gleichberechtigung der Frau als Behinderung
des Mannes?

Rezept No.7: M

<u>Zynische Witze</u>
<u>auf Kosten der Frauen</u>

<u>Dieses Werberezept arbeitet mit</u>
<u>zynischen, von Männern für witzig</u>
<u>gehaltenen Sprüchen,</u> Anspielungen
und Behauptungen über 'die' Frauen.
Das hat Tradition - wer wollte da
den Spaß verderben?

Vor allem, wenn unseren Jungs
von der creativen Abteilung
soviel Neues dazu einfällt:
<u>Die Frau als 'Ding'</u> - zum
<u>Brüllen komisch</u> ...
<u>Die Ehefrau als 'Visitenkarte'</u>
- einfach nett!
Der Vergleich von Frauen mit
<u>Klopapier oder Tapeten</u> -
wirklich verblüffend!

Und erst die vielen lustigen
<u>Jägermeisterwitze über Frauen!</u>
Mit Recht preisgekrönt
(Silber 1976)

...ob
Toilett
dreila
Ich gl

Auch in Österreich und in der Schweiz erhältlich.

Menstruierende Frauen sind für Männer lästig ...
die armen Männer!

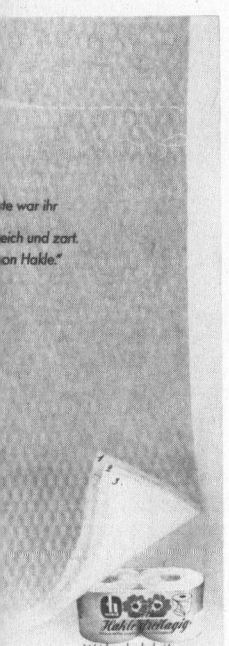

te war ihr

eich und zart.
on Hakle."

Weicher durch drei Lagen.

Was ist der Unterschied zwischen einer Frau und ihrem
Klopapier? Sinngemäße Antwort siehe Tapetenwerbung, ein
paar Schritte weiter!

Zynismus

<u>Die Frau als Ding</u> ...,
- <u>für den sexuellen Gebrauch,</u>
- <u>als Visitenkarte</u>
- <u>als Genußmittel</u>

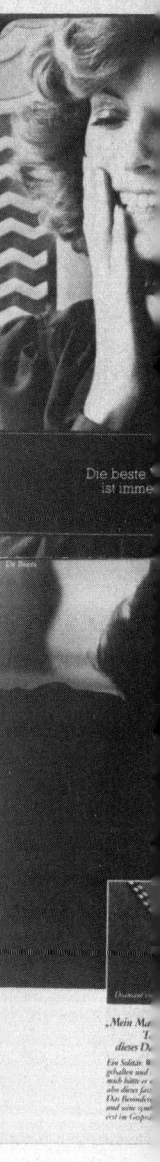

<u>und ebenso verwendbar</u>
<u>für 'seine' Karriere</u>

r einen Mann
chöne Frau.

genehmere
d
erdient."

Caption Courvoisier und Catherine Deneuve.

Um ein, zwei Dinge können wir die Franzosen schon beneiden.

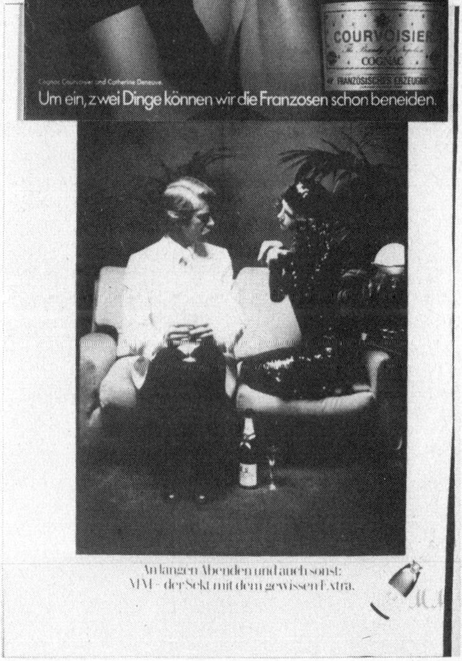

An langen Abenden und auch sonst:
MM – der Sekt mit dem gewissen Extra.

247

*es gibt keinen
unterschied
zwischen einem
mädchen
und einer uhr*

**Es kommt
auf die
Sekunde an**

Von links oben gegen
den Uhrzeigersinn:
Elektronisches Stimm-
gabelwerk und
Datum-Anzeige: Bulova,
725 Mark; Mini-
Computer fürs Hand-
gelenk: Arctos
Digital/Quarz, 750 Mark;
Silberuhr von Serge
Manzon: Longines,
590 Mark; Quarz-Uhr
mit maximal einer Minute
Abweichung im Jahr:
Zenith, 995 Mark;
Knopfdruck genügt –
die Zeit leuchtet auf:
Omega Digital/Quarz,
1995 Mark.

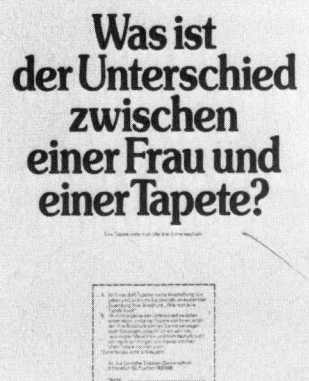

Das Glück einer Frau
besteht in dem Mann,
den sie abgekriegt
hat.

Rezept No.7
Männlicher Zynismus

Zustände wie in der 'guten alten Zeit':
<u>Kolonialismus heute</u>. Frauen schuften;
Männer beaufsichtigen, kassieren und
führen arrogante Reden. <u>Männlichkeit</u>
in schönster Blüte!

Braniff aus Mexico: Cigarren und Cigarillos.

Drei Spezialitäten aus mexikanischem Tabak. Mit
vollmundigem Aroma und echt würzigem Geschmack.
Nach einem alten Rezept hergestellt aus erlesenen Blättern
mexikanischen Tabaks.

Warum sollte Mann auch etwas ändern, wo
alles so 'herrlich' eingerichtet ist?

"Wem fäll

Auf diesen und den folgenden Tafeln ist garanti
frauenfeindliche Werbung zu sehen! Oder ...?

Spielen ist die schönste Art zu lernen

und mit Kinder Schokolade Überraschungen macht das Lernen Spaß,
denn sie sind volle Anregungen für die kindliche Entdeckerfreude.

Die Projektgruppe für Kleinspielzeug (PKS) bestätigt:
„Eine Vielzahl von Überraschungen entspricht den Spiele-
dürfnissen verschiedener Altersgruppen. Erlebnisse
sind für die Entwicklung der Kinder förderlich."

Und um alle Überraschungen herum
gibt es natürlich Kinderschokolade
mit viel Milch und wenig Kakao.

*Die Überraschungen
werden laufend von der Projektgruppe
für Kleinspielzeug
begutachtet.*

72 neue Kinder Schokolade Überraschungen – zum Spielen und Lernen

eine

Spielen ist die schönste Art zu lernen

und mit Kinder Schokolade Überraschungen macht das Lernen Spaß,
denn sie sind voller Anregungen für die kindliche Entdeckerfreude.

Das Projektgruppe für Kleinspielzeug (PKS) bestätigt:
Eine Vielzahl von Überraschungen entspricht den Spiele-
bedürfnissen verschiedener Altersgruppen. Einige
sind für die Entwicklung der Kinder förderlich.

Und um alle Überraschungen herum
gibt es natürlich Kinderschokolade
mit viel Milch und wenig Kakao.

Die Überraschungen
werden laufend von der Projektgruppe
für Kleinspielzeug
begutachtet.

72 neue Kinder Schokolade Überraschungen - zum Spielen und Lernen

**Iduna garantiert
beiden mehr Sicherheit von Anfang an:
Partnergerecht. Preisgünstig. Zuverlässig.**

Immer
der richtige Rahmen.

Sicherheitsringer der Iduna.
12 von vielen tausend

Von links nach rechts
Karl-Heinz Henfling, 1000 Berlin 61
Horst Ruemger, 2210 Itzehoe
Herbert Baumbach, 2900 Oldenburg
Heinz Nagao, 3290 Heddorfhen
Günter Rechner, 4400 Lingen
Manfred Stoder, 5060 Köln
Peter Gunnert, 6238 Elkville
Edmund Conhest 4541 Argentive
Kurt Fee, 7931 Talence
Roland Lidders, 7000 Karlsruhe
Helmut Kümmel, 8624 Gameving
Manfred Schneider, 9500 Homberg

**Sicherheitbringer
der Iduna bringen immer
vorteilhafte Sicherheit.**

Wo Sie auch wohnen
Ihren Sicherheitsbringer finden Sie
im örtlichen Telefonbuch unter Iduna
Oder Sie schreiben an Iduna.
Abt 91580 Neue Rabenstraße 15-19
2000 Hamburg 36

Iduna
Versicherungen Bausparen Investment
Überall im Land

IDUNA

Der kleine X

Den Xerox 3400 haben wir für kleine Büros entwickelt, die keinen großen Kopierer mit Vorlagen-
wechsler und Sorter brauchen.

Und für große Büros, die nicht nur in der Haus-
druckerei vervielfältigen wollen.

Der kompakte Xerox 3400 bietet Ihnen auf klein-
stem Raum 15 Sorterfächer – und die sind schnell ge-
füllt: Der Xerox 3400 ist 26 brillante Kopien pro Minute

schnell. (
denn der
Die
in der n
Prak
als nur e
1.150 Bla
100 Ihren

Der neue vitraviva
bringt Leben
in die Diskussion.

Wenn Ihr Gesprächspartner
nach einer stundenlangen Konferenz Ihnen gegenüber eine starre
Haltung einnimmt, so haben Sie
vielleicht einfach auf den falschen
Stuhl gesetzt.

Denn um eine Konferenz lang
fit zu bleiben, braucht man einen
Stuhl, der einen einerseits stützt,
auf dem man sich aber andererseits zwanglos bewegen kann.

Denn Bewegung beim

Sitzen
bleiber
M
es uns
gen, n
Konfer
nicht r
nachg
D
diese

So bew
vitraviva
ersten
Stapel

...) bringt Sie beim Sortieren groß heraus.

...einschleichen könnte
...uch selbst.
...vollständig und imme
...

...ox 3400 auch mehr
...n großen passen
...en, die den kleinen z.B.
...s Papier.

Per Tastendruck entscheiden Sie, auf welchem
Blatt die Information stehen soll.

Per Tastendruck auch können Sie die Kopien kon-
trastreicher machen, wenn die Vorlage blaß oder der
Hintergrund farbig ist.

Dieses kleine Kopiersystem im Kompaktformat
erhalten Sie selbstverständlich zu einem vernünftigen
Preis. Alles weitere erfahren Sie ganz einfach:

Schicken Sie uns diesen kleinen Info-Bon. Danke.
Rank Xerox GmbH,
Abt. 1 MKO 9, Postfach 630, 4000 Düsseldorf 11.

RANK XEROX®

...man fit

...raviva ist
... Mal gelun-
...n auch
...en, die
...ern auch

... verdankt
...cht einer
...nik, son-
...er spezifi-
...erformung
...Materials.
...ank dieser
...nung
...n wir zum
...tühle,
...e und

Stühle für Wartezonen bauen, die
genauso flexibel sind, wie es bis
jetzt nur unsere Bürostühle waren.

Nächstes Jahr müssen Sie Ihre
Bürostühle sowieso mit 5-Stern-
Füssen ausgerüstet sein.

Drum sollten Sie sich das ganze
vitraviva-Programm einmal bei
einem Fachhändler anschauen.

Oft braucht es nämlich
wirklich nur den richtigen Stuhl,

damit eine Diskussion so
lebendig endet, wie sie vor Stunden begann.

Ich möchte das vitraviva-Programm kennenlernen
und wissen, wo ich es ausprobieren kann.

Name
Firma
Adresse
Ort

Vitra GmbH, Postfach 1240, D-7958 Weil am Rhein
Vitra AG, Postfach 1240, CH-4177 Birsfelden
Vitra Ges. m.b.H. Krugerstrasse 6, A-1010 Wien

vitra
Wir bauen die herman miller
collection, das vitra programm
und das action office.

Das ist Vatis
Stammplatz
(mit Wache)

Wer tagsüber hart arbeitet,
soll am Feierabend gut
sitzen. Der Ohrenbacken-
sessel MR 24 ist ideal zum
Lesen, Fernsehen oder
einfach nur zum Faulenzen.
Auf Wunsch erhalten
Sie ihn mit passendem Fuß-
hocker.

Übrigens,
Musterring hat noch viele
Polstermöbel-Progra...

Niemand bietet Ihnen bessere und schönere
Ihren ganz persönlichen Wohnstil zu ver...

Und bei Musterring erhalten Sie nicht nur V...
was zur Einrichtung gehört. Z.B. Wohntextil...
Wünschen Sie weitere Informationen? Dann...
am besten Ihr nächstes Musterring-Einrichtu...
Oder schicken Sie uns den Gutschein. Oder...
Wir sind immer zu Diensten für Sie da.

Sohn gezeugt...
Baum gepflanzt...
bleibt noch, ein Haus zu b

...bei dieser für das künftige Wohl Ihrer Familie entscheidenden Aufgabe dem „Eigenheim-Bau ohne Risiko" stehen Ihnen unsere neutralen Bauherren-Berater tatkräftig zur Seite.
Egal, ob Sie ein Eigenheim bauen, ein Fertighaus kaufen, Ihr Althaus oder Ihre Wohnung modernisieren wollen, eine unserer Fertighaus-Ausstellungen ist hier in Ihrer Nähe!!

Alle Ausstellungen sind
täglich von 10–18 Uhr
geöffnet (auch sonn- und feiertags)

fischertech
Die technisch faszinierende Freizeitidee
ho

Nur 5 verschiedene Baukästen und ausführliche Modell- und Experimentierbücher erschließen Ihnen das Know-how eines Ingenieurs. fischertechnik hobby ist ein Hobby für Fortgeschrittene: für „ganze Männer". Gehen Sie in gute Spielwaren-Häuser. Dort informiert man Sie ausführlich über das Hobby, das Sie nicht mehr loslassen wird: fischertechnik-hobby.
Das Vergnügen, dazuzulernen.

fischer hobby

Das System, aus dem man nie heraus

will auch mal Arzt werden, wie mein Papa

...und das Geld fürs Studi bekomme ich aus meine INRENTA-Sparplan."

INRENTA ist ein DWS-Fonds deutscher mit der ausgewogenen Ertrags- u mischung. Zahlreiche festverzinsliche verschiedener Art, mit unterschiedlich und Laufzeiten, sichern Ihnen langer soliden Spargewinn. INRENTA bekon über 1.300 Geschäftsstellen un Gesellschafterbanken der 12 Deut und weiterer renommierter deutsch und Bankiers.

...denn Geldanlage ist Vertrauenssache

DWS Deutsche Gesellschaft für Wertpapiersparen. Postfach 28 34. 6000 Frankfurt am Main 1

Wenn der Sohn so alt ist, wie das Kind im Manne...

wird's Zeit, die richtigen Weichen zu stellen, oder besser, die richtige Spur zu wahren. Nämlich MINITRIX.

Wer sie Platz spart, macht sie Vaters große Hobby-Anlage möglich. Und weil sie robust ist, bietet sie dem Sohn ungetrübten Spielspaß.

MINITRIX, weil die Technik kinderleicht ist und ein ausbaufähiges Hobby bietet. Bis hin zur Elektronik. MINITRIX – die Geschenkidee für Jahrzehnte! Denn irgendwann kommt der Tag, an dem der Enkel so alt ist, wie das Kind in seinem Vater.

Informieren Sie sich über die vielen Möglichkeiten, die MINITRIX Ihnen bietet.

Beim Fachhandel erfahren Sie mehr. Oder direkt von: TRIX MANGOLD, Postfach 4949, 8500 Nürnberg 1

MINITRIX

stern 33

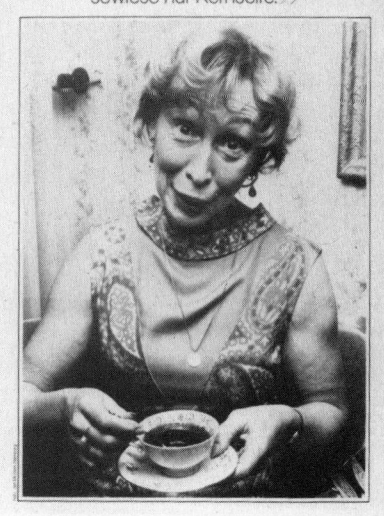

So'n Bart!

"Die Goldene Blatt-Leserin ist ärmlich, spießig — und versteht unter Kosmetik sowieso nur Kernseife."

Tatsache!

●● Goldene Blatt-Leserin Hedwig Cleve
geht alle 10 Tage
zur Kosmetikerin. ●●

Werber antworten auf Kritik an der Werbung meist mit dem Hinweis, daß sie ja
nur das zeigen, was die breite Masse
anspricht. Und das sei auch so mit der
Verwendung von Frauen in der Werbung.
Wenn es nach ihrem persönlichen Geschmack ginge, würden sie eine 'in-
telligentere' und 'seriösere' Werbung
machen.

Daß das Gegenteil der Fall ist, belegen die folgenden Beispiele: Werbung
innerhalb der Werbebranche, frauenfeindliche Werberwitze - aus Werbung zusammenmontiert - in Werbe-
fachzeitschriften.

259

❝Nun,
es ist eine
Neue,
ein gewisses Risiko
ist nicht
auszuschließen.❞

PENTHOUSE-Anzeige

Liebe Xaviera

SOLL ICH REIN ODER SOLL ICH NICHT?

Ich bin 36 Jahre alt, Werbeleiter für einen bekannten Markenartikel und ratlos. Am Wochenende wollte ich das Problem mit meiner Freundin ausführlich besprechen, aber ich wurde das Gefühl nicht los, daß Karin für solche Dinge kein Verständnis hat.

„Laß deinen beruflichen Schweinskram gefälligst in der Firma!" erklärte sie mir schließlich. Ich glaube, mein Verhältnis zu Karin hat an diesem Abend einen Knacks bekommen.

Auch unser Marketingdirektor, dem ich sonst mit den heikelsten Dingen kommen kann, wimmelte mich ab und schlug mir vor, die Sache mit der Agentur zu bereden. „Tja, wissen Sie ..." zögerte der Mediaplaner „... zielgruppenmäßig stimmt ja die Sache – und gegen den Preis ist auch nichts einzuwenden, aber ..." „Ja oder nein?" wollte ich wissen.

Auf seiner Oberlippe bildeten sich kleine Perlchen. „Nun, es ist eine Neue, ein gewisses Risiko ist nicht auszuschließen – also das müssen Sie selbst entscheiden."

Liebe Xaviera, sagen Sie mir doch als erfahrene Frau – soll ich mit unserer Vaporette 69 in Penthouse oder nicht?

Ihr ratloser Manfred B.

MEIN LIEBER FREUND

Mit 36 Jahren sollten Sie eigentlich wissen, daß derjenige, der zuerst reingeht, den stärksten Eindruck hinterläßt. Zaudern und Zögern war nie die Sache erfolgreicher Männer.

Ich will allerdings nicht Ihrem Mediaplaner widersprechen, wenn er meint, man solle nicht die Katze im Sack kaufen.

Nur – heute wissen wir mehr als vor drei Wochen. Das erste Penthouse-Heft ist inzwischen verkauft, beziehungsweise ausverkauft. In der Schweiz waren sämtliche Hefte innerhalb weniger Stunden weg, und auch in Deutschland war nach ein paar Tagen kein Heft mehr zu kriegen. Wir hätten es selbst nicht gedacht, daß wir weit mehr als die ursprünglich projektierten 250 000 Exemplare verkaufen würden. Es können an die 400 000 Hefte werden.

Sie sollten sich ein Beispiel an dem mutigen Dutzend Männern nehmen, die mit ihrer Anzeige ins erste Heft gingen. Wer wagt, gewinnt.

In diesem Fall einen sagenhaften Tausenderpreis. Aber trösten Sie sich, vorerst gilt noch der alte Anzeigenpreis, und das dritte Heft können Sie noch erwischen.

Ihre Xaviera

PS: Was macht man eigentlich mit einer Vaporette 69?

PENTHOUSE-Anzeigenbuchungen über
PC Moderner Verlag, München, Telefon (089) 39 30 21.

260

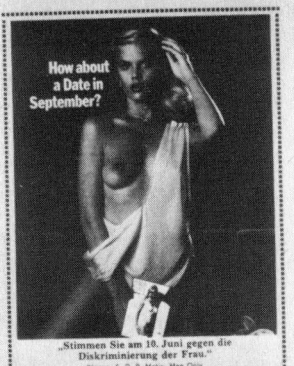

How about a Date in September?

„Stimmen Sie am 10. Juni gegen die Diskriminierung der Frau."
Slogan: F.O.P. Motiv: Men Only

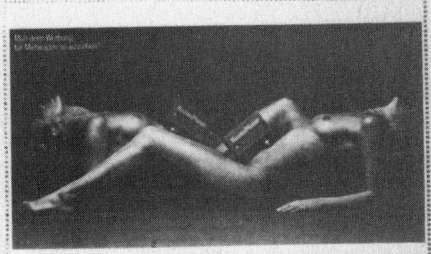

„Mit dem Maulwurf-Brummi verschwindet das Transport-Problem unter der Erde."
Motiv: Lohse & Partner, Werbeagentur. Slogan: Bundesverband des Deutschen Güterfernverkehrs.

Neue Positionen bei Y&R:

Schork nahöstlich

Krauss zu Haus

Namen & Nachrichten –

Böllerschüsse – Zu einer werblichen konzertierten Aktion beflügelt der Verlag Kiepenheuer & Witsch Köln

warten" (H.-P. Fuchs, Deutsche Eisenbahnreklame).

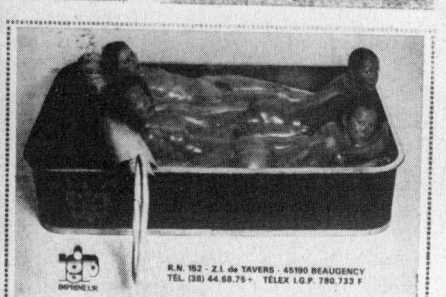

„Herzhafte Pfannengerichte, bratfertig vorbereitet."
Slogan: Kraft Motiv: Iberinger

„Dicker ist saftiger. Und saftiger ist mehr Geschmack."
Slogan: Milkana, Motiv: Zeitschrift „Sie".

Zeitungen suchen ihre Positionen für die Zu

Mit dem Leser auf das Lan

München (w&v) – Die 70er Jahre des Zeitungsketings endeten mit der 9. INPA-Konferenz. Fa Zeitungen müssen sich neuen Marktzwingen amp

Über eins ware alle Verleger, Anz experten und Mark fachleute auf der 9. ferenz der Internatio Newspaper Promotio sociation (INPA) in chen klar: Um die Po der Zeitung im Ko renzklima der 80er zu halten, müssen die lagmanager die technischen und g schaftlichen Einflüsse Kalkül ziehen. Einen S in Marktnischen orte „Süddeutsche Zeitung folgte den „Lesern Land" – als „Antwort die Stadtflucht".

„Ihr Motor gibt sein Bestes. Wenn er sie bekommt."
Motiv: TAG. Slogan: Mobil-Oil

ANZEIGE

Manchmal muß man fliehen, um zu sich selbst zu kommen.
Frauen haben dafür ungezählte Methoden entwickelt –
vom Schaufensterbummel bis zur neuen Haarfarbe.
Grace B. ist da raffinierter: sie fährt mit der Bahn in eine Stadt,
die sie nicht kennt. Doch bis sie am Ziel ist, vergräbt sie sich
in Neue Post und Das Neue Blatt: sie genießt so das Abenteuer und Erlebnis „fremde Welt – fremdes Schicksal" –
gleich mehrfach... Leben ein Traum, viele Träume. Was schert
es sie, daß Lesestoff nicht „ihr Niveau" ist. Niveau hat sie
alle Tage. Sie will Geschichten und heimlich mit dem Spitzen-
tuch eine Träne abtupfen. Darum geht's, Ihr Männer!

'Heile Welt'. – Ja. – Ist Werbung nicht auch 'Heile Welt'?

Consumer Combination
Neue Post • Das Neue Blatt – über 3,4 Millionen verkaufte

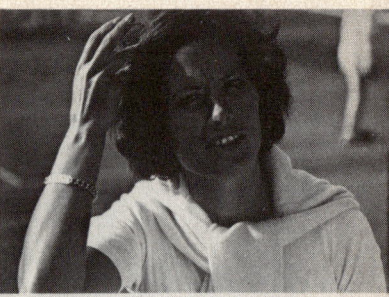

Frauen sind zwar biologisch zäher als Männer – dafür
emotional verletzlicher. Sie steht den ganzen Tag. Gut
angezogen. In modischen Schuhen, die Füße und
Venen malträtieren. Dezentes Make-up und
strahlendes Lächeln... sie verkauft teure Mode an teure
Frauen. Abends ist sie erledigt. Sie braucht eine
Stunde für sich allein... Make-up runter, Dusche,
Kaffee und Cigarette – absolute Ruhe, die Beine
hochlegen – ahh' und jetzt: ihre Neue Post, Das Neue
Blatt. Abschalten. Umschalten. Neue Kräfte für den
Abend sammeln. Ihre Familie kennt das, respektiert's,
„Mummi ist wieder auf Tauchstation..." Wenn es ihr gut
tut. Und es tut ihr gut.

'Heile Welt'. – Ja. – Ist Werbung nicht auch 'Heile Welt'?

Consumer Combination
Neue Post • Das Neue Blatt – über 3,4 Millionen verkaufte

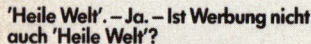

Ihr Lächeln hat sie trainiert.
Als Frau hat sie bald begriffen, daß ohne Lächeln nichts
besser, aber vieles schwerer wird. Heute lächelt sie nur so
für sich... Ihr Mann ist zu einer Tagung geflogen, die beiden
Kinder sind mit Halloh ins Schullandheim gejucht. Die Oma
im Nachbarhaus, die sie ein bißchen versorgt, hat sich zu
ihrer Schwester aufgemacht. Und sie selbst genießt den
freien Tag. – Am Abend wird sie ihre Lieblingsplatten
auflegen – sie hält es noch immer mit Tom Jones – sich einen
Kir mischen, und lesen, mit ein bißchen Lachen, ein bißchen
Weinen und Seufzen. Schön. Das gibt ihr nur ihre Neue Post
und Das Neue Blatt. Ihr Mann grinst darüber, aber er ist ja
nicht da.

'Heile Welt'. – Ja. – Ist Werbung nicht auch 'Heile Welt'?

Consumer Combination
Neue Post • Das Neue Blatt – über 3,4 Millionen verkaufte

Der Menschheit ganzer Jammer packt sie an... Auf dem
morgendlichen Weg in ihr Institut brüllen ihr die Medien
die Schrecknisse zu: Vergewaltigung... Punk-Mord...
Hundert Millionen müssen verhungern... Bankraub mit
Geiselnahme... Eltern prügelten ihr Kind tot. Die grellen
Schlagzeilen greifen nach ihr. Wen wundert es da eigent-
lich noch, daß kluge, sensible Frauen zu Neue Post
+ Das Neue Blatt greifen?! Frauen wünschen, daß diese
Welt von den Problemen zur Harmonie findet.
Ist das lächerlich?

„Heile Welt". Na und? Ist Werbung nicht auch „Heile Welt"?

Consumer Combination
Neue Post • Das Neue Blatt – über 3,4 Millionen verkaufte

Warum so viele Frauen einen Hund haben. Ganz einfach:
Für sehr viele Frauen – und es sind nicht die schlechtesten –
besteht ihr Leben aus Liebe; nicht Sex, wohlgemerkt.
Frauen brauchen Lebendiges um sich, das ihre Fürsorge
braucht. Also, ein Hund – etwas mit dem sie reden können.
Ebenso brauchen Frauen die herzbewegenden
Geschichten aus Neue Post und Das Neue Blatt. Sie lesen
das nicht einfach – sie antworten auf ein menschliches
Problem… sie antworten aus ihrem Herzen, aus ihrem
Gefühl. Das ist ihr Leben.

**Heile Welt. Na und? Ist Ihre Werbung
nicht 'Heile Welt'?!**

Consumer Combination

Jede Frau hat ein kleines Geheimnis…
Wenn am späten Nachmittag Kinder, Mann, Haus, Garten,
Hund und die Schildkröte versorgt sind… wenn die kleine
Wäsche zum Trocknen hängt und nebenbei die Buchhaltung
für den Freiberufler-Gatten erledigt ist, dann zieht sie sich
zurück, schaltet ab, zündet sich eine Cigarette an, trinkt einen
trockenen Sherry und kramt ihre Neue Post und Das Neue
Blatt vor… Große Pause. Natürlich zieht die Familie sie damit
auf. Sie erträgt's mit Lächeln: sie weiß, wie gut ihr das völlige
Abschalten tut – besser als Medikamente. Aber das können
wohl nur Frauen verstehen.

**'Heile Welt'. – Ja. – Ist Werbung nicht
auch 'Heile Welt'?**

Consumer Combination

Das ist die Stunde des Lächelns… Sie hat den Tag hinter
sich: den Mann zum frühen Flugzeug gefahren, die
Kinder zur Schule gebracht, den Wasserhahn repariert,
den Riesenberg Wäsche geschafft. Endlich ist Stille im
Haus. Jetzt einen anständigen Kaffee und dazu ihre
beiden „Kaffeetanten" – Neue Post + Das Neue Blatt.
Das muß sein. Endlich kein Wort von Mord und Totschlag.
Die Familie zieht sie manchmal damit auf. „Laßt man, das
bringt mich wieder zu mir selbst."
Nun kann sie wieder lächeln…

**„Heile Welt". Na und? Ist Werbung
nicht auch „Heile Welt"?**

Consumer Combination

Mach' mit!

Bielefeld/Darmstadt, 26.11.79

Professor Dr.   Dipl.Psychologin   Patricia Gropp
Christiane Schmerl   Michaela Huber   Frauengruppe der KHG
Hochschullehrerin   Redakteurin der   (Kath.Hochschulgemeinde)
                       Psychologie Heute'
Universität   Nieder Ramstädter Str.30
Bielefeld   Postfach 1120   61 Darmstadt
Postfach 8640   6940 Weinheim
4800 Bielefeld

An den Deutschen Werberat
c/o Zentralausschuß der Werbewirtschaft

Postfach 200 647
5300 Bonn 2

Sehr geehrte Damen und Herren,

die Unterzeichneten wenden sich hiermit an Sie als Organ der
freiwilligen Selbstkontrolle der deutschen Werbewirtschaft mit
der Bitte, auf die Auftraggebenden der Firma 'Jägermeister'
einzuwirken, frauendiskriminierende Werbeanzeigen der beiliegenden
Art aus dem Verkehr zu ziehen und besonders zukünftig nicht weiter
herzustellen und zu verbreiten. Wir sind der Meinung, daß die
ständige Propagierung von negativen Frauen'typen' in der Jägermeisterreklame der Art, daß Frauen als dümmlich, komisch, exaltiert,
vernaschbar, gehässig etc.etc. dargestellt werden, dazu angetan
ist - neben der schon überreichlich vorhandenen sonstigen
Diskriminierung von Frauen -, deren Bild öffentlich weiter herabzusetzen und lächerlich zu machen.

Wir sind n i c h t der Überzeugung, daß frauenfeindliche Werbung
(der sich auch andere Firmen reichlich bedienen, ohne daß es je
von Ihnen beanstandet wurde) den wichtigsten Beitrag zur Benachteiligung von Frauen darstellt. Wir halten diesen Beitrag jedoch
für kumulativ wirksam und schädlich genug, um mit dieser Beschwerde
ein Zeichen zu setzen.

In Erwartung Ihrer Antwort:

(Prof.Dr.C.Schmerl)   (M.Huber)   (P.Gropp f.d.Frauengruppe d.KHG)

Anlagen: - 26 Unterschriftenlisten mit 265 Unterzeichneten
         - 12 Anzeigen der Firma Jägermeister
         - 1 Presseerklärung

P.S. Eine entsprechende Presseerklärung mit einer Kopie des oben-
     stehenden Briefs geht an: Stern; Frankfurter Rundschau;
     Neue Westfälische; Darmstädter Echo; Darmstädter Tagblatt;
     Tageszeitung; Brigitte; Courage; Emma.

Beispiel 4

Sich Beschweren –
die Beschwerden öffentlich machen

Dokumentation einer Beschwerde über frauenfeindliche Werbung beim Deutschen Presserat, dem Selbstkontrollgremium der Werbewirtschaft, und die Berichte der Presse dazu.

Bielefeld/Darmstadt, 27.11.79

PRESSEERKLÄRUNG

Über 260 Frauen und Männer aus unterschiedlichen Berufen
haben am 26.11.79 eine Beschwerde an den Deutschen Werberat,
das Organ freiwilliger Selbstkontrolle der Werbebranche, gerichtet,
die die frauenfeindlichen Tendenzen in der Werbung der Firma
Jägermeister zum Gegenstand hatte. Als Belege beigefügt wurden
zahlreiche Jägermeisterreklamen aus der jüngeren Zeit
(Beispiele: "ich trinke Jägermeister, weil bei mit alle Männer
die Kurven kratzen wollen"'"...weil ich jetzt endlich die Gans
gefunden habe, die mir den Fuchs gestohlen hatte","... weil er
meinen sexten Sinn weckt","...weil ich immer gern was Männliches
auf den Lippen habe", etc.etc.)
Die Unterzeichneten erklären in ihrem Brief, daß es ihnen darum
gehe, beispielhaft ein Zeichen zu setzen gegen die öffentliche
Verächtlichmachung von Frauen, die ebenso in anderen Werbeanzeigen,
wie auch außerhalb der Werbung geschehe.

Hintergrund dieser Beschwerde ist zum einen eine von der
Bielefelder Professorin Christiane Schmerl zusammengestellte
Ausstellung über frauenfeindliche Werbung (die u.a. auch die
angesprochenen Beispiele enthält), und zum anderen die abschlägigen Reaktionen des Werberats sowie der Firma Jägermeister
bei ähnlichen Anlässen (z.B. Beschwerden einer SPD-Bundestags-
abgeordneten und einer Fachhochschuldozentin).

Viele der Unterzeichneten haben sich überdies dafür ausgesprochen,
daß der frauen- und damit menschenverachtende Charakter vieler
Werbeabzeigen stärker von der Öffentlichkeit durch Beschwerden
ähnlicher Art kritisiert werden sollte.

»Ich trinke
Jägermeister,
weil ich Sabine
ein für alle mal
aus ihrem Revier
vertrieben
habe.«

Jägermeister. Einer für alle.

»Ich trinke
Jägermeister,
weil ich gern
heiraten möchte,
ich weiß
nur noch nicht,
gegen wen.«

»Ich trinke
Jägermeister,
weil er meinen
sexten Sinn
weckt.«

Jägermeister. Einer für alle.

»Ich trinke
Jägermeister,
weil Peter
jetzt weiß,
daß ich das
Herz auf dem
rechten Fleck
habe.«

Jägermeister. Einer für alle.

»Ich trinke
Jägermeister,
weil bei mir
alle Männer
die Kurven
kratzen wollen.«

Jägermeister. Einer für alle.

»Ich trinke
Jägermeister,
weil ich
bei meiner
Punktediät noch
ein paar Punkte
guthabe.«

Jägermeister. Einer für alle.

»Ich trinke
Jägermeister,
weil ich jetzt
endlich die Gans
gefunden habe,
die mir den
Fuchs gestohlen
hatte.«

Jägermeister. Einer für alle.

»Ich trinke
Jägermeister,
weil ich immer
gerne etwas
Männliches auf
den Lippen
habe.«

Jägermeister. Einer für alle.

»Ich trinke
Jägermeister,
weil ich der
große Preis
von Monte
Carlo bin.«

»Ich trinke Jägermeister, weil die Verpflegung gut war, der Reiseleiter aber noch besser.«

Jägermeister. Einer für alle.

»Ich trinke Jägermeister, weil damit meine Karriere als berühmtes Fotomodell beginnt.«

Jägermeister. Einer für alle.

»Ich trinke Jägermeister, weil ich in Dieters Lustspiel die Hauptrolle übernommen habe.«

Jägermeister. Einer für alle.

»Ich trinke Jägermeister, weil ich gehört habe, daß die Geldscheine in England bis zu einem Pfund schwer sind.«

Jägermeister. Einer für alle.

»Ich trinke Jägermeister, weil die Haare, die mir ausfallen, meiner Frau auf den Zähnen nachwachsen.«

Jägermeister. Einer für alle.

»Ich trinke Jägermeister, weil ich immer noch nicht raushabe, wie man Spargel quer ißt.«

Jägermeister. Einer für alle.

»Ich trinke Jägermeister, weil ich mir jetzt wieder Backfische und junges Gemüse vornehme.«

Jägermeister. Einer für alle.

»Ich trinke Jägermeister, weil ich mit Glanz Gloria besiegt habe.«

Jägermeister. Einer für alle.

»Ich trinke Jägermeister, weil ich endlich die wüste Gabi hinter mich gebracht habe.«

Jägermeister. Einer für alle.

267

Frau
Karin Jungfer
Dipl.-Übersetzerin
- Dozentin -
Tacitusstr. 12

5000 Köln 51

23. Juli 1979
Ma/Ur

Betr.: JÄGERMEISTER-Anzeigenserie

Sehr geehrte gnädige Frau!

Die Beantwortung Ihres leider recht unfreundlichen Briefes vom
1. d. M. habe ich mir persönlich vorbehalten, weil es mir bedeutsam erscheint, daß eine Dozentin, die offensichtlich in der Bundesrepublik Deutschland tätig ist, eine Anzeigenserie, die jetzt
schon über 6 Jahre läuft und in der bisher allein in der Bundesrepublik Deutschland 1.700 verschiedene Inserate in den maßgeblichen
Illustrierten veröffentlicht wurden, erst jetzt überhaupt wahrnimmt,
um dann aber sogleich mit einem vernichtenden Urteil zu kommen, das
im glatten Widerspruch zu der positiven Reaktion von Tausenden von
Personen steht, die uns in den letzten Jahren in der gleichen Sache
angeschrieben haben.

Ich muß deshalb vermuten, daß Ihre Äußerung im wesentlichen emotionell bedingt ist, so daß es mir wahrscheinlich nicht möglich
sein wird, Sie von Ihrer krassen Außenseitermeinung abzubringen.
Sie werden mir aber sicherlich zugestehen, daß es auch im Rahmen
werblicher Aktivitäten niemals möglich sein wird, eine übereinstimmend positive Antwort von allen angesprochenen Verbrauchern
zu erreichen.

Andererseits sollen Sie durch meine Ausführungen nur davon Kenntnis
erhalten, daß Sie mit Ihrer Ansicht ziemlich allein stehen, und ich
bin auch der Meinung, daß Sie mit der von Ihnen geplanten negativen
Beeinflussung kaum Erfolg haben werden, es sei denn, Sie gehören zu
einer Gruppe von Personen, die auf bestimmten Lebensgebieten unserer
Gesellschaft eine Meinung vertritt, die konträr zu den Ansichten
steht, die von der Masse unserer Mitmenschen vertreten werden.
Wir leben aber nicht von Minderheiten, sondern von der großen Zahl
von Verbrauchern und müssen uns auch in unserer Werbung entsprechend
einrichten.

Ich kann Ihnen also hinsichtlich meiner künftigen Planungen
nur sagen, daß ich das, was im Publikum ohne jeden Zweifel sehr
stark ankommt und was in der Werbebranche als beispielhaft gut
bezeichnet wird, auch noch sehr lange - nur leider zu Ihrem
Verdruß - fortsetzen werde.

Das hindert mich aber nicht daran, Ihre Meinung zu respektieren
und Ihnen deshalb auch für Ihre Ausführungen zu danken.

Mit freundlichen Grüßen

INLAND

Frauen lachen nicht mehr mit

Biertischwitze
als Werbestrategie

»Ich trinke Jägermeister, weil ich jetzt schon 20 Frösche durchgeküßt habe, aber nie ist ein Prinz daraus geworden.«

„Ich trinke Jägermeister, weil ich endlich die wüste Gabi hinter mich gebracht habe." Selbstbewußt, in Siegerpose, hebt darauf ein junger dynamischer Typ in Jeansjacke und offenem Sporthemd sein Jägermeisterglas. Eine langhaarige, herausfordernd lachende, vollbusige Schönheit in tiefdecolltiertem Pulli trinkt „Jägermeister, weil bei mir alle Männer die Kurve kratzen wollen". Zwei Beispiele aus einer Anzeigenserie der Firma Jägermeister, gegen die jetzt eine Gruppe von Frauen, darunter auch die Hochschullehrerin Christiane Schmerl und die Frauengruppe der Kath. Hochschulgemeinde in Darmstadt aufgrund ihres sexistischen, frauendiskriminierenden Charakters eine Unterschriftenkampagne unternommen hat.

Insgesamt 265 Unterschriften sammelten die Frauen bisher, die sie mit einer Beschwerde an den Deutschen Werberat schickten, dem Organ „freiwilliger Selbstkontrolle" der Werbewirtschaft. Es geht den Frauen einerseits darum, „beispielhaft ein Zeichen zu setzen gegen die öffentliche Verächtlichmachung von Frauen" gerade auch in der Werbung. Zum anderen wollen sie erreichen, daß die „ständige Propagierung von negativen Frauen'typen' in der Jägermeisterreklame in der Art, daß Frauen als dümmlich, komisch, entaltiert, vernaschbar, gehässig etc. dargestellt werden", unterbleibt, weil „- neben der schon überreichlich vorhandenen Diskriminierung von Frauen -, deren Bild öffentlich weiter herabgesetzt und lächerlich" gemacht wird.

Der Deutsche Werberat hat bislang auf die Aktion der Frauen nicht reagiert. Eine Panne, wie es scheint in der „Selbstkontrolle". Denn der zuständige Mitarbeiter des Werberats, Rechtsanwalt Wissel, gibt an, die Beschwerde der Frauen gar nicht zu kennen, obwohl sie bereits Ende November an den Werberat geschickt wurde.

Auch der Geschäftsführer von Jägermeister, Günter Mast, will von der Beschwerde der Frauen keine Kenntnis haben. Er tut sie aber von vorn herein als „Quatsch" und „überspitzte Kritik einiger Außenseiter", „Feministinnen" (er meinte das wohl als Schimpfwort) ab. Nur „völlig humorlose Leute" könnten in dieser Art von Werbung Frauenfeindliches entdecken. Meine Frage, wo denn der Humor oder Witz läge, findet er eine „nicht ernstzunehmende Provokation". Aber schließlich erklärt er doch, was ihn zum Lachen reizt: die „wüste Gabi" klingt wie „Wüste Gobi". Ist das nicht lustig? Auf dieser Ebene, so betont der humorvolle Herr Mast, liegen auch die anderen Werbesprüche, und weder er noch „die Mehrheit meiner Mitmenschen" und „unserer Verbraucher" seien so bor-

niert, darin etwas Frauenfeindliches, Anzügliches oder Verächtliches zu sehen. Im übrigen leugnet Herr Mast, derartige Kritik an der Jägermeisterreklame je vernommen zu haben, gleichwohl er sich die Beantwortung eines „leider recht unfreundlichen Briefs" einer Dozentin, die sich über eben diese Werbung bei ihm beschwerte, „persönlich vorbehalten" hat. In einem Schreiben teilte er ihr mit, daß „Ihre Außerungen im wesentlichen emotionell bedingt sei, so daß „es mir wahrscheinlich nicht möglich sein wird, Sie von Ihrer krassen Außenseitermeinung abzubringen". Er prognostiziert weiter, daß „Sie mit der von Ihnen geplanten negativen Beeinflussung kaum Erfolg haben werden,..." Denn „wir leben..nicht von Minderheiten, sondern von der großen Zahl von Verbrauchern und müssen uns auch in unserer Werbung entsprechend einrichten". Nun denn, die Unterschriftenaktion muß ja noch lange nicht beendet sein und auch nicht die einzige Reaktion auf diese Werbung bleiben. Denn — wem schmeckt derartig aufbereiteter Jägermeister überhaupt? *Gi*

»Ich trinke Jägermeister, weil ich der große Preis von Monte Carlo bin.«

»Ich trinke Jägermeister für Tröpfchen genauso freimacht wie Knöpfchen für Knöpfchen.«

Jägermeister. Einer für alle.

Jägermeister. Einer für alle.

»Ich trinke Jägermeister, weil Angelika immer gewinnen vom Gschmäcksert und ich nix vorstehen.«

Jägermeister. Einer für alle.

»Ich trinke Jägermeister, weil mein Klaus-Heinrich meint, olle Sklaven befreit habe, bis auf einen.«

Jägermeister. Einer für alle.

»Ich trinke Jägermeister, weil ich mir jabt wieder Backfische und junges Gemüse vornehme.«

für alle.

**Sozialdemokratische
Partei
Deutschlands**

An den

Deutschen Werberat
Zentralausschuß der
Werbewirtschaft

Postfach 200 648

5300 Bonn 2

Der Parteivorstand

AL II - Referat Frauen -

Ollenhauerstraße 1	Telefon (0 22 21) 53 21
Postfach 2280	Durchwahl 532 206
5300 Bonn 1	Telegramm-Adresse:
	Sopade Bonn
	Telex 08 86 306

18. Dezember 1979

Sehr geehrte Damen und Herren,

die Arbeitsgemeinschaft Sozialdemokratischer Frauen (ASF)
setzt sich dafür ein, daß im Arbeitsrechtlichen EG-Anpassungs-
gesetz ein Verbot der die Frauen diskriminierenden Werbung
aufgenommen wird.

Wie wichtig und nötig eine solche Bestimmung ist, beweist
die Anzeigenserie der Firma "Jägermeister", die Ihnen als
Organ der freiwilligen Selbstkontrolle der deutschen Wirtschaft sicherlich bekannt ist.

Diese Art, ein Produkt an den "Mann" zu bringen, geht voll
auf Kosten der Frauen und ihrer sogenannten "typischen"
Eigenschaften.

Wer ein solches Bild von Frauen in der Werbung zeichnet,
darf sich nicht wundern, wenn die Betroffenen gesetzliche
Maßnahmen zu ihrem eigenen Schutz fordern.

Ich bitte Sie, darauf einzuwirken - besonders bei der
Firma Jägermeister -,daß in der Werbung die Würde der Frauen
gewahrt bleibt und sie nicht als Objekt werbewirksamer
Lächerlichkeiten benutzt werden.

Der Bundesvorstand der ASF wäre darüber hinaus auch an einem
Gespräch mit Ihnen interessiert, um das Problem "Werbung
mit Frauen" einmal eingehend zu diskutieren.

Mit freundlichen Grüßen

(Anni Jansen)

Postscheckamt Köln
BLZ 370 100 50
Konto-Nr. 12 700-501

Bank für Gemeinwirtschaft
BLZ 380 101 11
Konto-Nr. 10 114 017

Jägermeister-Werbung unter Beschuß

Die Werbung für Jägermeister (»Einer für alle«), seit ihrem Erscheinen vor mehreren Jahren nicht unumstritten, ist weiterhin unter Beschuß. In einer kürzlich veröffentlichten Presseerklärung haben über 260 Frauen und Männer die frauenfeindlichen Tendenzen der Reklame für den Kräuterlikör scharf kritisiert. Die Unterzeichneten erklären in einem offenen Brief an den Deutschen Werberat, daß es ihnen darum gehe, beispielhaft ein Zeichen gegen die öffentliche Verächtlichmachung von Frauen innerhalb und außerhalb der Werbung zu setzen. Hintergrund dieser Beschwerde ist zum einen eine von der Bielefelder Professorin Christiane Schmerl zusammengestellte Dokumentation über frauenfeindliche Werbung und zum anderen die abschlägigen Reaktionen des Werberates sowie der Firma Jägermeister bei Verbraucherbeschwerden. Beanstandet werden Slogans wie »Ich trinke Jägermeister, weil bei mir alle Männer die Kurven kratzen wollen«, »... weil ich jetzt endlich die Gans gefunden habe, die mir der Fuchs gestohlen hatte«, »... weil er meinen sexten Sinn weckt«, »... weil ich immer gern was Männliches auf den Lippen habe«, und so weiter.

TEST "Zeitschrift d. Stift. Warentest" 15 Jhrg. 4/80

Verbraucher-Nachrichten Nordrhein-Westfalen

Protest gegen frauenfeindliche Tendenzen

Katholische Hochschulgemeinde: Werbeanzeigen sind „menschenverachtend"

(até). Mit dem Thema „Die Frau in der Werbung" hat sich in den vergangenen Monaten die katholische Hochschulgemeinde in Darmstadt aufgrund der Initiative der KHG-Frauengruppe befaßt. Prof. Dr. Christina Schmerl (Bielefeld) und Dipl.-Psychologin Michaela Huber (Weinheim) stellten fest, daß Werbung in weiten Bereichen mit Anzüglichkeiten und mit frauenfeindlichen Klischees arbeitet.

Die Referentinnen hatten systematisch alle Anzeigen erfaßt, die im ersten Halbjahr 1978 in allgemein zugänglichen Illustrierten erschienen und ein mindestens halbseitiges Format hatten. Sämtliche Anzeigen, in denen Frauen abgebildet oder angesprochen wurden, untersuchten sie daraufhin, ob die enthaltenen Aussagen bei einer Übertragung auf Männer komisch, bizarr oder schlicht beleidigend waren. Wenn das der Fall war, wurde die betreffende Anzeige nach dem Umkehrbarkeitskriterium als „frauenfeindlich" bezeichnet.

Immer wieder waren die Referentinnen dabei auf die Firma „Jägermeister" gestoßen. Das nahm die Darmstädter Frauengruppe zum Anlaß, eine Unterschriftenaktion zu starten, an der sich mehr als 260 Frauen und Männer aus unterschiedlichen Berufen beteiligten. Ihre Unterschrift galt einer Beschwerde, die jetzt an den Deutschen Werberat, das Organ freiwilliger Selbstkontrolle der Werbebranche, gerichtet wurde, und die die frauenfeindlichen Tendenzen in der Werbung der Firma „Jägermeister" zum Gegenstand hatte.

„Wir sind der Meinung", heißt es in dem Brief an den Werberat, „daß ständige Propagierung von negativen Frauen-‚Typen' in der Art, daß Frauen als dümmlich, komisch, exaltiert, vernaschbar, gehässig usw. dargestellt werden, dazu angetan ist, neben der schon überreichlich vorhandenen sonstigen Diskriminierung von Frauen, deren Bild öffentlich weiter herabzusetzen und lächerlich zu machen." Als Belege wurden dem Brief zahlreiche Anzeigen aus der jüngeren Zeit beigelegt: „Ich trinke ..., weil bei mir alle Männer die Kurve kratzen wollen", „... weil ich immer gern was Männliches auf den Lippen habe", „... weil er meinen sexten Sinn weckt", „... weil ich jetzt endlich die Gans gefunden habe, die mir der Fuchs gestohlen hatte".

Der Brief an den Werberat schließt mit der Bemerkung: „Wir sind nicht der Überzeugung, daß frauenfeindliche Werbung den wichtigsten Beitrag zur Benachteiligung von Frauen darstellt. Wir halten diesen Beitrag jedoch für schädlich genug, um mit dieser Beschwerde ein Zeichen zu setzen." – Viele der Unterzeichneten haben sich überdies dafür ausgesprochen, daß der frauen- und damit menschenverachtende Charakter vieler Werbeanzeigen stärker von der Öffentlichkeit durch Beschwerden ähnlicher Art kritisiert werden sollte.

271

Jägermeister gab den Anstoß / Eingabe an den Werberat

„Die Werbung reduziert die Frau auf ein Sexualobjekt"

Von Alexandra Jacobson

Die Rundliche, die auf Hochglanz in Schwarzweiß breit und vielsagend grinst, trinkt Jägermeister. Warum? „Weil bei mir alle Männer die Kurven kratzen wollen." Aha. Und die Siegessichere mit dem Tiger auf der Brust? „Weil ich Sabine ein für allemal aus meinem Revier vertrieben habe." Eine dritte, offen und ehrlich „. . . weil ich immer gern was Männliches auf den Lippen habe."

Gründe, gerade zu diesem „herzhaft belebenden" Getränk zu greifen, gibt's also genug. Daß sie alle mit Sex zu tun haben, stimmt nachdenklich. Ja, fast wird einem bange, denkt man an die Zukunft dieses renommierten Unternehmens. Was geschehe, wenn Freunde eines guten Tropfens die grüne Flasche tatsächlich nur noch in diesem Zusammenhang aus dem Eisschrank holten? Zumindest würde und sicher die der Geschäftsleitung liebste aller Kurven — gedacht ist an die Umsatzkurve — rapide ihren Reiz verlie-

ren, auf jeden Fall ihre Erhebungen, und in ungeahnte Tiefen stürzen.

Aber hier geht es um etwas anderes, um eine ganz bestimmte Art und Weise, Werbung zu betreiben, die allgemein gang und gäbe ist. Das gezielte Arbeiten mit sexuellen Anzüglichkeiten und Vorurteilen in Anzeigen auf Kosten der Frau, die dann als ebenso käuflich und beliebig benutzbar wie die angebotene Ware erscheint. Was angeblich die Lust, ein bestimmtes Produkt zu erstehen, beträchtlich in die Höhe treibt.

Nicht alle Verbraucher sind darüber begeistert. Aber, weil nicht gefragt, schweigen sie. Im Gegensatz

zu 260 Frauen und Männer aus allen Berufen, die Ende letzten Jahres anhand der Jägermeisterreklame eine Beschwerde an den Deutschen Werberat gerichtet haben. Flankiert wird die Aktion von einer Ausstellung über „frauendiskriminierende Werbeanzeigen", die von der Bielefelder Hochschullehrerin Professor Dr. Christiane Schmerl zusammengetragen und ausgearbeitet wurde.

Was einem dort konzentriert ins Auge springt, ist für das weibliche Geschlecht in der Tat wenig schmeichelhaft. Besonders „originell": eine Reklame für „Sony"-Kassettenrecorder. Drei nackte Mädchen turnen leicht und locker über, hinter und auf dem Apparaten herum. Darüber prangt folgender Spruch: „Diese Geräte haben mit Mädchen manches gemeinsam, handlich, immer wieder bespielbar und stets bereit". Man solle mal solche Aussagen in Gedanken umdrehen und auf Männer beziehen, schlägt Christiane Schmerl vor. Das sei beinahe unvorstellbar. Also Sonderrechte für das „schwache Geschlecht"? Keinesfalls. Die Abbildung nackter Frauenkörper — so Frau Schmerl — sei keine Ehre, habe auch nichts mit Fortschritt oder Befreiung zu tun, sondern reduziere die Frau auf ein Sexualobjekt.

Allerdings — alle Unterstützer der Eingabe sind der Ansicht, daß Werbung nicht den wichtigsten Beitrag zur Benachteiligung von Frauen darstelle. Im Gegensatz etwa zu ungleichem Lohn für gleiche Arbeit. Jedoch habe Werbung — schon aufgrund ihres unvermeidbar häufigen Auftretens — eine nicht zu unterschätzende Wirkung auf das Bewußtsein von Menschen. Darauf, was Männer über Frauen oder Frauen über sich selbst denken.

Günter Mast, Geschäftsleiter von Jägermeister, sieht das alles anders. Jedenfalls so nachzulesen in einem Antwortschreiben auf die individuelle Beschwerde einer Bielefelder Fachhochschuldozentin. Kritik an der

Werbung seiner Firma, die „im Publikum ohne Zweifel sehr stark ankommt", empfindet er als „krasse Außenseitermeinung", die nur „emotionell bedingt" sein kann. „Hinsichtlich zukünftiger Planung" werden die Einwände nicht berücksichtigt. Die Geschäftsleitung will das, „was in der Werbebranche als beispielhaft gut bezeichnet wird, auch noch sehr lange, nur leider zu ihrem Verdruß fortsetzen."

Herrn Masts Zuversicht rührt zum Teil vielleicht von einem kleinen runden Metall her. Einer Silbermedaille, die der für Jägermeister arbeitenden Werbeagentur 1976 für die als be-

Jägermeister: Einer für alle.

sonders einfallsreich befundene Reklame verliehen wurde. Überreicht von einer brancheninternen Jury, bestehend aus „Art Directors" von Werbeagenturen, auch die „Kreativen" genannt.

Der Deutsche Werberat — eine Organisation, die freiwillige Selbstkontrolle ausübt und aus Delegierten der Werbung betreibenden und durchführenden Industrie besteht — hat mittlerweile zugesagt, zum Thema Jägermeister eine Sondersitzung anzuberaumen. In der Zwischenzeit agitieren Frauen und Männer weiterhin gegen solche Art der Werbung. Vor allem mit besagter Ausstellung, die im Laufe des Jahres auf ihrer Reise durch die Bundesrepublik auch in Bielefeld haltmachen wird.

ZENTRALAUSSCHUSS DER WERBEWIRTSCHAFT E. V.
POSTFACH 200647 · VILLICHGASSE 17 · 5300 BONN 2
TELEFON (02221) 351025 · TELEX 885608 ZAWIV D

ZAW   Postfach 200647   5300 BONN 2

1. Frau
   Prof. Dr. Christiane Schmerl
   Universität Bielefeld
   Postfach 86 40

   4800 Bielefeld

2. Frau
   Dipl.-Psychologin
   Michaela Huber
   Redakteurin der
   "Psychologie Heute"
   Postfach 11 20

   6940 Weinheim

3. Frau
   Patricia Gropp
   Frauengruppe der KHG
   (Kath. Hochschulgemeinde)
   Nieder-Ramstädter-Str. 30

   6100 Darmstadt

                              11. Januar 1980 - A/ad

Betrifft: Ihre Beschwerde vom 26. November 1979
          über die Werbung für "Jägermeister"

Sehr geehrte Damen,

Ihre Beschwerde vom 26. 11. 1979 über die Anzeigen für
"Jägermeister" hatten wir den Mitgliedern des Deutschen
Werberats zur schriftlichen Beschlußfassung zugeleitet.
Das schriftliche Verfahren hat jedoch noch nicht zu
einem einheitlichen Beschluß geführt. Aus diesem Grunde
und wegen der grundsätzlichen Bedeutung der Angelegenheit werden wir Ihre Beschwerde noch einmal eingehend
in der für März anberaumten nächsten Sitzung des
Deutschen Werberats erörtern.

Im Anschluß daran werden wir Ihnen die endgültige Entscheidung des Deutschen Werberats bekanntgeben. Wir
hoffen, daß Sie für die durch die erforderliche münd-
liche Behandlung bedingte Verzögerung der endgültigen
Beschlußfassung Verständnis haben.

In der Zwischenzeit werden wir auch dem werbungtreibenden
Unternehmen, der Firma Mast KG, Gelegenheit geben, uns
gegenüber eine Stellungnahme zu der Beschwerde abzugeben.

273

Unabhängig von der noch ausstehenden endgültigen Beschlußfassung wollen wir Ihnen jedoch schon einige
Gesichtspunkte nennen, die in der bisherigen Diskussion
von einzelnen Mitgliedern des Deutschen Werberats,
auch soweit sie sich nicht für eine formelle Beanstandung ausgesprochen haben, vorgetragen wurden:

Die Anzeigen stellten nicht generell negative Frauentypen dar. Auch seien die Anzeigen nicht generell
"frauendiskriminierend", denn die in den "Jägermeister"-Anzeigen gezeigten "Typen" und enthaltenen
Slogans seien nach einem Muster gewählt, das nicht
frauenspezifisch sei. Andererseits werde – wie auch
hier – in Anzeigen für "Jägermeister" teilweise der
gute Geschmack verletzt. Wenn auch der Deutsche Werberat nicht für die Beurteilung von Geschmacksfragen zu-
ständig sein könne, so sei doch andererseits der in
Ihrer Beschwerde zum Ausdruck gekommenen kritischen Beurteilung durchaus Beachtung zu schenken, so daß man
zumindest Verständnis für den Protest dieser Gruppen
haben müsse.

Wir erwähnen diese Auffassungen im Augenblick nur, um
Ihnen deutlich zu machen, daß sich der Deutsche Werberat
mit Ihrer Kritik durchaus ernsthaft auseinandersetzt.
Um die endgültige Beschlußfassung jedoch nicht zu prä-
judizieren, bitten wir Sie, die hier geschilderten
Auffassungen nicht zu publizieren.

Interessieren wird Sie in diesem Zusammenhang, daß sich
ZAW/Deutscher Werberat schon im Jahre 1974 mit der Frage
der Darstellung von Frauen in der Werbung befaßt und
damals den Standpunkt vertreten haben (vgl. ZAW-Jahres-
bericht 1974/75, S. 40/41), daß bei Werbemaßnahmen,
in denen Frauen gezeigt oder angesprochen werden, keine
herabwürdigende Darstellung der Frau erfolgen soll.

Im übrigen ist noch zu erwähnen, daß der Deutsche
Werberat eine der von Ihnen vorgelegten Anzeigen ("Ich
trinke Jägermeister, weil Tröpfchen für Tröpfchen genauso frei macht wie Knöpfchen für Knöpfchen") unmittelbar nach ihrem Erscheinen im Jahre 1977 gegenüber der
Firma Mast beanstandet hat. Die Beanstandung erfolgte
wegen Verstosses gegen Ziffer 11 der Verhaltensregeln
des Deutschen Werberats über die Werbung für alkoho-
lische Getränke. Diese Ziffer lautet:

> "Es sollen keine Aussagen erfolgen, die
> auf enthemmende Wirkungen alkoholischer
> Getränke abstellen."

Der Werberat war der Auffassung, daß durch die Verbindung von Bild und Text auf eine (sexuell) enthemmende Wirkung eines alkoholischen Getränks abgestellt werde.

Wie bereits oben erwähnt, werden wir Sie über die Beschlußfassung des Deutschen Werberats im März informieren.

Mit freundlichen Grüßen

(Albrecht)

Professor Dr.Christiane Schmerl   Bielefeld,28.1.80
Dipl.Psych. Michaela Huber
Patricia Gropp (f.d.KHG Darmstadt)

An den Deutschen Werberat
^c/o Zentralausschuß d. Werbewirtschaft
Villichgasse 17
5300 Bonn 2
z.Hdn. Herrn Albrecht

Sehr geehrter Herr Albrecht,

wir bestätigen dankend den Eingang Ihres Schreibens vom 11.1.80. Da sich der Werberat Ende März mit unserer Eingabe beschäftigen wird, möchten wir zu einigen der in Ihrem Brief vorab angesprochenen Punkte Stellung nehmen, in der Hoffnung, daß diese Argumente in Ihrer mündlichen Besprechung mit berücksichtigt werden.

1. Unsere Beschwerde galt der Jägermeister-Werbung, weil dort
   in der Tat - neben anderem Unsinn auch, der uns nicht
weiter interessiert - Frauen wiederholt und fortgesetzt lächerlich gemacht werden. Daß das von Jägermeister gewählte Muster "nicht frauenspezifisch" ist, ist deswegen kein Argument gegen die Berechtigung unserer Beschwerde, weil diese sich ja gerade auf jenen Teil der Anzeigen bezieht, d i e frauendiskriminierend sind.

2. Wie wir schon ausgeführt haben, hat die Beschwerde über
   Jägermeister b e i s p i e l h a f t e n Charakter. Wir
würden es daher begrüßen, wenn Sie sich mit der grundsätzlichen
Frage der immer 'härter' werdenen frauenfeindlichen Werbung
beschäftigen würden, die sogar schon brancheninfern vermerkt
wird (vgl. Capital 79/12 "Reizwelle"). Offensichtlich hatte die
von Ihnen angesprochenen Empfehlung von 1974 keine Wirkung in
der Werbebranche.

3. Die von frauenfeindlicher Werbung diskriminierten Frauen
   sind es leid, sich immer wieder mit dem Argument der
"Geschmacksfrage" abspeisen zu lassen. Die Unterzeichner unserer
Eingabe sind keine Säulenheiligen und Tugendapostel, die beim
Anblick eines nackten Hintern vor Entrüstung in Schreikrämpfe
verfallen (wie die kritisierten Werber die Öffentlichkeit gern
glauben machen wollen).
Wir sind auch die oft gehörten Argumente von 'Ästhetik' und
'Erotik' leid. Die Art und Weise, wie Frauenbilder zu Werbezwecken angerichtet werden, ist weniger eine Frage von An-
stößigkeit, Geschmack und Ästhetik, sondern vor allem eine
Frage danach, wozu Frauen als - zwar ästhetische - Gegenstände,
aber eben als G e g e n s t ä n d e, dienend dem kultivierten
Genuß des Mannes, dargestellt werden; warum Frauen als dumm,
gehässig, lächerlich, tratschsüchtig, etc.etc. 'verkauft' werden
müssen. Bei einer milliardenhaft verbreiteten Anzeigenwerbung
m u ß dies zwangsläufig einen sozialisierenden Effekt auf das
Selbstbild von Frauen und auf das Bild der Frauen bei Männern
haben.
Eine vergleichbar diskriminierende Darstellung von irgendwelchen
Minderheiten (Schwarze, Ausländer) in der Werbung wäre in
Deutschland undenkbar. Und niemand würde es wagen, beispielsweise die Diskriminierung von Juden in der Werbung als
"reine Geschmacksfrage" zu bezeichnen. Bei Frauen dagegen
muß man sich dieses Argument immer und immer wieder anhören.

4. Es gibt die ausgefeiltesten gesetzlichen Bestimmungen hinsichtlich dessen, was in der Werbung erlaubt ist: z.B. Verbot
von Werbung an Autobahnen, Verbot von Zigarettenwerbung im
Fernsehen, Verbot von Alkoholwerbung, die auf enthemmende
Wirkung abstellt, etc.
So kommt es auch zu der grotesken Erscheinung, daß eine
frauendiskriminierende Jägermeisterreklame eingezogen wird,
nicht weil sie gegen Artikel 1 des Grundgesetzes verstößt
(die Würde des Menschen...), sondern wegen des Verstoßes
gegen enthemmende Alkoholwerbung!
Was selbverständlich ist, braucht nicht durch spezielle
Gesetze verboten zu werden. Wenn eine brancheninterne freiwillige "Selbstkontrolle" effektiv wäre, wären in der Tat

keine neuen Gesetze nötig, die die Diskriminierung der Frau
in der Werbung verbieten. Die bisherige Wirkungslosigkeit
der Selbstkontrolle in Form verständnisvoller Empfehlungen
scheint aber gerade diese Konsequenz - noch ein Gesetz und
noch ein Gesetz - nötig zu machen. .

Was wir damit sagen wollen ist, daß wir den Werberat dringend
bitten, sich auf seiner nächsten Sitzung über die üblichen
Empfehlungen hinaus a u c h Gedanken dazu zu machen, welche
Maßnahmen es gibt, den G e i s t solcher Empfehlungen und
Beschlüsse in die Tat umzusetzen.

                    In Erwartung Ihrer Antwort und
                       mit freundlichen Grüßen
                              -i.A.

                    (Professor Dr. Christiane Schmerl)

wir bitten um weiterleitung
an 'mittagsmagazin' und 'heute morgen'
----

deutscher werberat mahnt:

frauen nicht herabwuerdigen
----

bonn, 23.4.80 (zew) - der deutsche werberat
hat die branchen der werbewirtschaft in der
bundesrepublik darauf hingewiesen, dass er
herabwuerdigende und das anstandsgefuehl verletzende darstellungen und aussagen ueber
frauen in der werbung missbilligt. es liege
nicht im interesse der werbungtreibenden
selbst, frauenfeindliche oder frauen diskriminierende werbung zu publizieren, weil die ablehnung der werbung bei den frauen zur ablehnung des beworbenen produkts fuehren koenne
- so ein sprecher des selbstdisziplinaeren
organs der deutschen werbewirtschaft am
mittwoch, dem 23. april 1980 in bonn.

das gremium weist ausserdem darauf hin,
dass sich in der gesellschaft und vor allem
auch im redaktionellen teil der medien eine
aenderung der einstellung zur sexuali-
taet und ihrer darstellung in bild und wort vollzogen hat. ''festzustellen bleibt, dass hier der
werbung keine vorreiterrolle zukommt, sondern
dass sie allenfalls ein spiegelbild der gesellschaft sowie ihrer einstellung ist und
sich in diesem umfeld bewegt.''

wie der sprecher des innerhalb des fachver-
bandes der werbewirtschaft zaw im jahr 1972
gegruendeten werberats mitteilte, sei die
stellungnahme aufgrund eines meinungs-
austausches mit einer frauengruppe abgegeben
worden.

Werbung frauenfeindlich?

BONN, 23. April (AP) Der Deutsche Werberat wandte sich am Mittwoch gegen „herabwürdigende und das das Anstandsgefühl verletzende Darstellungen und Aussagen über Frauen" in der Werbung. Unter Hinweis auf einen Meinungsaustausch mit einer Frauengruppe erklärte ein Sprecher des sich als Selbstkontrollorgan der Werbewirtschaft verstehenden Gremiums, es liege nicht im Interesse der Werbetreibenden selbst, frauenfeindliche oder Frauen diskriminierende Werbung zu publizieren, weil die Ablehnung der Werbung bei den Frauen zur Ablehnung des Produkts führen könne. In der Gesellschaft und vor allem auch im redaktionellen Teil der Medien habe sich eine Änderung der Einstellung zur Sexualität und ihrer Darstellung in Bild und Wort vollzogen, hieß es in der in Bonn veröffentlichten Erklärung weiter. Festzustellen bleibe, daß hier der Werbung keine Vorreiterrolle zukomme, sondern daß „sie allenfalls ein Spiegelbild der Gesellschaft sowie ihrer Einstellung ist und sich in diesem Umfeld bewegt."

Gegen Diskriminierung der Frau

Bonn (ddp). Der Deutsche Werberat hat die Diskriminierung von Frauen in der Werbung verurteilt. In einer am Mittwoch in Bonn veröffentlichten Mitteilung wies der Rat die Branchen in der Werbewirtschaft darauf hin, daß er „herabwürdigende und das Anstandsgefühl verletzende Darstellungen und Aussagen über die Frauen" in der Werbung mißbillige. Es liege nicht im Interesse der Werbungtreibenden selbst, frauenfeindliche oder Frauen diskriminierende Werbung zu publizieren, weil die Ablehnung der Werbung bei den Frauen zur Ablehnung des beworbenen Produkts führen könne.

„Tagesspiegel" Berlin 24. 4. 80

DEUTSCHER WERBERAT

Frau
Prof. Dr. Christiane Schmerl
Universität Bielefeld
Postfach 86 40

4800 Bielefeld

Frau
Dipl.-Psychologin
Michaela Huber
Redakteurin der
"Psychologie Heute"
Postfach 11 20

6940 Weinheim

Frau
Patricia Gropp
Frauengruppe der KHG
(Kath. Hochschulgemeinde)
Nieder-Ramstädter-Str. 30

6100 Darmstadt

                               22. April 1980 - A/eu

Betr.: Ihre Beschwerde vom 26. November 1979 über
         "Frauen in der Werbung"

Sehr geehrte Damen,

wir kommen heute auf unseren Zwischenbescheid vom 11. Januar
1980 zurück. Der Deutsche Werberat hat sich in seiner Sitzung
am 26. März 1980 eingehend mit Ihrer Beschwerde befaßt, auch
unter Berücksichtigung Ihres Schreibens vom 28. Januar 1980.

Der Deutsche Werberat ist zu folgendem Ergebnis gekommen:

1. In Ihrem Schreiben vom 28. Januar 1980 haben Sie darauf hingewiesen, daß für Sie die "Jägermeister"-Anzeigen nur beispielhaften Charakter haben und die gesamten Fragen grundsätzlich diskutiert werden sollten. Der Deutsche Werberat hat deshalb auch davon abgesehen, auf Einzelheiten der "Jägermeister"-Anzeigen näher einzugehen, und das Thema "Frauen in der Werbung" unter einem generellen Aspekt erörtert.

2. Der Deutsche Werberat ist der Auffassung, daß man nicht generell von einer "immer härter werdenden frauenfeindlichen Werbung" sprechen kann. Der von Ihnen zitierte Artikel in der Zeitschrift "Capital" hat insofern keinen repräsentativen Charakter und nimmt diesen auch nicht für sich in Anspruch.

3. Bei der Diskussion ist auf die - je nach Einstellung zu bedauernde oder zu begrüßende - Tatsache zu verweisen, daß sich in der Gesellschaft und vor allem auch im redaktionellen Teil der Medien eine Änderung der Einstellung zur Sexualität und ihrer Darstellung in Bild und Wort vollzogen hat. Festzustellen bleibt, daß hier die Werbung jedenfalls nicht eine Vorreiterrolle hatte und hat, sondern daß sie insoweit allenfalls ein Spiegelbild der Gesellschaft und ihrer Einstellungen ist und sich in diesem Umfeld bewegt.

4. Der Deutsche Werberat verkennt jedoch keineswegs, daß - unabhängig von dem unter Punkt 3 gebrachten Hinweis bei einzelnen Werbemaßnahmen nicht nur die Grenzen des guten Geschmacks, sondern auch des Anstands überschritten werden. Dies wird auch vom Deutschen Werberat mißbilligt.

Der Deutsche Werberat unterstreicht deshalb nochmals
seine Auffassung, daß in der Werbung keine Darstellungen erfolgen sollten, durch die Frauen herabgeürdigt
werden (genauso wenig wie andere Personen oder Personengruppen herabgewürdigt werden sollten). Diesen
Grundsatz wird der Deutsche Werberat gegenüber allen
Kreisen der Werbewirtschaft noch einmal deutlich
machen.

5. Der Deutsche Werberat hat auch durchaus Verständnis
dafür, wenn einzelne Frauen oder Frauen-Gruppen an
bestimmten Darstellungen und Aussagen Anstoß nehmen
und dies zum Ausdruck bringen.

6. Es kann und darf im übrigen auch nicht im Interesse
der Werbungtreibenden liegen, frauenfeindliche oder
frauendiskriminierende Werbung zu publizieren, denn
die Mehrzahl der von ihnen Angesprochenen sind Frauen
und eine Ablehnung der Werbung durch einen Adressatenkreis führt häufig zu einer Ablehnung des beworbenen
Produkts.

7. Der Deutsche Werberat kann es allerdings weder in diesem Fall noch in anderen Fällen als seine Aufgabe ansehen, generell Grenzen des guten Geschmacks und des
Anstands festzulegen und im einzelnen über solche
Fragen zu richten. Er muß sich deshalb darauf beschrän-
ken, den Grundsatz und die Forderung zu wiederholen,
daß herabwürdigende und das Anstandsgefühl verletzende Darstellungen und Aussagen über Frauen und im Zusammenhang mit Frauen in der Werbung zu mißbilligen
sind.

Wir hoffen, Sie konnten unseren Darlegungen entnehmen,
daß der Deutsche Werberat sich mit Ihrer Beschwerde
ernsthaft auseinandergesetzt hat. Ihren Bemühungen
wünschen wir viel Erfolg.

Mit freundlichen Grüßen

(Albrecht)

WERBUNG

Da ist was dran

Immer häufiger wird mit Sex und Zweideutigkeiten geworben. Der Deutsche Werberat registriert Proteste.

B ei Männern, fand Bernd Kessler, Akademischer Oberrat der Universität Saarbrücken, heraus, ist das mit der Werbung ganz einfach: Sie sind schon angetan, wenn nur „viele weibliche Elemente zu sehen sind".

Zu derart tiefen Erkenntnissen ist der Professor nach monatelangen Studien gelangt: Kessler hat mit wissenschaftlicher Akribie untersucht, wann Bilder Begierde wecken.

Dabei ließ er auch die bessere Hälfte der Menschheit nicht aus. Frauen zeigen, protokollierte Kessler, besonders hohe „Stimulationswerte", wenn ein nettes Paar sexuelle Beziehungen erahnen läßt. Und dies um so mehr, „je eindeutiger die Stellung ist".

Dankbar nahmen deutsche Werbe-Kreative Kesslers erotische Erfahrungen zur Kenntnis. Schon lange werben sie mit hübschen Hintern und Busen sowie intimer Zweisamkeit, wenn die umworbenen Produkte in Anzeigen und Werbespots mangels eingängiger Argumente Kauflust nicht anders zu wecken ist.

Doch in jüngster Zeit häufen sich beim Deutschen Werberat, dem Selbstkontrollorgan der Werbewirtschaft, die Beschwerden über allzu grob-geschlechtliche Reklame. Denn mehr und mehr fallen in Anzeigen und Werbespots nicht nur die Hüllen, sondern auch die Sprachbarrieren.

Zwar gibt es immer noch die unverblümten Anbiederungsversuche im schlicht-nackten Pin-up-Sex. Aber die reiferen Akteure der Reizreklame präsentieren ihre Angebote inzwischen mit doppeldeutigen Texten und kumpelhaftem Augenzwinkern. Selbst die sonst so prüden Japaner suchen die Kauflust mit Bettgeflüster zu wecken. Sollte etwa jemand, auf die Elektronikfirma Mitsubishi die Kundschaft an, „ein anderes Programm" haben, während im Fernsehen eine interessante Sendung läuft, schafft Mitsubishi Erleichterung — mit Hilfe eines Video-Recorders.

Die Japaner lassen dabei keinen Zweifel aufkommen, wie das andere Programm aussieht. Werbetext: „Im Fernsehen läuft ein spannendes Finish im Europa-Cup. Holger spielt mit Susanne." Eine Zeichnung macht klar, was die beiden da spielen.

Mitsubishi-Werbeleiter Heinz Kämmer gibt sich naiv: „Wir wollten nicht die zigtausendste Geräteabbildung, sondern eine Möglichkeit der Anwendung darstellen."

Deutsche Firmen haben den neuen Trend längst erfaßt. „Welche würden

Sie lieber anfassen?" fragt ein Chemiefabrikant, der in einer Anzeige eine straffe und eine weniger straffe Frauenbrust abbildet. Verkauft wird ein Beschichtungsverfahren für Photopapier.

Auch der „Wienerwald" läßt Brüste sprechen — großflächig und stramm im Dirndl-Dekolleté: „Da ist was dran." Wer will, mag glauben, Hühnchen seien gemeint.

Frauen in der Werbung
„Hilflos, maßlos und verwöhnt"

Brennerei-Besitzer Günter Mast, der nun schon seit sieben Jahren „Jägermeister"-Trinker mit immer neuen Sprüchen auftreten läßt, ist mit lockeren Eindeutigkeiten ebenfalls dabei. „Ich hab' zwar den Numerus clausus nicht geschafft", albert etwa eine Vortrinkerin, „dafür aber die Nummer mit Claus."

Selbst zur jugendfreien Sendezeit im Werbefernsehen möchten die Werber auf Sex nicht verzichten. Ein frisch geduschter und mit Duftwasser besprühter Jungmann etwa, der sich gerade wieder anziehen will, muß seine Jeans Frauenhänden überlassen, die sanft von hinten zugreifen. Das Wässerchen, so die Werbebotschaft, ist etwas „für Männer, die cool bleiben, auch wenn es heiß wird".

„Die Werbung ist witziger geworden", lobt Michael Schirner, Chefkreativer der Düsseldorfer Spitzenagentur GGK, die Reizreklame. „Mit Humor und Einfallsreichtum sind wir inzwischen sogar besser als die Amerikaner."

Viele Frauen indes, darunter auch Bonner Politikerinnen, haben für diese Art von Humor kein Verständnis mehr. Die von Männern gemachte Werbung, findet etwa die Bielefelder Pädagogik-Professorin Christiane Schmerl, sei frauenfeindlich.

Nach sechsmonatigem Anzeigen-Studium kam die Professorin zu einem eindeutigen Ergebnis: Frauen würden

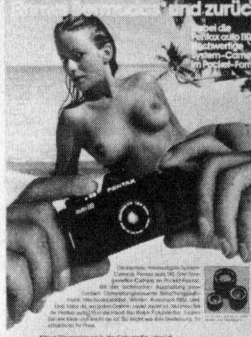

PENTAX

WK-WOHNKULTUR

zunehmend als „Sexprodukt, hilf[los], verwöhnt, maßlos und modisch üb[er]dreht diskriminiert".

Auch die SPD-Bundestagsabgeord[ne]nete Anke Martiny und die „Arbeits[ge]meinschaft sozialdemokratischer Fra[u]en" (ASF) kamen zu ähnlichen Schlü[s]sen. Sie protestierten beim Werberat.

Anke Martiny droht gar mit staat[li]chen Beschränkungen: Sie wolle s[ich] dafür einsetzen, daß die Frauen dis[kri]minierende Werbung in Europa ver[bo]ten werde.

Die Herrenrunde im Werberat rea[a]gierte ängstlich: Sie lud die Damen [zu] einem „klärenden Gespräch" in d[ie] Bonner Zentrale, zu „einem Ter[min] nach Ihren Wünschen".

Vorab mahnte der Werberat [die] Agenturen und ihre Auftraggeber d[rin]gend, künftig auf allzu Anstößig[es] verzichten. Aber wer hört schon wohlmeinende Worte.

„Ich werde doch nicht", entrüs[tet] sich „Jägermeister"-Chef Mast, „we[gen] einer Minderheit meine erfolgrei[che] Werbung ändern."

Einer gegen alle

Auch Originalität schützt vor Sexismus nicht. Zu dieser alt-neuen Erkenntnis kamen kritische Frauen angesichts einiger besonders unorigineller Jägermeister-Reklamen. Auf die Gefahr hin, als prüde und humorlos beschimpft zu werden, beschwerten sie sich beim Deutschen Werberat:

«*Sehr geehrte Damen und Herren,
die Unterzeichneten wenden sich hiermit an Sie als Organ der freiwilligen Selbstkontrolle der deutschen Werbewirtschaft mit der Bitte, auf die Auftraggebenden der Firma ‹Jägermeister› einzuwirken, frauendiskriminierende Werbeanzeigen der beiliegenden Art aus dem Verkehr zu ziehen und besonders zukünftig nicht weiter herzustellen und zu verbreiten. Wir sind der Meinung, daß die ständige Propagierung von negativen Frauen‹typen› in der Jägermeisterreklame der Art, daß Frauen als dümmlich, komisch, exaltiert, vernaschbar, gehässig etc. etc. dargestellt werden, dazu angetan ist – neben der schon überreichlich vorhandenen sonstigen Diskriminierung von Frauen –, deren Bild öffentlich weiter herabzusetzen und lächerlich zu machen.*»

Professor Christiane Schmerl von der Uni Bielefeld, Michaela Huber, Diplom-Psychologin und Redakteurin bei «Psychologie heute», und Patricia Gropp von der Frauengruppe der Katholischen Hochschulgemeinde zeichneten den Brief stellvertretend für die 265 Mitunterzeichnerinnen. Abgeschickt wurde er am 26. November 1979. Bis Januar des darauffolgenden Jahres mußten die Frauen warten, dann kam ein «Zwischenbescheid»: Die Mitglieder des Werberates könnten erst im März tagen, dann würden sie aber eine verbindliche Entscheidung treffen. Der endgültige Bescheid trudelte Ende April 1980 ein:

«*In Ihrem Schreiben vom 28. Januar 1980 haben Sie darauf hingewiesen, daß für Sie die ‹Jägermeister›-Anzeigen nur beispielhaften Charakter haben und die gesamten Fragen grundsätzlich diskutiert werden sollten. Der Deutsche Werberat hat deshalb auch davon abgesehen, auf*

283

Einzelheiten der ‹Jägermeister-Anzeigen› näher einzugehen und das Thema ‹Frauen in der Werbung› unter einem generellen Aspekt erörtert.»

Das findet Professor Schmerl nun schlicht eine Frechheit, denn in dem zitierten Schreiben hatte sie lediglich – als Reaktion auf den Zwischenbericht – betont, es ginge ja nicht *nur* um Jägermeister: «Es ging uns aber selbstverständlich weiter und noch immer *primär* um Jägermeister und deshalb ist das keine Antwort auf unsere Beschwerde!»

In ihrem Brief auf den «Zwischenbescheid» hatte Christiane Schmerl sich auch auf einen Artikel in «Capital» vom Dezember 1979 berufen, der unter dem Titel «Reizweille» darauf hinweist, daß die Werbung in bezug auf Frauen und Sex zunehmend härter wird. Diese brancheninterne Erkenntnis ist aber offenbar noch nicht bis zum Kontrollorgan der Branche vorgedrungen, denn der Deutsche Werberat stellt in seinem Bescheid an die Beschwerdeführerinnen fest, *«daß man nicht generell von einer ‹immer härter werdenden frauenfeindlichen Werbung› sprechen kann»*. Immerhin erkennt sogar der Werberat, daß *«bei einzelnen Werbemaßnahmen nicht nur die Grenzen des guten Geschmacks, sondern auch des Anstands überschritten werden. Dies wird auch vom Deutschen Werberat mißbilligt.»* Sehr schön. «Die Grenzen des guten Geschmacks.» Mit denen durften wir uns

schon im Stern-Prozeß reichlich herumschlagen. Es ist immer noch eine Geschmacksfrage, wenn Frauen öffentlich verhöhnt und verachtet werden. Würden Juden oder Neger in dieser Weise herunter- und lächerlich gemacht, niemand käme auf die Idee, das als Frage des Geschmacks zu bewerten. Das Argument ist alt, aber anscheinend noch immer nicht von allen verstanden.

Dennoch: Der Deutsche Werberat hält sich zwar in Geschmacksfragen raus, findet aber einen guten und einleuchtenden Grund, seine besonders frauenfeindlichen Mitglieder zum Zurückstecken zu motivieren: Des Pudels Kern ist der Profit. Na was denn sonst?

«Es kann und darf übrigens auch nicht im Interesse der Werbetreibenden liegen, frauenfeindliche oder frauendiskriminierende Werbung zu publizieren, denn die Mehrzahl der von ihnen Angesprochenen sind Frauen und eine Ablehnung der Werbung durch einen Adressatenkreis führt häufig zu einer Ablehnung des beworbenen Produkts.» Tja, meine Herren, so grausam kann das Leben spielen. Nach diesen Kernsätzen und noch einigen Schlenkern über das Schicksal der Werbung als Spiegelbild der Gesellschaft (und nicht, wie Frau Schmerl formuliert hatte, als «Vorreiter») kommt nun der Deutsche Werberat endlich zu dem Schluß:

«Der Deutsche Werberat unterstreicht deshalb nochmals seine Auffassung, daß in der Werbung keine Darstellungen erfolgen sollten, durch die Frauen herabgewürdigt werden (genauso wenig wie andere Personen oder Personengruppen herabgewürdigt werden sollten). Diesen Grundsatz wird der Deutsche Werberat gegenüber allen Kreisen der Werbewirtschaft noch einmal deutlich machen.»

Was das bringt, zeigt die Tatsache, daß fast texto dieselbe Ermahnung schon 1974 (!) an die Mitglieder geschickt wurde – mit welchem Erfolg sieht frau ja.

Christiane Schmerl läßt sich trotzdem nicht entmutigen: «Mich läßt dieser Bescheid nicht resignieren. Denn an allen Ecken und Enden beginnen Frauengruppen und auch einzelne Frauen, sich zur Wehr zu setzen. Es hat auf jeden Fall Nutzen, sich zu beschweren, also sollten wir auf jeden Fall weitermachen: Briefe schreiben, klagen, Beschwerden formulieren und noch mehr Frauen dazu animieren.»

Christiane Schmerl

Argumentationsbeispiele

Im folgenden soll kurz auf die zuvor dokumentierte Beschwerde beim Deutschen Werberat und auf dessen Argumente eingegangen werden und resümiert werden, welche weiteren, bisher nicht ausdrücklich genannten Möglichkeiten es gibt, sich gegen frauenfeindliche Leitbilder zur Wehr zu setzen.

Die Resonanz der Presse auf unsere Beschwerde beim Deutschen Werberat war – erfreulicherweise und auch für uns überraschend – recht groß. Die wiedergegebenen Presseberichte waren nur ein Ausschnitt. Trotzdem muß klar gesehen werden, daß die Mehrzahl der erschienen Notizen und Berichte als *Anlaß* die Empfehlung des Werberats nahmen, nur in wenigen Fällen die vorangegangene Beschwerde selbst. Das heißt einerseits, daß wir den der Sache dienlichen Publikationserfolg nur dadurch verbuchen konnten, daß dieses Gremium den besseren und leichteren Zugang zu den Medien hat als irgendeine ‹private› Initiative von protestierenden Frauen, darüber kann es keine Illusionen geben. Andererseits ist aber auch der *vermittelt* zustandegekommene Erfolg einer öffentlichen Berichterstattung über die beanstandete Werbung ein *Erfolg*. Er signalisiert, daß der Zentralausschuß einer Industriebranche auf den wachsenden Unmut der Frauen reagiert – und wenn nur aus Furcht um mangelnde Absatzchancen bei weiblichen Konsumenten; eine Begründung, die auch im ZAW-Bescheid an zentraler Stelle stand, und die – ebenfalls erfreulicherweise – von der verantwortlichen WDR-Redakteurin tags darauf im ‹Morgenmagazin› als «ein Schlag ins Gesicht» bezeichnet wurde.

Weil nun aber die Werbewirtschaft über die besseren Publikationschancen verfügt, ist es von einiger Bedeutung, daß die von ihr ins Feld geführten und veröffentlichten Argumente auch möglichst *öffentlich* widerlegt werden – zumal sie in unglaublich sturer und unbeirrbarer Weise dieselben unhaltbaren Behauptungen immer und immer wieder produziert, wohl in der Einschätzung, daß sie sich als Ohrwürmer schon festsetzen werden. Weil einem weiteren Antwortbrief unsererseits auf die im ZAW-Bescheid gemachten Ausführungen mit Sicherheit keine öffentliche Aufmerksamkeit geschenkt worden wäre, sollen an dieser Stelle nicht nur die Argumente des Werberats kommentiert werden, sondern zusätzlich auch die häufigsten Einwände von Werbevertretern erörtert werden, die immer wieder in Diskussionen zu hören sind.

Diese Argumentationsbeispiele können nützlich sein für Auseinandersetzungen und Diskussionsveranstaltungen zum vorliegenden Thema, wo Kritiker der Werbung sich immer wieder diese nur dem Anschein nach plausiblen Behauptungen anhören müssen und sich auch oft von ihnen überfahren lassen, da die Herren (und Damen) aus der «creativen» Abteilung versuchen, zu bluffen.

Argument No. 1:

Der Deutsche Werberat (oder jede beliebige Werbeagentur) gibt zu, daß schon mal «die Grenzen des guten Geschmacks» und «auch des Anstands überschritten werden». Trotzdem könnten – da es sich eben um *Geschmacksfragen* handele, keine generellen Grenzen gezogen oder festgelegt werden. Denn über Geschmack lasse sich ja bekanntlich streiten!

Hierzu wäre zweierlei zu sagen:

a) Diskriminierung ist keine Geschmacksfrage. Wie einfach das nachzuweisen ist, kann man sehen, wenn man in abfällige Aussagen oder unterwürfige, sich prostituierende Posen auf Frauenwerbebildern anstelle der Frauen andere Bevölkerungsgruppen einsetzt: In Deutschland wäre es z. B. unmöglich, Werbung mit witzigen antisemitischen Sprüchen und/oder Abbildungen zu verkaufen – obwohl der Aufmerksamkeitswert kein geringer sein dürfte, im Gegenteil. Auf Grund der spezifisch deutschen Vergangenheit käme aber niemand bei uns auf die Idee, die Diskriminierung von jüdischen Mitbürgern durch die Werbung als bloße Geschmacksfrage abzutun, die womöglich als Überempfindlichkeit von Juden zu interpretieren sei. Offensichtlich sind die massenweisen Vernichtungen von Frauen in der jahrhundertelang betriebenen Hexenverfolgung gegenüber dem jüngeren Holocaust schon arg verblaßt. Genauso wenig würde es als Geschmacksfrage bezeichnet werden, wenn *Behinderte* in der Werbung veralbert würden oder alte Leute. Und das, *obwohl* entsprechende negative Vorurteile und Geringschätzung gegenüber diesen Gruppen nachweisbar in der Bevölkerung vorhanden sind! (Vgl. Argument No. 2)

b) Mit der Abqualifizierung der Frauendiskriminierung als Geschmacksfrage wird indirekt auch zum Ausdruck gebracht, daß beispielsweise nackte Frauen oder tiefe Dekolletés eben eine Frage der persönlichen Liberalität, Aufgeklärtheit, Toleranz etc. seien: eben Geschmacksfragen. Dieser Punkt wird im Zusammenhang mit der ‹Liberalisierung von Sexualität› noch angesprochen werden. Hier mag folgendes genügen: Die Tiefe des Dekolletés, das eine Frau *trägt*, mag ihre Geschmacksfrage sein. Die Tatsache jedoch, daß freie Busen mit knusprigem Hühnchenfleisch kombiniert werden und entsprechende Slogans auf den alsbaldigen Verzehr hinweisen u. ä., oder nackte Frauen mit Anleitungen wie: «damit Männer etwas ordentliches in der Hand haben» usw. in einen eindeutigen Benutzungszusammenhang gestellt werden, ist der wesentliche Punkt, nicht die Nacktheit per se. Man sollte sich an diesem Punkt energisch dagegen wehren, als Tugendapostel abgestempelt zu werden. Nicht sexuelle Prüderie ist der springende Punkt, sondern die Verwendung von Frauen im Zusammenhang mit Konsumanreizen – Frauen als Markenartikel für den männlichen Konsumenten: ob nackt oder bekleidet, spielt dann nicht unbedingt die entscheidende Rolle.

Argument No. 2:

Werbung sei nur das Spiegelbild der Gesellschaft. Sie bringe nur das, was das Publikum sowieso denke oder sehen wolle. Insofern sei ihr auch jede beeinflussende «Vorreiterrolle» hinsichtlich bestimmter Werte und Überzeugungen abzusprechen.
Hierzu ist nun sehr viel zu sagen … Zunächst: Werbung mit Bildern, egal, ob in Zeitungen, Fernsehen, Plakatsäulen oder Illustrierten ist *einer* der ganz *mächtigen* Sozialisationsfaktoren. Natürlich ist sie nicht der *einzige* Einflußfaktor. Sie *ist* jedoch ungeheuer einflußreich, weil:
– Menschen ‹Augentiere› sind,
– Menschen durch Bilder *lernen* (Kinder und Erwachsene),
– diese Werbebilder *überall*, in *großer* Anzahl, *unübersehbar* jeden begleiten, verfolgen.
Die durch Werbung ausgeübte soziale Einflußnahme geht nicht nur oder ausschließlich in Richtung des beabsichtigten Kauf- und Konsumappells, sondern zusätzlich unbewußt in Richtung jener Vor-Bilder, die sie vorzeigt. Daß diese Bilder vom schönen, reichen und leichten Leben und den darin vorkommenden ‹Typen› Auswirkungen auf unsere Vorstellungen und Ideale haben, läßt sich überhaupt nicht bezweifeln. Vermutlich haben sie durch ihren aufreizenden Charakter und ihre Allgegenwärtigkeit wesentlich mehr unbeabsichtigten Ein-

fluß als die von besorgten Eltern mit pädagogischem Gespür ausgewählten ‹guten› Jugendbücher und ‹lehrreichen› Spiele.

Zweitens: Eine Inhaltsüberprüfung der gezeigten Werbeinhalte ergibt ziemlich schnell: die gezeigten Frauentypen (auch Männertypen
und vieles andere mehr) entsprechen keineswegs der Wirklichkeit,
Gott sei Dank nicht – noch nicht. Frauen bestehen nicht nur oder
hauptsächlich aus diesen properen Saubermuttis, Vamps, herzigen
Dummchen, Hausdrachen etc. Dies sind auch die die *Ideale* der Männer und Frauen, wie man aus Befragungen weiß – noch nicht. So
scheint Werbung bestenfalls ein Spiegel der Phantasie der ‹Creativen›, und denen fällt offensichtlich schon lange nichts Neues mehr ein
als die uralten Vorurteile gegenüber Frauen im neuen Gewand des
Vierfarbdrucks.

Argument No. 3:

Die Liberalisierung der Sexualität sei ein gesellschaftliches Phänomen.
Werbung mit Sex schließe sich dieser Entwicklung lediglich an.
Liberalisierung von Sexualität in unserer Gesellschaft ist sicher eine
Tatsache. Zuweilen brüstet sich sogar die Werbung, hierfür der Motor
gewesen zu sein (dieses Argument wird also je nach Bedarf für die
eigenen Zwecke hin- und hergebogen). Nur *Liberalisierung* von Sexualität ist nicht identisch mit *Brutalisierung* und nicht mit Herabset-
zung von Frauen; hier liegt der wesentliche Unterschied. Wenn ausschließlich *weibliche* Sexualität in Form von nackten Tatsachen mal
schlüpfrig-augenzwinkernd, mal rüde-kalauernd, zum allzeit bereiten
männlichen Gebrauch angeboten wird, in einer Reihe mit Automoto-
ren, HiFi-Geräten, Fotoapparaten etc. etc., scheint es sich eher um
Pervertierung der männlichen und Ausbeutung der weiblichen Sexualität zu handeln als um Liberalisierung der *menschlichen* Sexualität.
In die gleiche Richtung zielen auch oft gehörte Argumente von Uralt-
Werbern (meist Kavalieren der ‹alten Schule›). Sie verkünden mit
Pathos:

Argument No. 4:

Nackte Frauen seien doch sooo schön! Was man denn gegen die
Schönheit von Frauen habe?! Schöne Frauen dienten nur zur Freude
jedes echten Mannes (so gerade wieder gehört in einer Besprechung

mit Repräsentanten des Werberats!). Dieses Argument ist schon fast *zu* dumm, um überhaupt noch einer Reaktion gewürdigt zu werden. Hierzu sei auf den Brief von Henning Venske verwiesen. In solchen Fällen empfiehlt sich nur noch die Bemerkung, daß es mehrere Millionen von Frauen gibt (alles potentielle Konsumentinnen!), die die *Ausnutzung der weiblichen Schönheit zu Profitzwecken nicht mehr schön* finden, und daß dies die Männerbranche Werbung gefälligst zur Kenntnis nehmen möge.

Argument No. 5:

Den weiblichen Fotomodellen mache es riesigen Spaß, solche Bilder zu machen. Die Mädchen rissen sich um entsprechende Jobs (dies wird besonders gern von Berufsfotografen genüßlich bemerkt). Um dieses Argument zu würdigen, empfiehlt sich das Kapitel «Männer und Häschen» aus dem ausgezeichneten Buch von Benard & Schlaffer: «Der Mann auf der Straße». Sie erzählen dort aus zwei Interviews mit Fotomodellen, die für den Playboy posiert haben. Fazit (und das kann man auch dem Interview mit H. S. entnehmen): Eine Frau ohne qualifizierte Berufsausbildung und ohne Aussicht auf dieselbe, mit kümmerlichen Einkommensverhältnissen und nervtötenden Arbeitsbedingungen (das trifft immerhin auf einen Großteil *aller* Frauen zu!) wird sich tatsächlich um einen Job reißen, der schnell und wirksam aus diesen Verhältnissen Erlösung verspricht.

Argument No. 6:

Der Begriff der frauenfeindlichen Werbung sei ein reines Definitionsproblem. Da nicht exakt zu definieren sei, was frauenfeindlich ist, könne man hier keine klaren Anweisungen erteilen. Wenn man frauenfeindliche Werbung definieren könne, sei das Problem gelöst. Dieses Argument ist leicht als taktisches zu durchschauen. Praktikable Definitionsvorschläge gibt es durchaus: vgl. Kapitel 1 oder Martiny 1978.

Argument No. 7:

Es wird hemmungslos geblufft. Z. B. wird bestritten, daß die Werbung – verglichen mit der vor 10, 15 Jahren – härter geworden sei. Solche Bluffs lassen sich schnell und eindeutig widerlegen. Um beim genannten Beispiel zu bleiben: Ein Blick in zwei sehr ausführlich bebilderte Bücher über Sex in der Werbung aus der Mitte der 60er Jahre überzeugt anschaulich von der stattgefundenen ‹Entwicklung› (Rober 1963; Nimmergut 1966). Was dort unter ‹Sex› geführt wird, nimmt sich rührend bescheiden und provinzlerisch aus im Vergleich zu dem, woran man sich heute so gewöhnt hat.

Eine andere Bluff-Behauptung (auch gerade frisch vom Werberat vernommen): die frauenfeindliche Werbung sei lediglich ein Produkt der *ausländischen* (sprich: japanischen und amerikanischen) Hersteller, die ihre Produktwerbung hier in unserer sauberen BRD auf den Markt trügen. Ein Blick in jede beliebige Illustrierte straft diese Behauptung Lügen. Außerdem: auch ausländische Produkte werden für Deutschland von *deutschen* Werbeagenturen mit Creationen versorgt ... Fazit: Auf Bluffs gefaßt sein, dann erkennt man sie schneller.

Außer sich mit Werbern direkt auseinanderzusetzen, gibt es natürlich eine Menge anderer Möglichkeiten, die hier nicht alle genannt werden können. Viele Frauengruppen haben sich in der jüngsten Zeit eine Menge einfallen lassen: das reichte über Beschwerden bei werbenden Firmen und Herstellern, über selbstgemachte und öffentlich gezeigte Ausstellungen und Podiumsdiskussionen bis zu Aktionstagen und Unterschriftensammlungen.

Wie gezeigt, haben natürlich auch gerade Lehrer (und Eltern*) gute Möglichkeiten, so ein Thema von Kindern mit Collagen und selbstgesammelten Beispielen aufgreifen zu lassen.

---

* Apropos Eltern: Das wirksamste Gegenmittel gegen rückwärtsgerichtete Geschlechtsrollenstereotype in der Werbung und anderswo sind immer noch überzeugende Gegenbeispiele in Gestalt *lebendiger* und überzeugender Personen, die mit Kindern zusammen leben. Kinder ahmen gerne nach ...

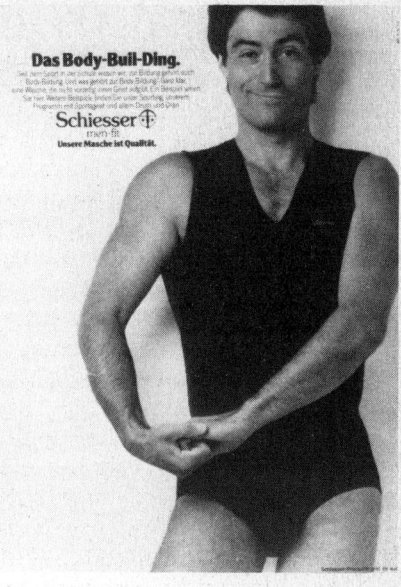

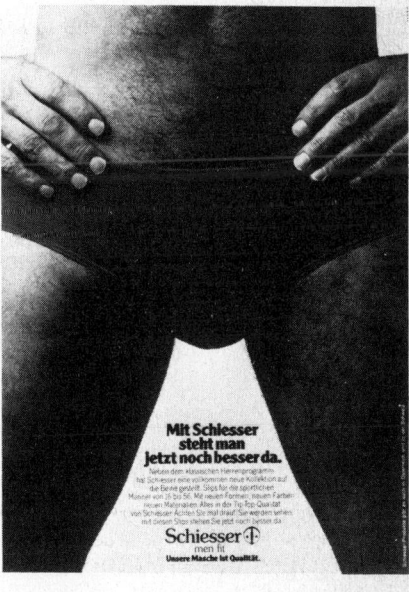

Auch ohne Kur eine hübsche Figur.

Mit Everyday von Schiesser ist es ganz leicht, seine schönsten Linie hübsch zu formen. Denn erstens ist Everyday babyweich gemacht. Und zweitens ist alle leicht formbar. Und weil es von Schiesser ist, gibt es natürlich so leicht nichts, was es aus der Fassung bringt.

Schiesser ✛
Unsere Masche ist Qualität.

Ist es nicht heiß, unser Weiß.

Kurz um: Heimchen kriegs der Blaumacher aus einer besonders robusten gleichmäßig gewebte. Und selbst mit einem Sulzbrecher vermischen, es einfach Spitze ist. Und damit Waschbaren diese helder Damit sicht die hier verwaschen, behalten wir die schöne Farbe gewesen, die es gibt: Weiß.

Schiesser ✛
Unsere Masche ist Qualität.

Schiesser-Produkte gibt es auch in Damen und in den Schweiz.

Ob Blond, ob Braun, unser Schwarz steht allen Frauen.

Nicht, weil es besonders schwarz ist. Sondern weil es besonders hübsch in der Raffinerie ist. Raffiniert, aber nicht zu offenherzig. Tailliert, aber nicht zu offensichtlich. Perfektiert, aber hübsch dezent. Und daß es an einem Wedel hängt, findet sie nicht. Neum cheijen. Denn hält. Und er bewegt nun, wie leicht es sich trägt.

Schiesser ✛
Unsere Masche ist Qualität.

Mit seinen Reizen soll man nicht geizen.

Aus diesem schönen Grund gibt es von Schiesser eine ganze Reihe von modellen Ideen. Wie dieser Body zum Beispiel. Ein Body mit haben uns nicht nur etwas Reizvolles einfallen lassen. Sondern auch alles getan, damit er lange seinen Reiz behält.

Schiesser ✛
Unsere Masche ist Qualität.

Literatur

Abromeit, H.: Das Politische in der Werbung, Opladen 1971

Aktion Klartext (AKT) (Hrsg.): Frauen und Medien. Berichte, Kritik, Fragen, Vorschläge. Bielefeld 1978

Alexander, M. & Judd, B. Jr.: Do nudes in ads enhance brand recall? In: Journal of Advertising Research, 1978, 18, 47–50

Art Director's Club Deutschland: Jahrbuch 76, Düsseldorf 1977

Aufermann, J.: Werbung, Presse und manipulierte Öffentlichkeit. In: Aufermann, J. et al. (Hrsg.): Gesellschaftliche Kommunikation und Information. Bd. 2, Frankfurt 1973, S. 544–567

Becker, E.: Das Bild der Frau in der Illustrierten. In: Horkheimer, M. (Hrsg.): Zeugnisse. Th. W. Adorno zum 60. Geburtstag, Frankfurt 1963, S. 427–438

Beier, G.: Ost-West-Vorurteile in der politischen Bildung. Frankfurt 1971

Benard, C. & Schlaffer E.: Männer und Häschen. Die Infantilisierung der Sinnlichkeit. In: Benard, C. & Schlaffer, E.: Der Mann auf der Straße. Reinbek 1980, S. 183–196

Blömeling, M.: Leitbilder und Identifikationsmodelle der Frau in Fernsehwerbespots. Magisterarbeit, Köln 1978

Boese, A.: Frau und Werbung. In: Institut f. Ehe- u. Familienwissenschaft (Hrsg.): Mann und Frau – schon Partner? Zürich/Köln 1973, S. 29–38

Bockelmann, F.; Huber, J. & Middelmann, A.: Werbefernsehkinder. Berlin 1979

Brückner, P.: Die informierende Funktion der Wirtschaftswerbung. Berlin 1967

Dahrendorf, M.: Das Mädchenbuch und seine Leserin. Weinheim 1978

Ehmer, H. (Hrsg.): Visuelle Kommunikation – Beiträge zur Kritik der Bewußtseinsindustrie. Köln 1971

Ehmer, H. (Hrsg.): Kunst/Visuelle Kommunikation. Gießen 1976[4]

Falconnet, G. & Lefaucheur, N.: Wie ein Mann gemacht wird. Berlin 1977

Fegebank, B.: Werbung in den Massenmedien und das Image der Frau am Beispiel der Zeitschriften und Buchliteratur. In: Hauswirtschaft und Wissenschaft, 1975, 23, 177–181

Flora, C.: The passive female: her comparative image by class and culture in women's magazine fiction. In: Journal of Marriage and the Family, 1971, 33, 435–444

Frauentypologie. Markt- und Medienverhalten weiblicher Marketing-Zielgruppen. Gruner + Jahr (Hrsg.) Hamburg 1972

Frauentypologie 2. Einstellungen, Meinungen, Kauf- und Konsumverhalten weiblicher Marketing-Zielgruppen. Gruner + Jahr (Hrsg.) Hamburg 1975

Frauentypologie 3. Marktkenntnis, Produktinteressen und Kaufverhalten von Frauen zwischen 14 und 64 Jahren. Gruner + Jahr (Hrsg.) Hamburg 1977

Friedan, B.: Der Weiblichkeitswahn. Reinbek 1970

Gerbner, G.: Violence in television drama: trends and symbolic functions. In: Comstock, G. & Rubinstein, E. (eds.): Television and social behavior. Media Content and control, Vol. I; Washington 1972, p. 28–187

Glötzner, J.: Die Rolle der Frau in Mathematikbüchern. In: Vorgänge 1974, 8, 109–112

Goffman, E.: Genderisms. Psychology Today, 1977, 8, 60–63

Goffman, E.: Gender Advertisments. New York 1979

Grape-Albers, H. & Simons, K.: Felix strickt und Katrin kickt. Katalog zur gleichnamigen Ausstellung. Karlsruhe 1979

Harrison, H.: Great balls of fire. A history of sex in science fiction. London 1977

Hastenteufel, R.: Geschlechtsrollenstereotypen in der Werbung. Köln 1975

Haug, W.: Kritik der Warenästhetik, Frankfurt 1977[6]

Head, S.: Content analysis of television drama programs. In: Quarterly of Film, Radio and Television, 1954, 9, 175–194

Hering, H.: «Ms.» – eine andere Frauenzeitung. In: Vorgänge, 1974, 8, 103–109

Hering, H.: Weibs-Bilder. Zeugnisse zum öffentlichen Ansehen der Frau. Reinbek 1979

Hirsch, E.: Wo glückliche Frauen Männern das Leben versüßen. In: Brigitte 1978, 6, 48 ff.

Holzer, D.; Reder, R. & Schuhler, L.: Frauenemanzipation in der Bundesrepublik. In: Kürbiskern, 1971, 1

Holzschuher, L. Frhr. v.: Psychologische Grundlagen der Werbung. Essen 1956

Isber, C. & Cantor, M.: Report of the task force on women in public broadcasting. Washington 1975

Jürgens-Kirchhoff, A.: Werbung mit dem Bild der Frau. In: Krauss, L. & Rühl, H. (Hrsg.): Werbung in Wirtschaft und Politik. Frankfurt 1970

Kämpf-Jansen, H.: Die «Liebesblicke» von Gold und Diamanten. In: Kunst und Unterricht/Praxis Deutsch, Sonderheft 1978, S. 117–121

Kaiser, U.: Überlegungen zur Werbesprachanalyse anhand von Beispieltexten. Wiss. Zulassungsarbeit f. d. Lehramt an Gymnasien, Heidelberg 1979

Karsten, G.: Mariechens Weg ins Glück? Die Diskriminierung von Mädchen in Grundschulbüchern. Berlin 1977

Kempas, T.; Löwel, S.; Roters, E.; Schreiber, K. & Weweder, R.: Die Puppe – Aspekte zum Bild der Frau. Katalog zur gleichnamigen Ausstellung. Berlin 1971

Kock, R.: Vergleichende Analyse der Darstellung von Frauen im Anzeigenteil einer Frauenzeitschrift. Diplomarbeit a. d. Fakultät f. Soziologie d. Universität Bielefeld, Bielefeld 1978/79

König, R.: Die Funktion der Werbung als Stilelement des Massenkonsums. In: Wirtschaft und Werbung, 1960, 14, 332–336

Küchenhoff, E. et al.: Die Darstellung der Frau und die Behandlung von Frauenfragen in der medienspezifischen Wirklichkeit des Deutschen Fernsehens und des Zweiten Deutschen Fernsehens. Stuttgart 1975

Langer-El Sayed, I.: Frau und Illustrierte im Kapitalismus, Köln 1971

Leitherer, E.: Werbelehre, Stuttgart 1966

Lemon, J.: Dominant oder dominated? Women and prime-time television. In Tuchman, G.; Daniels A. & Bénet, J. (eds.): Hearth and Home. New York 1978, p. 51–68

Lindner, R.: «Das Gefühl von Freiheit und Abenteuer». Ideologie der fortgeschrittenen Überflußgesellschaft. Berlin 1968

Martiny, A.: Was heißt «Geschlechterdiskriminierung»? In: Zeitschrift f. Verbraucherpolitik, 1978, 2, 191–195

Martiny, A.: Männer werden's nie verstehen. Frauendiskriminierung in der heilen Welt der Werbung. In Janssen-Jurreit, M. (Hrsg.): Frauenprogramm – gegen Diskriminierung. Hamburg 1979, S. 46–51

Mataja, V.: Die Reklame. München/Leipzig 1926[4]

Millum, T.: Images of Women. Advertising in women's magazines. London 1975

Molotch, H.: The news of women and the work of men. In: Tuchman, G. et al. s. o., p. 176–185

Nimmergut, J.: Werben mit Sex. München 1966

NOW National Capital Area Chapter: Women in the wasteland fight back: a report on the image of women portrayed in TV programming. Washington 1973

Nusser, P. (Hrsg.): Anzeigenwerbung. München 1975

Plengg, I.: Die Emanzipation des Mannes – Bilanz und Ausblick. Stuttgart 1969

Pross, H.: Über die Bildungschancen von Mädchen in der Bundesrepublik. Frankfurt 1970[3]

Rober, P.: Sex für Millionen. Erotik an der Werbetrommel. Bonn 1963

Robertson, T.: Parental mediation of television advertising effects. In: Journal of Communication 1979, 29, 15–25

Römer, R.: Die Sprache der Anzeigenwerbung. Düsseldorf 1968

Schmerl, C. & Huber, M.: Frauenfeindliche Klischees in der Werbung. In: Psychologie heute, 1979, 6, 24–25

Schmerl, C.: Frauenfeindliche Werbung. In: Thüne, A. & Olfe-Schlothauer, R.: FrauenBilderLeseBuch. Berlin 1980, S. 160–165

Schmitz, E.: Frau und Werbung. Eine Untersuchung an drei Beispielen. In: Katholische Frauenbildung, 1973, 74, 470–476

Schmitz, H.: Creative Werbung. Wider die Todsünde der Menschenverachtung. In: Manager-Magazin, 1978, 11

Schnurrer, A. & Knigge A.: Bilderfrauen/Frauenbilder. Eine kommentierte Bilddokumentation über die Frau im Comic. Hannover 1979[2]

Schrader-Klebert, K.: Die kulturelle Revolution der Frau. In: Kursbuch 1969, 17, 1–45

Seegar, J. & Wheeler, P.: World of work on TV: Ethnic and sex representation in TV drama. In: Journal of Broadcasting 1973, 17, 210–214

Silbermann, A. & Krüger, M.: Abseits der Wirklichkeit. Das Frauenbild in deutschen Lesebüchern. Köln 1971

Simonitsch. P.: Von dem Wunsch besessen, männlichen Helden zu gefallen. Ein UN-Bericht über den Einfluß der Massenmedien auf die Rolle der Frau in der Gesellschaft. Frankfurter Rundschau 4. 2. 1974

Sollwedel, I.: Patriarchat oder kritische Frauenbilder – Zum Leitbild der westdeutschen Lesebücher. In: Gmelin, O.: Bankrott der Männerherrschaft. Frankfurt 1971, S. 92–110

Sollwedel, I.: Die Frau: dankbarstes Objekt der Werbung. Frankfurter Rundschau 22. 4. 1972

Suhr, W.: Die stärksten Appelle – Sex contra fact. Düsseldorf/Wien 1963

Steadman, M.: How sexy illustrations affect brand recall. In: Journal of Advertising Research, 1969, 9, 15–19

Stengel-Güttner, G.: Psychologie der Frau heute. Referat anläßlich der GWA-Tagung «Die Frau in der Werbung» Nov. 1974. Abgedruckt in: Die Frau in der offenen Gesellschaft, 1976, 4, 13–16

Ulze, H.: Frauenzeitschrift und Frauenrolle. Berlin 1977

Venkatesan, M. & Losco, J.: Women in magazine ads: 1959–71. In: Journal of Advertising Research, 1975, 15, 49–54

Verbraucherzentrale Baden-Württemberg: Werbung und Wirklichkeit. Heilbronn/Stuttgart 1974

Verbraucherzentrale NRW: «Weichmacher Werbung». Materialien für Unterrichtende zu einer Ausstellung der Verbraucherzentrale NRW. Düsseldorf 1978

Wex, M.: «Weibliche» und «männliche» Körpersprache als Folge patriarchalischer Machtverhältnisse. Hamburg 1979

Wise, G.; King, A. & Merenski, J.: Reactions to sexy ads vary with age. In: Journal of Advertising Research 1974, 14, 11–16

Women on Words and Images: Dick and Jane as victims. Sex stereotyping in children's readers. Princeton 1972

Women on Words and Images: Channeling children. Sex stereotyping on prime-time TV, Princeton 1975

ZAW (Hrsg.): Werbung überbrückt Ländergrenzen. Kongreßbericht zum Reklamekongreß Hamburg 1951

Die ZARGES-Box aus Leichtmetall, denn:

Ein Hobby hat doch jeder

Die Kiste für den Mann und seine Hobbies. Und manchmal ist es ein teures Hobby. Dann möchte man den Schatz sicher aufbewahren. Manchmal ist es ein liebes Hobby, dann möchte man es immer griffbereit haben. Und manchmal ist das Hobby gleich Beruf. Dann möchte man Ordnung haben.

Für alle Hobbies haben wir die ZARGES-Box gebaut. Aus Leichtmetall. In drei Größen. Zu einem vernünftigen Preis. Denn Hobbies kosten fast immer Geld.

Ob Sie Sportler sind, gern heimwerken, Briefmarken sammeln, fotografieren oder ein ganz besonderes Hobby haben (siehe oben): Die ZARGES-Box macht praktisch alles mit.

Coupon: Bitte, informieren Sie mich über die ZARGES-Box. Senden Sie mir kostenlos den vierfarbigen Prospekt.

Name:

Anschrift:

Bitte einsenden an
ZARGES Leichtbau GmbH,
8120 Weilheim

ZARGES macht das Leben leichter. Jetzt und in der Zukunft.

ZARGES

Elefanten Press

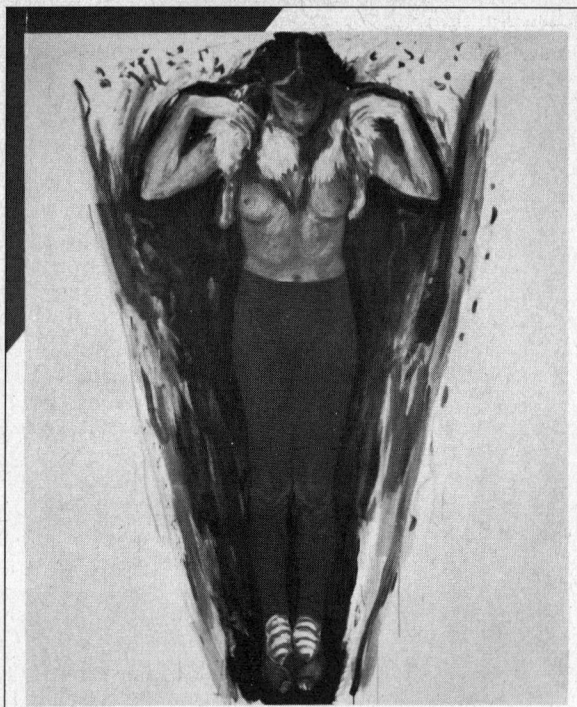

Anna Tüne (Hrsg.)   ELEFANTEN PRESS

Körper Liebe Sprache
Über weibliche Kunst, Erotik darzustellen

EP 86 ISBN 3-88520-086-4
224 Seiten, 130 Abbildungen, broschiert, 14 x 20 cm, vierfarbiger Umschlag.

„Dieses Buch betritt insofern Neuland, als Autorinnen, Malerinnen, Zeichnerinnen,
Fotografinnen so etwas wie ihre spezifisch feminine Grundeinstellung zum
eigenen und anderen Geschlecht zu definieren und in ihrem Werk – oft an
Beispielen – zu umreißen versuchen . . .
Nichts für Voyeure, sondern für Leser und Betrachter, die, falls
männlich, bereit sind, auch seelische Unterschiede zu
akzeptieren, die ihnen bisher verborgen gewesen
sein mögen. Für sie handelt es sich beinahe
um ein Lehrbuch." **Der Tagesspiegel**

Bitte fordern Sie kostenlos und unverbindlich
den ELEFANTEN EXPRESS mit Informationen
über uns und unser Programm an.
Elefanten Press Verlag
Zossener Straße 32
1000 Berlin 61

rororo aktuell

Herausgegeben von Freimut Duve im Rowohlt Taschenbuch Verlag

Frauen aktuell

Herausgegeben von
Susanne v. Paczensky

Baumgartner-Karabak, Andrea /
Landesberger, Gisela
Die verkauften Bräute
Türkische Frauen zwischen Kreuzberg
und Anatolien
(4268)

Benard, Cheryl / Schlaffer, Edit
**Die ganz gewöhnliche Gewalt
in der Ehe**
Texte zu einer Soziologie von Macht
und Liebe
(4358)

Bick, Martina
**Warum sollen wir Dicken
uns dünne machen?**
Klage gegen den Schlankheitsterror
(4729)

Block, Irene / Enders, Uta /
Müller, Susanne
Das unsichtbare Tagwerk
Mütter erforschen ihren Alltag
(4828)

Brechmann, Theresia
Jede dritte Frau
Protokoll einer Vergewaltigung
(4930)

Cramon-Daiber, Birgit/
Jaeckel, Monika u. a.
Schwesternstreit
Von den heimlichen und unheimlichen
Auseinandersetzungen zwischen Frauen
(Arbeitstitel/5120)

Edding, Cornelia
Jede kann helfen
Was tut eine Beratungsgruppe konkret?
Ein Arbeitsbuch
(4434)

Egidi, Karin / Bürger, Gislind
Das Gefühl der Befriedigung
Was Sexualforscher nicht erfassen können,
sagen die Frauen selbst
(4730)

Einsele, Helga / Rothe, Gisela
Frauen im Strafvollzug
„Auf der Suche nach etwas, das besser
ist als Strafe."
(4855)

Häusler, Ingrid
Kein Kind zum Vorzeigen?
Bericht über eine Behinderung
(4524)

Harrendorf, Julia
Vom Umgang mit dem Sozialstaat
Ein streitbarer Leitfaden
(4841)

Hering, Heide
Weibs-Bilder
Zeugnisse zum öffentlichen Ansehen
der Frau. Ein häßliches Bilderbuch
(4536)

Janssen-Jurreit, Marielouise (Hg.)
**Frauenprogramm – Gegen
Diskriminierung**
Gesetzgebung – Aktionspläne –
Selbsthilfe. Ein Handbuch
(4426)

rororo aktuell

Herausgegeben von Freimut Duve im Rowohlt Taschenbuch Verlag

Frauen aktuell

Herausgegeben von
Susanne v. Paczensky